U0742954

R语言应用系列

R for Business Analytics

R语言在商务分析中的应用

[印] A. 奥赫里(A. Ohri)　著
朱　钰　译

西安交通大学出版社
Xi'an Jiaotong University Press

陕西省版权局著作权合同登记号 图字 25-2013-110 号

图书在版编目(CIP)数据

R 语言在商务分析中的应用/(印)奥赫里著;朱钰译.
—西安:西安交通大学出版社,2016.4
(R 语言应用系列)
书名原文:R for Business Analytics
ISBN 978-7-5605-8303-7

Ⅰ.①R… Ⅱ.①奥… ②朱… Ⅲ.①程序语言-程序设计-应用-商务-经济分析 Ⅳ.①F7-39

中国版本图书馆 CIP 数据核字(2016)第 032904 号

书　　名 R 语言在商务分析中的应用
著　　者 [印]A.奥赫里
译　　者 朱　钰
责任编辑 李　颖

出版发行 西安交通大学出版社
(西安市兴庆南路 10 号　邮政编码 710049)
网　　址 http://www.xjtupress.com
电　　话 (029)82668357　82667874(发行中心)
(029)82668315(总编办)
传　　真 (029)82668280
印　　刷 陕西宝石兰印务有限责任公司

开　　本 720mm×1000mm　1/16　**印张** 18.25
印　　数 0001～2000 册　**字数** 337 千字
版次印次 2016 年 6 月第 1 版　2016 年 6 月第 1 次印刷
书　　号 ISBN 978-7-5605-8303-7/F·587
定　　价 58.00 元

读者购书、书店添货、如发现印装质量问题，请与本社发行中心联系、调换。
订购热线:(029)82665248　(029)82665249
投稿热线:(029)82665397
读者信箱:banquan1809@126.com

译者序

《R 语言在商务分析中的应用》这部书是印度的 A. Ohri 先生根据自己 10 余年的商务分析师的职业生涯经历和经验，倾力打造完成的。书中各章所涉及的数据分析任务都是商务数据分析工作中最常见的任务。A. Ohri 先生还特意添加了多个数据源作为参考文献以飨读者。

作为一部商务分析的实用书籍，其价值体现在两个方面：首先，在商务数据分析方面，本书丰富的实例对于从事商务数据分析(国内也叫业务数据分析)的从业者以及商科的本科生、硕士研究生具有很强的指导性和实用价值。对于经济统计学和应用统计学专业的本科生、硕士研究生也同样具有很高的从业指导价值和学习价值；其次，在 R 语言的应用方面，这部书也提供了足以使读者目不暇接的丰富的应用程序包、插件和链接。

这部书适用于经济管理类几乎所有专业的专科、本科、硕士研究生及统计学类的专科、本科、硕士研究生自修提高，也适合以上提及的各个专业及层次用作专业教材和教参，对于工商管理硕士和统计专业硕士而言，本书更是一部不可多得的教学参考材料。

这部书的翻译工作由西安财经学院师生共同努力完成。西安财经学院朱钰教授对前 7 章进行了初译，统计学硕士研究生朱子项对后 6 章进行了初译，在些基础上朱钰对全书进行了统稿。统计学硕士研究生陈晓茹、王磊、王檬、谢茂茂、张洁、王一维、张娟、林喆、张鹤鸣，本科生曾媛、孙媛、杨欣、杨梅、张蓉、马静、张春秘、王蕾等均参加了翻译辅助工作。

由于译者水平所限，本书在翻译上一定会存在各种问题，在此恳请读者批评指正。

朱　钰

2016 年 1 月于西安财经学院

译者序

作者简介

A. Ohri 是决策统计网站 Decisionstats. com 的创始人。他曾在田纳西大学诺克斯维尔分校和印度管理学院勒克瑙分校攻读硕士学位。此外，Ohri 还拥有德里工程学院机构工程学位。他曾访问了 100 多名商务分析从业人员，包括所有分析软件供应商的主要成员。Ohri 在他的博客上写了近 1300 篇文章，除此以外他受邀为具有影响力的分析社区写作。他通过在线教育讲授 R 课程，在过去的十年中一直作为分析顾问在印度工作。Ohri 是印度最早的独立分析顾问，他目前的研究兴趣包括从传播开源分析、分析社交媒体操纵、简单界面到云计算和非正统的加密。

前　言

我基本上是按照我将近10年的商务分析师的职业生涯中最常执行的任务来组织这部书的。因此每章都是最常见的任务，并且我添加了多个数据源作为参考文献以便在更深的层次上帮助读者探索一个特定的主题。我再一次强调，这是一部关于商务分析的书，而不是关于统计的书，我自己作为一个MBA的经历和MBA在商务分析（尤其是R）方面的文献指引我做出了这样的选择。因此这部书是为商务分析师量身定制的，而不是为统计人员编写的。它不会帮你在你的研究生论文上取得更好的成绩，但它肯定会帮助你获得或留住一份分析的工作。如果你是一名正在学习R的学生，它可以帮助你更快地完成课外作业。

我相信，在当前的商业环境，焦点将转回分析师而不是软件工具，并且拥有多个平台的技能，尤其是既高端又兼具低成本的分析平台，对于用户会有好处。

这本书将明确地关注图形用户接口、技巧、秘诀、技术和快捷方式，并将精力集中于商务分析师在日常生活中面临的最常见任务的案例研究。内容安排将会尽可能的简单但又不是过于简单。每一章都将有一个案例研究、教程或示例问题。每一章末尾列出所用的函数和程序包以帮助读者复习。有时候可能有一些函数会被重复或被再次强调，这更多的是由于他们在分析中的用途和必要性。对创造者、作者和开发人员简短访谈的目的是便于商务分析师更好地掌握R的相应内容。现有的R资源使用的案例旨在帮助分析社区中尚未采用R的决策者给R一个机会。

这本书有一个务实的目的，是针对那些已经或希望在企业的商务环境中使用R的读者。本书将提供足够的参考文献，在理论或先进水平方面给读者以帮助，并在他或她的R之旅中以其他可用的资源予以支持。

我们鼓励读者跳过那些没有直接相关性的章节，直接跳到那些对他们的目的有最大效用的章节。我面对的一个问题是,在我写此书的过程中,R 项目发布了几乎 4 个新版本,所以如果有任何不准确的地方或错误请告知我。

本书内容安排

第 1 章:为什么要用 R? 讲述在商务分析中使用 R 的理由。在这一章中,我们讨论选择 R 作为分析平台而不仅是统计计算平台的原因,与其他分析软件的比较及在商业环境中使用 R 的一些一般性的成本和收益。它列举了业务分析师应该选择学习 R 的各种原因和其他分析平台所没有的 R 的特性。R 的益处被分成三大类:商务分析、数据挖掘和商务智能/数据可视化。

第 2 章:R 的基础配置:讲述如何设置 R 分析的基础配置。在这一章中,我们讨论如何实际地在基于 R 的环境中设置一个分析环境,包括硬件、操作系统、额外的软件、必要的预算以及培训和软件支持的需要。我们讨论各种操作系统、硬件选择以及各种基于 R 的解决方案的提供者。内容涉及 R 的基本安装、R 的程序包库、R 的更新,直到综合性的用户帮助和启动 R 的基本教程。

第 3 章:R 界面:根据你的需要使用 R Analytics 的方法。在这一章中,我们对照比较了各种与 R 分析平台互动的方式。可以通过命令行、图形用户界面(GUIs)使用 R,也可以通过网络接口(包括云计算接口)使用。这一章概述了基于 GUI 方法的优缺点,还比较了九种 GUI 的特性,包括一个比较优势和劣势的汇总表。本章还讨论了从其他软件和 web 接口使用 R 的方式。最后,介绍了一些在亚马逊云上运行 R 的实用教程。

第 4 章:数据处理:在 R 中取得数据。这一章讨论在 R 中获得数据的不同方式,包括基本的语句。它专门针对数据库中的数据,因为商务数据通常都是这样的。这一章展示了用户怎样可以连接到 MySQL 和 Pentaho 数据库,这是两个最先使用的开源数据库。某些节致力于和 R 一起使用 SQLite,并奉献给商务智能从业人员。我们简要地考察一下 Jaspersoft 和 Pentaho——两个在 BI 领域领先的开源解决方案,以及它们如何与 R 互动。这一章在简要提到处理大数据集的额外资源的同时,它也道出了一系列常见的分析任务(人们期望分析师对任何数据都要进行的操作),以帮助一些人更好地过渡到 R。

第 5 章:探索数据:数据可视化中新崛起的业务。这一章讨论在 R 中使用视觉和图形手段探索数据。它讲述了 R 中基本的图形和一系列高级的图形,可以很容易地由一个学习 R 的普通程序员在很短的时间创建出来。它引入了专门用来进行数据探索的 GUI,grapheR 和 Deducer,还包含对 ggplot2 创造者哈德利·威克姆(Hadley Wickham)的访谈。制图方面包含了代码、容易重现的例子和互动图示的信息。本章旨在为那些主要使用电子表格程序创建图示的读者揭开神秘的、有时令人生畏的数据可视化艺术的面纱。

第 6 章:构建回归模型。回归模型是商务分析行业中统计的主力。他们或许因为固有的与业务客户沟通的简单性而过度使用回归模型。我们学习如何建立线性和逻辑回归模型,研究一些风险模型和记分卡,讨论 PMML 作为模型实施的方法。为了保持本书关注商务分析的目的,本书仅涉及在 R 中简化构建逻辑斯蒂模型流程的一个简短的案例研究,并没有介绍回归理论。

第 7 章:使用 R 进行数据挖掘。使用 R 进行数据挖掘采用 Rattle GUI 简化并加速了数据建模的过程。然而,它从给读者介绍信息阶梯和各种数据挖掘方法的概念入手,简要地说,包括 CRISP-DM,SEMMA 和 KDD。它还提供与两位作者的简短访谈的摘录,这两位都曾写过使用 R 进行数据挖掘方面的书。文本挖掘、网络挖掘、谷歌预测应用程序接口也作为特殊的情况包含在本章内。

第 8 章:聚类和数据分割。数据分割在这本书中主要涉及聚类分析,我们会讨论各种类型的聚类。在这里增加聚类是因为大数据商务环境中对于数据压缩技术的固有的、日益增长的需求而且数据集的大小也在飞速地增长。我们再次借助 Rattle GUI,但仍简要讨论了 R 中的其他用于聚类的 GUI。对关于 Revolution R 在大量数据的聚类中的应用提供了一个小案例。

第 9 章:预测和时间序列模型。企业使用商业智能来了解其过去和现在的经营情况,他们的重点是改进对未来的决策。时间序列和预测很强大,但在很多企业都未能得到充分应用,这一章对这个问题进行了讨论并提供了一个使用 R 命令行 GUI 程序包的相应案例。我努力使这一章成为一个实用的章节,用来帮助你的商业团队在所有部门中利用现有的初期数据做更多的预测。

第 10 章:数据导出和输出。获得分析的数据只是工作的一部分。输出结果应该以一种能够启发决策者制定可行的决策的方式来展示。R 提供了许多灵活的方式来生成和嵌入输出,这一章都有介绍。

第 11 章:优化 R 代码。现在,你已经学会了如何在商务分析中使用 R 的功能,下一步是要了解如何利用其强大的灵活性,而不要被淹没在其庞大的可用库中。这一章讨论技巧、变通和工具,包括使用代码编辑器来帮助你更好、更快地编写代码。

第 12 章:更多的培训文献。这一章对于有兴趣扩展关于 R 的知识和完整了解 R 文档环境的读者来说是必要的。

第 13 章:R 应用案例研究。这一章提供了基于各种商务应用的编码的案例研究,包括网页分析,旨在帮助读者在他们自己的经营活动环境中使用 R 进行商务分析时找到一个现成的参考资料。

序　言

在R项目网站上有一个包含115部书的清单，在那个清单最近更新以后又有很多部书出版，如果你想知道为什么还需要再增添一部，好吧，我来说说为什么。我在商务分析领域工作已有近10年了。你可能知道统计计算、数据挖掘、商务智能，或者，最近的数据科学等领域。我通常更喜欢决策科学这个术语，但总的来说，该领域是指使用数据、统计技术和专门的工具来协助在政府、研究和工业领域的决策者提高洞察力，以达到积极成果最大化和成本最小化。

从职业生涯的角度看，我发现商务分析领域既非常愉快也有利可图。曾经对同样的人销售信用卡和贷款并获得更多的收入非常有意思，至少在早些年对我来说是那样。我发现商务分析有趣的原因是，它结合了调查学科和带有商业洞察力的勤奋思考。

我还发现商务分析领域有点混乱。有两种类型的人们在怎样应用商务分析上持几乎相反的看法：技术为主的人们（如计算机科学和统计学专业）目标在于获得稳健的结果，而商业为主的人们则瞄准了收入以及更快的结果。在两派偶尔的交火中我被夹在中间。

当我开始学习这一切时——2001年——主要的平台是SPSS和SAS语言。2007年，在我的第一个儿子出生之后，我发现R编程语言几乎是保持我的羽翼未丰的咨询公司能够开下去的一个必要工具，因为我需要一个可靠的分析平台但年费又不能太高。在30岁的年纪开始启动一个分析事业，我发现我负担不起那些我一直在使用的、一些世界上最大的公司（并且发现，在印度没有单独为小企业的折扣）开发的工具。所以我转到了R，因为它是免费的，我就是这样想的。

但学习R花了我大量的时间，时间可不是免费的——我，或是这个语言，或是整个世界出现了一点问题。与此同时，我开始写一个分析方面的博客，称为 DecisionStats(http://decisionstats.com)以便与其他商务分析师联络，每个月有近 20 000 次浏览和近 100 个与分析从业者领军人物的访谈，我逐渐获得了对于商务分析领域更多的实际见解。

经过一段时间，我慢慢地沉浸于 R，我发现它像所有的语言，都有自己的技巧和技术用于更快地完成任务，我确实不需要记忆大量的代码，也不必被那些能够记住的人吓倒。有几本好书帮我，包括 Bob Muenchen 所著的《SAS 和 SPSS 用户怎样使用 R》，还有诸如 David Smith 和 Tal G. Overall 的极好的博客，我以比我最初的预期更快的速度学会了 R，多亏了创造了 R Commander 的 John Fox 教授，创造了 Rattle 的 Graham Williams 教授，和许多其他为 R 的发展作出贡献的那些人。R 社区的规模、可接受性和组织都在极速扩张，我不再是单纯以分析为目的而孤立作战去学习 R 的一个人。

在 2012 年，R 以我在 2007 年时无法想象的速度发展。我受宠若惊而又幸运地得知 R 是最主要的统计计算语言，由领先的技术公司，包括微软、SAS 研究所、甲骨文(Oracle)、谷歌和其他机构使用并完全支持。没有一个研发部门可以与全世界几乎所有的统计系及免费为此项目工作的教授们相匹敌。

如果你是一个决策者，正在考虑将 R 与你现有的分析基础设施结合使用，你会发现 R 的各种合作伙伴和贡献者的简短访谈是很有启发性、很有助益的。在本书中添加它们是专门用来增加本书的可读性的，方便那些喜欢文字而非编码的商务分析领域的读者学习、理解。

我要感谢 JMP 的 Anne Milley，Baseline Consulting 公司的 Jill Dyche，田纳西大学的 Bob Muenchen，Rexer Analytics 公司的 Karl Rexer 和 KD Nuggets 公司的 Gregory Shapiro，感谢他们在我的漫漫分析之路上对我的指导。我还想感谢施普林格美国代表处的 Marc Strauss 和 Susan Westendorf，还有 Leo Augustine 的帮助。

关注 Decisionstats 博客的网友非常耐心，深深感动了我，我同时感谢 R 和更加广泛的分析社区对作者表现出的关心。

印度德里
A. Ohri

目　录

第 1 章

为什么要用 R

本章提要：在这一章中把 R 介绍给读者，讨论选择 R 作为分析工具而不仅是 P.1
作为统计计算平台的原因，并与其他分析软件相比较，向读者展示了在商业环境中使用 R 的各种成本和收益。

由于 R 基本上是 S 语言的一个开源的衍生物和后代语言，所以 R 也被称为 GNU S(具有通用公共许可的 S)。R 已经以各种形式存在了近二十年，它的专业化的数据可视化、数据分析和数据处理软件库也一直在扩大。R 拥有大约二百万用户，它有着最大的统计算法和软件包库。

虽然 R 最初是统计计算语言，然而在 2012 年，你可以称它为一个完整的分析环境。

1.1 为什么把 R 划分为一个完整的分析环境

出于以下原因，R 可被当做是一个完整的分析环境。

- 多平台多接口输入命令：从命令行到大量的专用图形用户接口（GUIs）（见第 2 章）R 有多个接口提供桌面工作环境。对于群集计算、云计算和远程服务器环境，R 现在有大量的软件包，如 SNOW，RApache，RMpi，R Web 和 Rserve。
- 软件兼容性：众多的商业供应商，包括软件公司都已经开发出了官方商业接口，他们之前都把 R 看作是在分析空间中的一个挑战者（见第 4 章）。Oracle，ODBC，微软 Excel，PostgreSQL，MySQL，SPSS，Oracle 数据挖掘器，SAS/IML，JMP，Pentaho Kettle，以及 Jaspersoft BI 只不过是能够和 R 应用相兼容
的众多商业软件中的个别例子。按照基本的 SAS 语言，一个 WPS 软件经销商 P.2
提供了一个称为“通往 R 之桥”的插件。分析力革命公司（Revolution Analytics）提供了一个以分析为主、以 R 语言的许可为依托的产品，但其他一些小公司已经成功地开发了商业的 R 应用和 R 程序包。

- 数据的可互操作性：来自不同数据库和不同文件格式的数据可通过一个程序包的连接，在 R 中直接使用，或可缩减为一个中间格式以便导入到 R 中(见第 2 章)。
- 广泛的数据可视化能力：这包括比其他软件更好的动画和图形(见第 5 章)。
- 最大、发展最快的开源统计库：当前统计软件包的数量和新软件包持续升级的增长速度确保 R 具备了分析问题的长期解决方案的连续性。
- 包含从 R 程序包的统计库、分析库、数据挖掘库、操作界面库、数据可视化库到在线应用的广泛的解决方案，使其成为在实际中分析领域最宽广的平台。

1.2 与其他分析程序包相比 R 的其他优势

那么 R 还有别的什么优势吗？下面列出了 R 一些额外的特性，这些特性使它优于其他分析软件。

- R 的源代码是为了确保完成定制的解决方案和植入某个特定的应用程序而设计的。开源的代码具有在期刊和科学文献中被广泛的同行评议的优势。这意味着程序漏洞会被发现，其信息会被共享，而解决方案也会被透明地传送。
- 关于 R 分析平台有广泛的书籍形式的培训材料(见第 12 章)。
- R 在其分析软件中提供了最好的数据可视化工具(除了最新版的 Tableau 软件之外)。在 R 包中广泛的数据可视化包含各种各样的可定制的图形和动画。第三方软件开始创建 R 接口的主要原因是 R 程序包中的图形库更高级，并具有日益增多的功能。
- R 许可证是免费的，这使得 R 对于学者和小型、大型分析团队来说在预算上显得很友好。
- R 为你的数据环境提供灵活的编程。这包括能够确保兼容 Java，Python，C++ 等的程序包。
- 从其他分析平台可以很容易地迁移到 R 平台。非 R 平台的用户转换到 R 平台相对容易，并且因为源代码的 GPL 性质以及开放社区，因而不存在被供应商锁死的危险，其 GPL 可在 http://www.gnu.org/copyleft/gpl.html 找到。

P.3 • R 中有最新的、范围最广泛的统计算法。这归因于 R 的程序包结构，它使开发者比在其他任何类似的分析平台上更容易创建新的程序包。

1.3 R 作为统计语言和分析平台的差异

有时确实能够将统计计算和分析区分开来。虽然统计学是一种基于工具和技术的方法，分析则更关心业务的目标。统计数据基本上是数字，可以昭示(通过描述性方法)，建议(通过规范性方法)，或预测(通过预测性方法)。分析是一个决策辅助工具。没有制定或考虑任何决策的分析被归类为纯粹统计性的，而非分析性的。因此，是否可以较容易地进行决策就成为区分一个分析平台好坏的标准。这种区分可能在不同背景的人之间有争议，而商务分析要求在实际数据分析任务中多强调结果的实用性和可操作性，少关注统计指标。我认为商务分析与统计分析的区别在于全面信息的成本(现实中的数据成本)和迟延与偏颇的决策带来的机会成本。

1.4　使用 R 的成本和收益

使用 R 的唯一成本是学习它所花费的时间。应用程序包或开发人员创建新程序包所得回报的应用市场的缺乏，降低了专业主流程序员对 R 的兴趣，而其他几个平台比如 iOS、安卓和 Salesforce 为专业编程人员提供了更好的商业机遇。然而，凭借现有的、主要靠学术界支持的程序开发者的热情和参与度，R 程序包的数量在过去几年呈现出指数级的增长。下面列举了 R 在商务分析、数据挖掘和商务智能/数据可视化这三个数据科学的不同领域中的优势。

1.4.1　商务分析

R 可供免费下载。

1. R 是少有的、能在 Mac OS 运行的分析平台。
2. 其结果刊登在《统计软件》等期刊上，以及如 LinkedIn 和谷歌这种地方，也通过 P.4
   Facebook 的分析团队推广。
3. 它具有依据 GPL 定制的开源代码，对于想要创建商业软件包的开发者有适当的知识产权保护。
4. 对于企业用户，它也有为来自比如像分析力革命公司(支持 64 位的 Windows，现在支持 Linux)这样的商业供应商提供一个灵活的选择，也可以通过其 RevoScaleR 包进行大数据处理。
5. 它有来自几乎所有其他分析软件，如 SAS，SPSS，JMP，Oracle 数据挖掘和 RapidMiner 等的接口。现有巨大的回归、时间序列、金融和建模程序包库。
6. 通过 R 可以使用的高质量的数据可视化程序包。

1.4.2　数据挖掘

作为一个计算平台，R 更适合数据挖掘的需要，原因如下。

1. R 有大量的程序包覆盖标准回归、决策树、关联规则、聚类分析、机器学习、神经网络等，也有独特的比如那些基于混沌模型的专业算法。

2. R 通过允许查询源代码提供对标准算法调整的灵活性。
3. Rattle 图形用户界面(GUI)仍然是使用 R 进行数据挖掘的标准的 GUI。这个 GUI 提供了各种各样的数据挖掘技术的轻松访问。它是由澳大利亚格雷厄姆·威廉姆斯(Graham Williams)教授创建和发展的。Rattle 是一款非常强大、方便、免费和开源的数据挖掘软件。

1.4.3 业务仪表板和报告

业务仪表板和报告是组织中商务智能和决策系统的重要部分。

1. R 通过 ggplot 提供数据可视化，而如 Deducer，GrapheR，Red-R 这样的 GUIs 可以帮助根本不懂或几乎不懂 R 语言的商务分析师创建指标化的仪表板。
2. 对于在线仪表板，R 有 RWeb，RServe，R Apache 等程序包，它们与数据可视化软件包结合，可提供强大的仪表板功能。后面将列举著名的实例。
3. R 还可以结合 Microsoft Excel 使用 R Excel 程序包，将 R 的功能导入 Excel 内。因此一个没有 R 知识的 Excel 用户可以使用 R Excel 插件中的 GUI 便可以利用 R 强大的图形和统计功能。

P.5 4. R 具有广泛的能力，可以与包括 Oracle，MySQL，PostGresSQL 和 hadoop 在内的数据库进行互动并从中提取数据。这种能够连接到数据库的能力使 R 能够提取数据，在可视化处理之前对数据进行汇总。

1.5 同时使用 SAS 和 R

下面是一个简短的资源集合，描述如何使用 SAS 研究所的产品和 R：Base SAS，SAS/Stat，SAS /Graph。

- 一个极好的同时使用 SAS 和 R 的博客是 http://sas-and-r.blogspot.com/。
- 相关的书有 *SAS and R*，见 http://www.amazon.com/gp/product/1420070576。
- 山姆·克罗克(Sam Croker)的关于通过 Base SAS 和 R 进行时间序列分析的论文见 http://www.nesug.org/proceedings/nesug08/sa/sa07.pdf 。
- 菲尔·荷兰(Phil Holland)的论文“SAS to R to SAS”可在 http://www.hollandnumerics.co.uk/pdf/SAS2R2SAS_paper.pdf 找到，描述了将 SAS 数据传送到 R，使用 R 生成一个图，然后再将图回送到 SAS，存入一个 ODS 文件。
- 鲍勃·慕尼黑(Bob Muenchen)所著的关于 SAS 和 SPSS 用户的 R 的第一部书见：http://www.amazon.com/SAS-SPSS-Users-Statistics-Computing/dp/0387094172。
- 鲍勃·慕尼黑关于 SAS 用户使用 R 的一个免费在线文档在 https://sites.

google. com/site/r4statistics/books/free-version。

- 可以在 http://files. meetup. com/1685538/R% 20ans% 20SAS% 20in% 20 Banking. ppt 找到一个案例研究："Experiences with using SAS and R in insurance and banking"。
- 文档"Doing More than Just the Basics with SAS/Graph and R: Tips, Tricks, and Techniques"可在 http://biostat. mc. vanderbilt. edu/wiki/pub/Main/RafeDonahue/doingmore_currentversion. pdf 找到。
- 论文"Multiple Methods in JMP® to Interact with R"可在 http://www. nesug. org/Proceedings/nesug 10/po/po06. pdf 下载。
- 在 SAS/IML 中使用 R 的官方文档可以在 http://support. sas. com/documentation/cdl/en/imlug/63541/HTML/default/viewer. htm # imlug_r_sect010. htm 找到。

1.6 简短的采访：用 JMP 实现 R

R 长期以来从利基市场参与者到成为一个广为接受的统计计算平台的标志是 SAS 研究所接受 R 作为一个互补的语言。下面是 2012 年 2 月采访 SAS 研究所 JMP 部门的研究员 Kelci Miclaus 的一个简短的摘要，包括如何在研究案例时添加 R 以帮助分析机构。

Ajay：JMP 如何与 R 整合呢？到目前为止客户的反馈如何？有没有一个案例研究可以表明 JMP 和 R 的结合比其任意一个要好？ P.6

Kelci： 客户的反馈一直很积极。一些客户用 JMP 来促进他们组织内部 SAS 和 R 建模者的合作。许多人使用 JMP 的交互式可视化来补充 R 的使用。许多 SAS 和 JMP 用户将 JMP 和 R 整合使用，尝试在商业软件中还没有的更前沿的方法。它可以用来简单地实现平稳过渡，在这两个工具之间传送数据或建立完整的自定义应用，同时发挥 JMP 和 R 的优势。

一个客户一直在同时使用 JMP 和 R 一起做贝叶斯分析。他使用 R 创建 MCMC 链，并发现 JMP 是为分析和展示 MCMC 模拟结果准备数据的一个极好的工具。例如，JMP 中的控制图和泡泡图可以用来快速验证一个算法的收敛。这两种工具一起使用可以提高效率，因为比起通过脚本和静态图形，它可以更快地获得结果。

我和其他一些 JMP 开发者一起，使用 JMP 脚本编写了一些应用程序，能调出 R 程序包，执行像多维标度、bootstrap、支持向量机和现代的变量选择方法的分析。这些真正说明了交互式可视化分析与现代统计算法结合的益处。我们已经把这些脚本打包，作为 JMP 软件的插件，并使之可在我们的 JMP 文件交换用户社区免费下载。客户可以下载并使用这些方法，作为他们常规的 JMP 平台。我们希望熟悉脚本的客户也将开始贡献他们自己的插件，使得更广泛的读者可以利用这些新工具（参见 http://www.decisionstats.com/jmp-and-r-rstats/）。

Ajay： R 怎样才能作为 JMP 技术能力的适当补充？

Kelci： R 具有令人难以置信的丰富的功能。除了强大的核心统计平台，对于其大量的视觉分析范式，JMP 有广泛的互动和动态可视化的本质。因为我们大脑的构造特点，从视觉上处理图片和动画图形比数字和文本更加有效，这种环境都是为了支持更快的发现。当然，JMP 也有一个脚本语言（JSL）允许我们把 SAS 编码和 R 编码整合在一起，并为其他利用 SAS 和 R 的人构造分析应用程序，还有一些应用是为那些不会编程或不愿编程的人构造的。JSL 本身就是一个功能强大的脚本语言。

它可以用于对话框创建、JMP 统计平台的自动化以及定制图形脚本。在其他方面，JSL 非常类似于 R 语言。它也可以用于数据和矩阵操作并创建新的分析函数。用 JMP 的脚本编程能力，你可以创建定制的应用程序，既能提供一个用户界
P.7 面也能为 R 提供一个交互式可视化的后台。或者，你可以创建一个仪表板使用 JMP 中的统计或图形平台去探索数据，并只需点击一个按钮，将一部分数据发送到 R 作进一步分析。

JMP 的另一个与 R 互补的特性是它的插件架构，它类似于 R 程序包的工作原理。如果你已经写了很棒的脚本或分析工作流程，你可以将它打包成 JMP 插件文件并将它发送给同事，以便他们可以很容易地使用它。

Ajay： 在你的组织中官方对 R 持什么观点？你认为它对你们的产品是一种威胁，还是一种互补产品，或者是一种可以共存的统计平台？

Kelci： 当然，我们把 R 看作是一个补充。R 贡献者为实践者提供了非常多的服务，允许他们尝试各种方法追求更有远见的、更好的结果。通过关注更新的方法，R 社区作为一个整体对更大的分析社区提供了一个有价值的角色，这些新方法在很多应用领域都带来最大的希望。应该鼓励数据分析师使用有效工具以便驱动新发现，JMP 可以通过提供支持 SAS 和 R 整合的分析集成中心来助一臂之力。

Ajay： 因为你确实在使用 R，有没有打算根据你的介入和参与回馈点东西给 R 社区（比如说在 useR 的活动中）或赞助比赛呢？

Kelci： 我们当然愿意参加 useR 小组。去年 10 月在纽约举办的预测分析世界活动中，他们没有设置一个本地 useR 小组，但他们确实有一个预测分析会议小组，由许多 R 用户组成。我们都很乐意赞助这样的活动。我们在 JMP

部门中的一些人加入了当地 R 用户组，包括我自己。考虑到一些地方 R 用户组包容了像 Excel 和 R，Python 和 R，数据库和 R 等话题，我们将很乐意更充分地参与其中。我也希望参加今年晚些时候的 useR 年会，以便获得更多的关于我们怎样继续提供工具方面的了解，帮助 JMP 和 R 社区双方开展工作。我们也在探索赞助比赛的可能性，将邀请参与者使用自己喜欢的工具、语言等等，以追求最好的模型。统计学是关于向数据学习的学问，而这也是我们将世界变得更美好的途径。

引用和参考文献

- R Development Core Team（2010）. R：A language and environment for statistical computing. R Foundation for Statistical Computing，Vienna，Austria. ISBN 3-900051-07-0. http://www.R-project.org.
- SAS/IML and JMP are analytical software applications that are © 2011 SAS Institute，SAS Campus Drive，Cary，NC 27513，USA.

下一章我们将讨论如何设置 R 的基础配置。

第 2 章

R 的基础配置

P.9 **本章提要**：在这一章中，我们讨论了基于 R 设置分析环境的实际现状，包括硬件、软件、预算以及培训的需求。我们还将包括 R 的安装基础，R 的程序包库，R 的更新升级，并全面评价用户帮助功能。

如果你决定安装 R，那么恭喜你！作为一种选择，这是一个最好的开源统计软件，它至少可以伴你走过未来十年。

2.1 为商务分析设置 R 的一些选择

在你设置好你的新的分析环境之前，还有一些选项在等待着你：

2.1.1 许可证的选择：学术性的、免费的或企业版的 R

你可以在两种不同的 R 安装之间进行选择。一个免费且开放源码，可在 http://r-project.org 下载；另一个是收费的，由许多销售商提供，包括分析力革命公司。但是，还有其他经营性销售商。

经营性 R 语言产品销售商：

- 分析力革命公司：http://www.revolutionanalytics.com/
- XL Solutions：http://www.experience-rplus.com/
- Information Builder：http://www.informationbuilders.com/products/webfocus/PredictiveModeling.html
- Blue Reference（为 R 准备的推断）：http://inferenceforr.com/default.aspx
- 适应 RExcel 的 R：http://www.statconn.com/

P.10 分析力革命公司的 Enterprise R 具有完全适合 Windows 的 R 开发环境，包括使用代码片段使编程提速。公司也期望在 2012 年能够提供一个 GUI。公司宣称其提供的 R 的版本功能上有几处提升，包括使用优化的函数库使运行更快以及

RevoScaleR 程序包使用 xdf 格式处理大型数据集。

2.1.2 操作系统的选择

商务分析师该选择哪些操作系统，是 Unix，Windows，还是 Mac OS 吗？这种选择通常是由企业的信息技术部门决定。然而，我们还是要比较一下每个系统的优缺点。

1. 微软的 Windows：这一直是全世界最广泛使用的操作系统。如果你在基于 windows 的计算上经验丰富，并且在分析项目中比较活跃，转而使用其他操作系统将对你没有意义，除非这个转换会带来巨大的成本节约和最小的业务中断。此外，微软的 Windows 操作系统的兼容性问题最小，并具有广泛可用的帮助文件。然而，可能会有一些 R 程序包在 Windows 环境下不能很好地运转；在这种情况下，多个操作系统将是你的下一个选择。
2. MacOS 和 iOS：选择 MacOS 的原因是其极具审美的设计软件并且在艺术或图形相关工作上的性能保持相当大的吸引力，但 MacOS 不是企业系统或统计计算的标准操作系统。然而，开源的 R 声称其相当优化，可用于现有的 Mac 用户。
3. Linux：这是许多 R 用户所选择的操作系统，它是基于这样的事实，即它有同样的开放源码的证书，所以能够更加适合所有的 R 程序包。此外，对于大规模数据分析它是可定制的。最流行的 Linux 版本是 Ubuntu/Debian，Red Hat Enterprise Linux，OpenSUSE，CentOS 和 Linux Mint。
   (a) 对于那些首次转移到 Linux 系统的人们，建议使用 Ubuntu Linux。Ubuntu Linux 与分析力革命公司关于早期的 Ubuntu 版本签有营销协议，许多 R 包可以直接进行安装。Ubuntu/Debian 软件包也可以。
   (b) Red Hat Enterprise Linux 的企业模块受到分析力革命公司的正式支持。
4. 多个操作系统
   虚拟化与双启动：如果你正在你的 PC 上使用超过两个操作系统。如果你在你 P.11
   的计算机上想要一个虚拟分区，致力于基于 R 的计算，并且在开机时可以选择操作系统的话，你也可以选择 VMware 公司的 VMware 播放器（http://www.vmware.com/products/player/）。此外，你可以通过来自 Ubuntu's Netbook remix 的 USB 接口的安装程序双启动你的电脑（http://www.ubuntu.com/desktop/get-ubuntu/windows-installer）。

一个叫做 wubi 的软件程序对于同时安装 Linux 和 Windows 很有用处。

2.1.3 操作系统的次级选择：32 位还是 64 位

如果可以选择一个 32 位和 64 位版本的操作系统，比如 Linux Ubuntu，请记住,64 位版本会使处理加快近于原来的 2 倍。然而,你需要检查你当前的硬件是否能够支持 64 位操作系统;如果真是这样,你可能想请求你的信息技术经理至少将你的分析工作环境中的一些操作系统升级到 64 位版本。较小的硬件,像上网本,不支持 64 位的 Linux,Windows 家庭版电脑可能安装的是 32 位的版本。硬件和软件两个方面都有成本差异。64 位计算的另一个优势来自分析力革命公司对其 R 企业版本的支持。

2.1.4 硬件的选择:R 需要的更多硬件的成本效益权衡

在写这部书的时候,主要计算模式是工作站计算,接着是客户端服务器计算。然而,通过引入云计算、上网本和平板电脑,2011 年以后硬件的选择比几年前更加灵活。

对于一个分析环境,硬件成本代表着重大的费用,且在很短的一段时间内会显著地贬值。因此,检查你的老式硬件和你未来的分析计算需要、并根据相应的有关各种硬件的供应来决定你的硬件配置是较为明智的。

软件是按处理器或服务器数量收费,可以比工作站或网格计算更昂贵,硬件即便可用,软件可能非常昂贵。然而,与其他分析软件不同,R 非常适合所有类型的硬件环境,成本很灵活。

考虑到 R 是内存密集型的(它限制了电脑 RAM 分析的数据大小,除非特殊格式或进行分块),R 可以处理数据的速度取决于使用的数据集的大小和同时分析一
P.12 组数据的用户的数量。因此,决定性的问题不在于 R 而在于要分析数据的大小、频率、重复性和分析要求的详细程度。

2.1.4.1 选择本地计算、集群计算和云计算

- 本地计算:这表示在本地安装软件。对于大数据,要分析的数据以数据库的形式存储。分析力革命公司对于服务器版本的定价(对于所有分析软件的定价都是如此)有不同的定价,但对于开源版本是免费的,因为它是面向服务器或工作站的版本。服务器的数量和工作站的问题最好由数据的大小决定。R 处理内存中的数据,所以与其他软件相比它需要更多的内存。

云计算的定义是数据的交付、处理和系统通过远程计算机完成。它类似于客户端计算,但远程服务器(也称为云)从处理器的数量、内存和数据存储的大小几方面来说,其计算都较灵活。云计算以公共云的形式使人们进行大规模数据集的分析任务,而不必在永久性的硬件或软件上投资,因为大多数公共云的定价都是按照每次使用来计算的。最大的云计算提供商是亚马逊,而其他许多销售商以此为基础提供服务。谷歌也以云的形式提供数据存储(谷歌存储(Google Storage)),并以应用程序界面(API)的形式使用机器学习(谷歌预测 API(Google Prediction

API))。

1. 亚马逊:我们将描述如何在 Amazon EC2 机设置一个 R 会话。
2. 谷歌:我们将描述如何使用谷歌云存储以及谷歌预测 API 程序包。
3. 集群网格计算/并行处理:为建立一个集群,你需要 RMpi 和 SNOW 程序包,加上其他程序包,帮助并行处理。这将以一般的细节程度进行介绍,而不会提供如何建立一个大的集群的详细说明,那更适合于高性能的计算环境。

2.1.5 界面的选择:命令行和 GUI。应该选择哪一个 GUI 作为默认启动选项?

根据定制的级别,R 可以有各种应用方式。适合业务分析师用户的主要 GUI 如下:

1. R Commander
2. Rattle
3. Deducer and JGR
4. GrapheR
5. RKWard P.13
6. Red-R
7. 其他,包括 Sciviews-K

第 3 章将详细讨论 R 的界面,在那里也将详细描述如何从其他主流分析软件应用访问 R,例如 Oracle Data Miner,JMP,SAS/IML,KNIME 和 Microsoft Excel。除了标准的桌面 GUI,还有网络接口,默认使用 R 和命令行编码。

2.1.6 软件组件的选择

你该安装哪些 R 程序包?共有近 3000 个程序包,其中一些是辅助性的,其他的则互相依赖,几乎所有都是免费的。

本书从头至尾,我们将描述最适合针对相应分析任务产生分析结果的专业程序包。在 R 编程语言中,多种方法、代码、函数和程序包可以用来实现相同的结果。这本书的目的是专注于分析而不是语言,因此我们将指出最简单的方法来完成给定的商务分析任务并指出其他选项及使用多个选项和方法的优缺点。

2.1.7 更多的软件选择

你需要什么其他应用程序以获得最大的准确性、稳健性和计算速度,你如何利用现有的老软件和硬件来达到与 R 的最佳互补效果?

当介绍完基础知识,我们将在第 11 章描述额外的提示、技巧和调整来帮助优化你的 R 代码。这些包括建立基准来测量和提高代码效率及使用语法编辑器和集成开发环境。

2.2 下载和安装 R

下载和安装开源版本的 R，请在 http://www.r-project.org/访问 R 的主页。

你将被引导到最接近你的位置的 CRAN 镜像。CRAN，代表综合 R 档案网络，是一组网络镜像服务器，使你能够下载 R 和它的各种程序包。全球网络进而确保了快速的、专用、可靠的下载和访问软件的网络。通过这种方式，CRAN 担保 R 最高可能的可用性，因为很难击溃整个 CRAN 的服务器，但一个孤立的服务器
P.14 可能会因为网站流量而崩溃(尤其是在新产品发布时)。它由 34 个地区的 79 个网站组成。R 可以从 http://cran.r-project.org/mirrors.html 下载。

对于 windows-R，其安装程序以可下载的二进制文件形式存在。下载 Windows.exe 文件即可安装 R 程序。此外，还要阅读"常见的问题"。

对于 Linux(Ubuntu)：要安装完整的 R 系统，打开一个终端窗口并使用 *sudo apt-get update sudo apt-get install r-base*。

R 的 Debian 程序包有点过时了，但这是最简单的安装方法。另一种方法是在运行 apt-get 之前用 CRAN 镜像修改你的源文件。有关文件在之前给出的网站上。

Mac OS 有一个单独的、可下载的安装程序。你需要参考 R 的主网站 http://www.r-project.org。

澳大利亚的镜像可以在 http://cran.ms.unimelb.edu.au/bin/windows/base/README.R-2.15.1 访问，而常见的问题在 http://cran.ms.unimelb.edu.au/bin/windows/base/rw-FAQ.html#Introduction。

＜CRAN MIRROR＞/bin/windows/base/release.htm 是通用的 Windows 版本的链接。最新版本是 2.14.1，发布于 2012 年 1 月，但是这将每 6 个月改变一次。

2.3 安装 R 程序包

与其他传统的软件不同，R 的应用程序包不是捆在一起的，R 提供一个安装程序和大量的小程序包。R 有大约 3000 个程序包。所以，如果你有一个特定的分析需要，很有可能有人已经为它创建了一个程序包。要启动 R，只需点击创建的图标(Windows 用户)或键入 R(Linux 用户，在命令终端)。

P.15

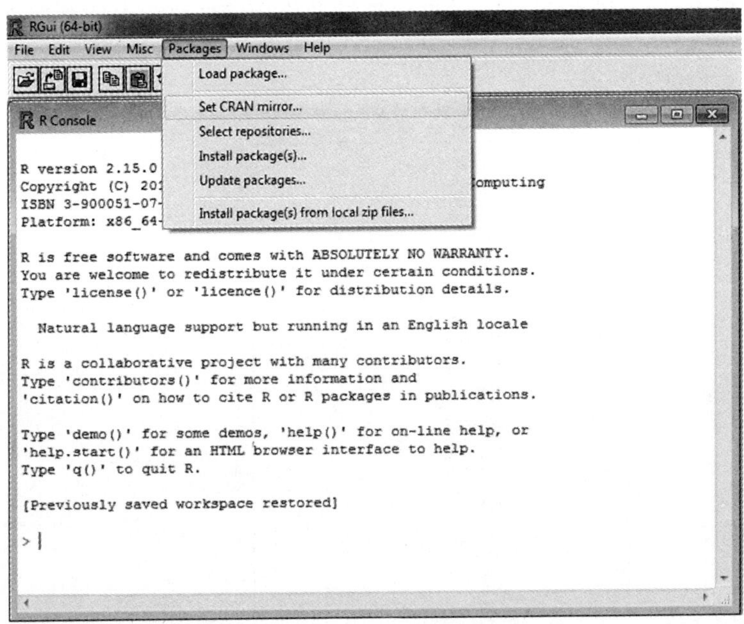

键入 *install. packages* ( )或从菜单中选择安装包。你将被要求选择一个 P.16
CRAN 镜像(或最近的下载位置)。点击最近的 CRAN 镜像。

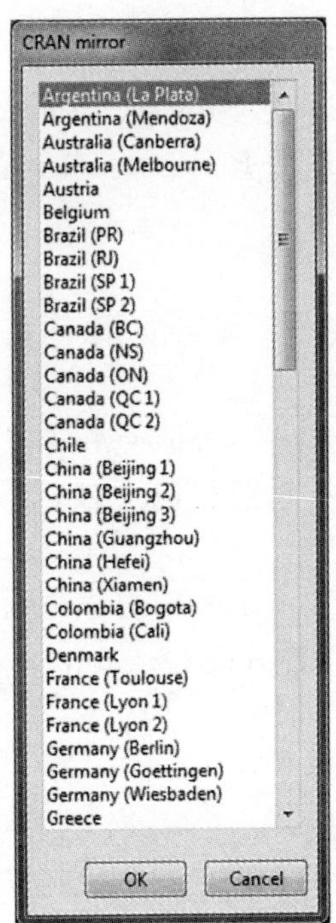

点击程序包名、再点击 OK,安装程序包以及它运行所需要的其他程序包(依赖的)。

P.17

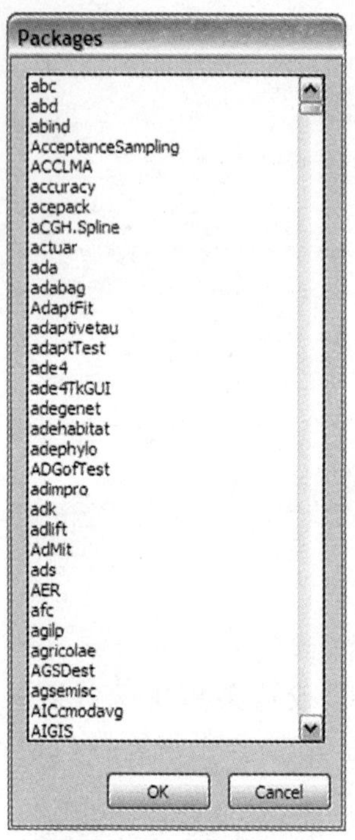

P.18 一旦一个程序包安装完成,键入 library(package-name)来检查它是否运行。在这个例子中,我们想检查 GUI 的 R Commander 是否已安装好。

>library(RCmdr)

(a) 互联网:从互联网安装一个程序包,你可以使用下面的代码为例,按照你的要求对安装进行修改:

install.packages("bigmemory",repos="http://R-Forge.R-project.org")

(b) 本地文件:设定一个本地源代码文件(一个 Linux 中的 tar.bz 文件或 Windows 中的 zip 文件),在 *install.packages(pkgs, lib, repos = getOption("repos"), contriburl = contrib.url(repos, type))*中设置 repos = null。

程序包故障排除和依赖关系

(a) 故障诊断安装:为了故障诊断的目的,请阅读程序包文档以及官方的在线 R 文档,地址是 http://cran.r-project.org/doc/manuals/R-admin.html #

Installing-packages。

在命令提示符后面键入？会给你帮助查询的结果：

```
Type 'contributors()' for more information and
'citation()' on how to cite R or R packages in publications.

Type 'demo()' for some demos, 'help()' for on-line help, or
'help.start()' for an HTML browser interface to help.
Type 'q()' to quit R.

> ?timeseries
No documentation for 'timeseries' in specified packages and libraries:
you could try '??timeseries'
> ??timeseries
> |
```

键入一个双问号给你更全面的帮助： P.19

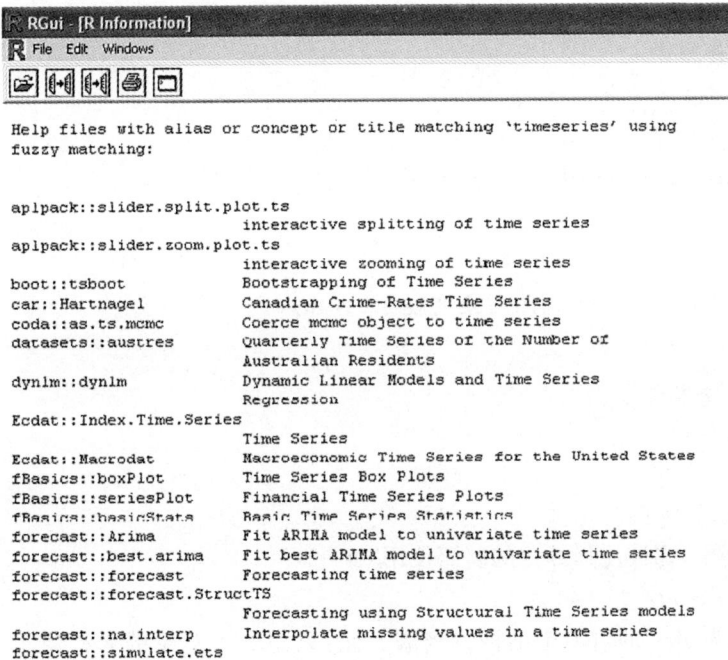

```
RGui - [R Information]
File  Edit  Windows

Help files with alias or concept or title matching 'timeseries' using
fuzzy matching:


aplpack::slider.split.plot.ts
                          interactive splitting of time series
aplpack::slider.zoom.plot.ts
                          interactive zooming of time series
boot::tsboot              Bootstrapping of Time Series
car::Hartnagel            Canadian Crime-Rates Time Series
coda::as.ts.mcmc          Coerce mcmc object to time series
datasets::austres         Quarterly Time Series of the Number of
                          Australian Residents
dynlm::dynlm              Dynamic Linear Models and Time Series
                          Regression
Ecdat::Index.Time.Series
                          Time Series
Ecdat::Macrodat           Macroeconomic Time Series for the United States
fBasics::boxPlot          Time Series Box Plots
fBasics::seriesPlot       Financial Time Series Plots
fBasics::basicStats       Basic Time Series Statistics
forecast::Arima           Fit ARIMA model to univariate time series
forecast::best.arima      Fit best ARIMA model to univariate time series
forecast::forecast        Forecasting time series
forecast::forecast.StructTS
                          Forecasting using Structural Time Series models
forecast::na.interp       Interpolate missing values in a time series
forecast::simulate.ets
```

(b) 特别指出：

1. GTK+-GTK+是 GUI 程序包一个特殊的要求，像 Rattle。要使用 GTK+或 RGTK 程序包，你首先需要安装 GTK+所依赖的程序包，例如，Cairo，Pango，ATK，libglade。在 GTK 网站（http://www.gtk.org/download-windows-64bit.html）你需要 GLib，Cairo，Pango，ATK，gdk-pixbuf，和 GTK+开发程序包以针对 GTK+创建程序包。要运行 GTK+

程序，你还需要 gettext-runtime，fontconfig，freetype，expat，libpng，zlib 程序包。为基于 GTK 的程序包获得一个基于 Linux 的系统，是用户避免故障诊断问题的理想途径；你可以通过创建一个双系统机或使用 VMware Player 在操作系统之间进行切换。

2. ODBC：要连接到特定的数据库，你需要在驱动程序和数据库类型之间建立一个 ODBC 连接。这将在后面详细讨论。

3. 在 R 中，我们使用"#"符号对语句进行注释。评论代码是为了使它更具可读性。

(c) 更新包：你可以使用以下命令来更新所有包：

> *update.packages()*

P.20

2.4 在 R 中启动教程

• 得到工作目录

—*getwd()*

• 设置工作目录

—*setwd("C:/Users/KUs/Desktop")*

• 列出所有对象

—*ls()*

• 对名称内包含某些单词的对象列表(i. e. fun)

—*ls(pattern="fun")*

• 删除对象"ajay"

—*rm(ajay)*

• 删除所有对象

—*rm(list=ls())*

• 评论代码：在被注释部分的前面使用"#"

—# *comments*

• 对名称为 ajay 的对象中的内容列表。注：只需输入对象的名称便足以打印内容，所以你需要谨慎处理大数据。

—>*ajay*

—[1] 1 3 4 50

—列出对象的第二个值

—>*ajay*[2](注意括号的类型)

—[1] 3>

—列出对象的第二至第四个值(注意冒号":")

—>*ajay*[*2*:*4*]

—[*1*] *3 4 50*

—查看对象的类型

—*class*(*ajay*)

—[*1*]"*numeric*" # 类型可以为数值型、逻辑型、字符型、数据框、线性模型(*lm*)、时间序列(*ts*),等等。

—使用 *as*(*object*,*value*)使一个对象改变成某一种类型

—*ajay*=*as*. *data*. *frame*(*ajay*) # 将列表转换成数据框。这将改变对象的维度和长度。

—检查一个称为"ajay"的对象的维度

—>*dim*(*ajay*)

—[*1*] *4 1*

—检查一个称为"ajay"的对象的长度 P.21

—> *length*(*ajay*)

—[*1*] *1*

- 假设我们将一个对象从数据框改变回列表,我们现在就有不同的维度

  —> *ajay*=*as*. *list*(*ajay*)

  —> *dim*(*ajay*)

  —*NULL*

  —> *length*(*ajay*)

  —[*1*]*4*

- 为了构建定制的分析解决方案,类的范围可以进一步探讨,但面向对象编程超出了这本书的范围,因为它是针对商务分析用户的。有兴趣的读者可以参考一个关于对象类型和方法的简短的教程,在:http://www. biostat. jhsph. edu/~rpeng/biostat776/classes-methods. pdf 以及在 http://cran. r-project. org/doc/manuals/R-lang. html#Objects 的文件。

2.5　R 的数据类型

与 SAS 和 SPSS 不同,它们主要是使用数据集/数据框结构的数据,R 在读取数据上具有极大的灵活性。数据可以读取和存储为一个列表、矩阵或数据框。这对于老练的、面向对象编程经验丰富的程序员具有很大的优势,但是对于普通的商务分析师来说,R 的多重做事方式在著名的 R"学习曲线"中可能导致一些混乱甚至是长期的痛苦。

R 中各种类型的数据分别是向量、列表、数组、矩阵和数据框。出于这本书的目的，大多数数据类型将为数据框。

数据框的格式是矩形的，列名为变量而每一行为记录。

对于其他类型的数据请参阅 http://www.statmethods.net/input/datatypes.html 和 http://www.cyclismo.org/tutorial/R/types.html。

2.6 对约翰·福克斯——R 的 Rcmdr GUI 的创造者的简短访谈

下面是 2009 年 9 月采访约翰·福克斯(John Fox)教授的一个简短的摘要，他是 R Commander——R 最常用的 GUI 之一的创造者。

Ajay：是什么促使您创建 R Commander？作为工具，你会如何形容 R Commander？比如说，对其他语言的用户以及那些想学 R 但害怕语法的人来说。

P.22 **John：** 我最初设计的 R Commander 是为了我可以使用 R 给社会学本科生教统计学导论课。我以前教这门课程是采用 Minitab 和 SPSS，那些程序我从不在自己的工作中使用。我等待有人想出一个简单、便携、容易安装、用鼠标可以点击的 R 界面，但是什么都没有发生，所以我决定自己尝试一下。

我认为 R Commander 可以缓解用户写命令的困窘，因为命令都显示了，但我怀疑，大多数用户不看它们。我认为应该鼓励认真的 R 的潜在用户与某种脚本编辑器一起使用命令行界面。

我不会夸大学习 R 的困难：我接触 R——那时其实是 S——是在使用了十来个其他编程语言之后，那时最后接触的是 Lisp，发现 S 语言特别容易捡起来。

Ajay：我尤其喜欢 R Cmdr 插件。别人能够用一个定制的程序包插件扩大 R Commander 的能力吗？

John： 这是最基本的想法，虽然插件的作者必须能够用 R 编程且必须要学习一点 Tcl/Tk。

Ajay：什么是使用 R Commander 作为教学工具的最好方法(我注意到帮助文件有点儿过时)。

John： 是帮助文件过时了吗？我的意图是，R Commander 应该在很大程度上是不言自明的。大多数人知道如何使用点击式界面。

在这个程序所为之设计的基础课程里，我的目标是讲授统计推断的基本思想和数据分析的一些技能。在这种课程里，统计软件应该促进课程的基本目标。就像我说的，对于认真严肃的数据分析，我相信鼓励使用命令行界面是一个好主意。

Ajay：R 核心团队的人们能够认识到 GUI 的重要性吗？R 社区的其余成员感觉如何？你从用户那里得到什么样的反馈？

John： 我觉得 R Commander GUI 通常会被积极地接受，不管是 R 核心团队里就此对我说过些什么的成员还是社区的其他成员。当然，R 程序包系统的一个好的功能就是人们可以简单地忽略他们不感兴趣的程序包。我注意到我几年前写的、发表在 *Journal of Statistical Software* 期刊上、关于 Rcmdr 程序包的一篇论文，已经被下载了将近 35 000 次。因为我不会期待有许多在课程中使用 Rcmdr 包的学生会阅读这篇文章，我认为这个程序包被应用得相当广泛。

[更新：截至 2012 年 2 月，它已经被下载了 81 477 次。]

关于 John 的著作的更多细节参见 http://socserv.mcmaster.ca/jfox/。

2.7 本章用过的命令小结 P.23

2.7.1 程序包

R Commander

Rattle

Deducer and JGR

GrapheR

RKWard

Red-R

Others including Sciviews-K

Snow

Rmpi

bigmemory

2.7.2 函数

- install.packages(FUN)：安装名称为 FUN 的程序包，如果可用的话。
- update.packages()：更新本地系统上的所有程序包。

- library(FUN)：从本地机器将 FUN 程序包加载到 R 系统。
- ? FUN：搜索有关关键字 FUN 的帮助。
- ?? FUN：搜索有关关键字 FUN 的全面帮助。
- sudo apt-get install FUN：在基于 linux 的系统中安装一个叫 FUN 的软件。

引用和参考文献

- Fox, J. The R Commander: A basic-statistics graphical user interface to R. J. Stat. Softw. 14(9), 1-42 (2005). http://www.jstatsoft.org/v14/i09/paper.
- R 博客 *http://www.r-bloggers.com/*aggregates blogs from almost 140 R blogs.
- R 帮助电子邮件列表：http://www.r-project.org/mail.html.
- 关于采访 John Fox 的完整材料：http://www.decisionstats.com/interview-professor-john-fox-creator-r-commander/.

第 3 章

R 界面

本章提要:在这一章中,我们讨论接入 R 的各种方式及根据一个人的需要使用 R 分析。我们将讨论如何花费最少的时间学习在 R 中通过使用一个 GUI 而不是命令行来完成任务。此外,我们将学习如何从其他软件接入 R 以及在亚马逊云计算环境中使用它。我们还将讨论各种 R 接口的相对优缺点。 P.25

3.1 R 统计语言的界面

命令行:默认的方法是使用从 http://r-project.org 下载的安装软件的命令提示符。对于 Windows 用户有一个简单的 GUI,它有一个程序包选项(加载程序包,安装程序包,为下载程序包设置 CRAN 镜像)、Misc(用于列出所有加载在一个工作区的对象以及清除对象来释放内存)和一个帮助菜单。

GUI(点击即可):除了命令提示符,许多 GUI 使分析师使用点击的方法来分析数据而不考虑学习复杂的、有时让人感觉不能战胜的、繁冗的 R 语法。R GUI 在教学中和实际应用中都非常受欢迎,因为它们在很大程度上减少了适应这种语言所需的时间。就所有的命令行和 GUI 软件而言,对于高级的工具和技术,命令提示符将会很方便地被派上用场。

Web 界面

云计算

P.26

3.2 R 基础知识

一些 R 程序员使用第二个[<-]或第三[->]赋值运算符,但这本书将主要使用简单的第一种[=]方法。

在 R 中有多种方式来引用数据对象,就像下面的例子所展示的那样。

```
> ajay=c(1,2,4,8,16,32) # 将所列的数字赋予一个名为"ajay"的对象
```

```
> print(ajay) #打印名为"ajay"的对象
[1]1 2 4 8 16 32
> ajay #注意:如果你只键入对象的名称,它也会打印出其内容
[1]1 2 4 8 16 32
> ajay[1:3]#对象"ajay"的前三项
[1]1 2 4
> ajay[3] #对象"ajay"的第三项
[1]4
> ajay[1]#对象"ajay"的第一项
[1]1
ajay[-(1:2)]#除前两项之外的所有项
[1]4 8 16 32
>ajay=as.data.frame(ajay) #将一个数据对象从一个列表转换成一个数据框
> length (ajay) #输出一个对象的长度
[1]1
> dim(ajay) #输出一个对象的维度
[1]6 1
> nrow(ajay)#输出一个对象的行数
[1]6
> ncol(ajay) #输出一个对象的列数
[1]1
> class(ajay) #输出一个对象的类型
[1]"data.frame"
> head(ajay,2) #输出一个对象的前两条(或指定)记录
ajay
1 1
2 2
> tail(ajay,2)#输出一个对象的最后两条(或指定)记录
ajay
5 16
6 32
> str(ajay)#输出一个对象的结构
'data.frame': 6 obs. of 1 variable:
$ ajay: num 1 2 4 8 16 32
```

```
> names(ajay) # 输出一个对象的变量名称
[1]"ajay"
```

3.3　R 图形用户界面的优点和局限性 P.27

传统上，命令行是 R 开发者和学术型用户所选择的编程界面。那些商务分析的用户需要更快地执行任务，更快地在 R 中了解任务，并且大多数任务要重复进行，这至少使得了解 GUI 有意义。

3.3.1　使用 R GUI 的优点

- 新程序员或新加入商务分析的人员能更快地学会。
- 更轻松地创建高级的模型或图形。
- 一遍遍地做同样的重复性分析。
- 许多 GUI 的语法会自动生成。

3.3.2　使用 R GUI 的局限性

- 垃圾分析的风险，特别是没有经验的用户通过点击 GUI 里的菜单所产生的这种风险；许多 GUI 通过禁用(或变成灰色)防止不正确的选择。
- 使用 GUI 使得用户缺乏创建定制函数的能力。
- 学习 R 语法的范围和机会有限。
- 高级的技巧和灵活的数据处理能力只有在命令行才有可能实现。

3.4　GUI 清单

下面是一个简短的重要的 GUI 清单。

- R Commander：R 中最常用的 GUI；可以通过插件扩展，也将用于这本书的时间序列预测之中。
- Rattle：这本书中用于数据挖掘的(第 7 章)最常用的 GUI。
- Grapher：用于简单数据可视化(第 5 章)。
- Deducer(和 JGR 一起使用)：用于高级数据可视化(第 5 章)。

其他 GUI 将在第 12 章更广泛地讨论。

- R 中的其他 GUI。
  —Sciviews-K
  —RKWard

—PMG

P.28 • 基于工作流程的GUI。

—Red-R

—R Analytic Flow

R程序包gWidgets可用于构建独立于工具箱的、交互式的GUI。大多数R中的GUI是基于GTK或Tcl /Tk的。

3.4.1 R Commander

• R Commander主要是由麦克马斯特大学的约翰·福克斯(John Fox)教授创建,包括基础统计课程的内容。然而,它可以扩展,而且许多其他的程序包可以用菜单的形式被添加到它里面——以R Commander插件的形式。这是一个最广泛使用的R GUI,它有一个脚本窗口,以便你可以与R的菜单相结合编写代码。当你点击一个特定的菜单项,对应的R代码便自动地在日志窗口中生成并执行。它可以在CRAN的http://cran.r-project.org/web/packages/Rcmdr/index.html找到,而且你可以在http://socserv.mcmaster.ca/jfox/Misc/Rcmdr/读到更多关于它的细节。

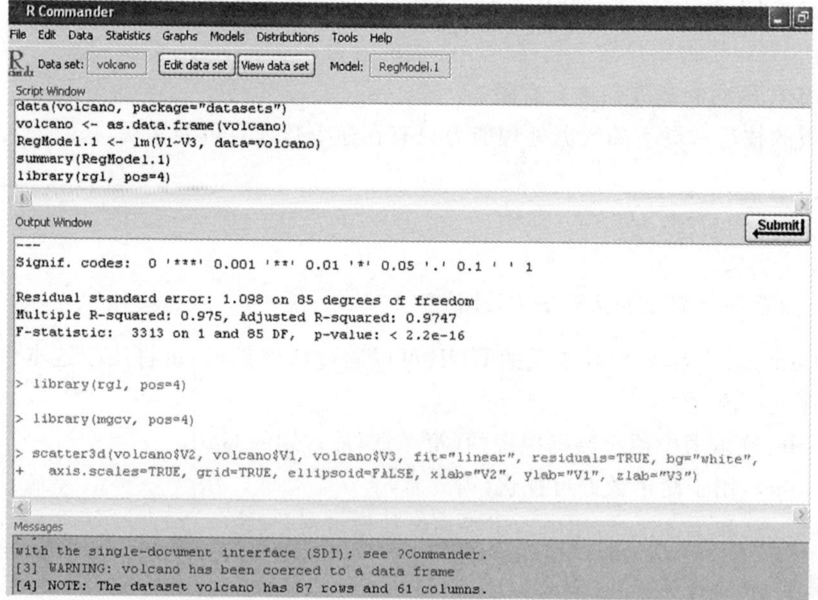

3.4.1.1　R Commander 的优点 P.29

1. 对初学者用 R 语言创建基本的图表、分析和建模有用。
2. 脚本窗口、输出窗口、日志窗口(称为消息)在同一屏幕上以帮助用户，通过点击菜单自动生成代码，并且可以轻松地自定义(例如，改变图中的标签和选项)；图形输出独立于输出窗口单独显示。
3. 可扩展为其他 R 程序包，如 qcc(质量控制用)、教学演示(培训用)、生存分析和实验设计。
4. 即使对于初次使用 R 或统计软件的用户，其界面也易于理解。
5. 无关的菜单项会自动显示为灰色(如假定只有两个变量，如果你试图建立一个三维散点图，那么菜单将不可用，并且是灰色的)。

使用 R Commander 创建 3D 图

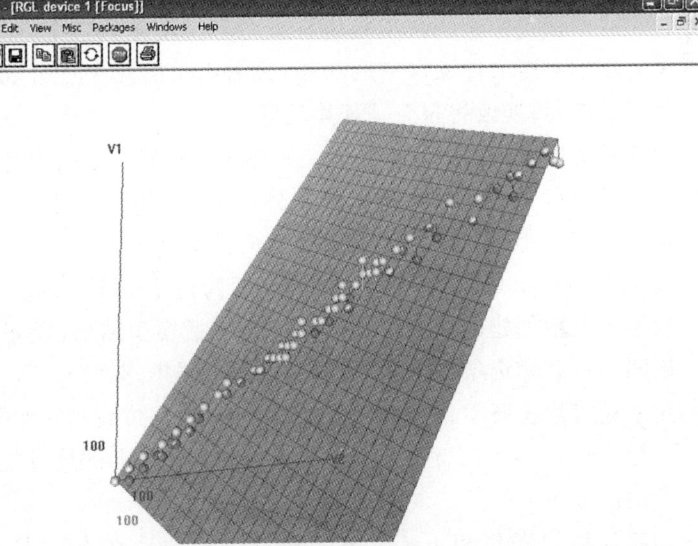

3.4.1.2　R Commander 的相对劣势

1. R Commander 基本上是针对统计专业的读者的(最初是针对统计专业的学生)，所以术语和菜单都进行了相应的标记。因此它更多的是一种统计的 GUI 而非分析的 GUI。
2. 从商务分析师的观点来看，R Commander 评估模型的能力有限，尽管在一个模 P.30
型子菜单里它有广泛的评价模型的统计检验。
3. R Commander 不适合数据挖掘或高级的图形可视化。

3.4.1.3 R Commander 的描述

文件　装载和保存脚本文件、输出和工作区，也用来改变当前工作目录和退出 R。

编辑　编辑脚本窗口的脚本和代码。

数据　创建新的数据集，录入或导入数据，并通过变量操作数据。数据可以从文本、用逗号分隔的值、剪贴板、SPSS 数据集、Stata、Minitab、Excel、dbase、Access 数据文件或者从 Web 站点导入。数据操作程序包括删除数据行以及对变量进行操作。这个菜单有对两个数据集进行行合并或列合并的选项。

统计　用作描述性统计、假设检验、因子分析、聚类分析和建模；有一个单独的菜单用来评估所创建的模型。

图形　制作各种图形的程序包括盒式图、直方图、线图、饼图、散点图。第一个选项是调色板，可以用于定制颜色。根据出版物或演示的需求调整颜色。一个值得注意的选项是用三维图形一次评估三个变量，是一个非常有用的和令人印象深刻的功能，只需简单的几次点击就把用户引向高级的图示；要改善报告请使用这些图。

还有　对变量的图示考虑散点图矩阵。R 图示无论是在吸引力还是易于创建方面都超过了任何其他的统计软件；GUI 可用于创建图示，进一步帮助用户用最小的努力使 R 获得最大的数据洞察力。

模型　是 R Commander 或多或少的特性，因为这个菜单只对用统计菜单的模型子菜单创建的模型进行评估。它包括模型结果、残差、杠杆、置信区间图示解释选项，并可将残差回添到数据集。

分布　用于获得累积概率、概率密度、分布的图示、分位数和标准分布的特性；可用于代替分布的标准统计表。它有 13 个标准的统计连续分布和 5 个离散分布。

工具　加载其他程序包和 R Commander 插件（然后在重启 R Commander GUI 之后它们便被添加到界面菜单）；也包含子菜单选项以便微调（如选择将输出结果发送到 R 菜单）。

P.31 帮助菜单　标准文档和帮助菜单。基本内容是其中短短 25 页的称为"R Commander 入门指南"的文件。

3.4.2 R Commander 的 E 插件或扩展

R Commander 有近 30 款 E 插件形式的扩展。下面提到的是一些最卓越的插件。插件简单地来说就是可以使用 install. packages()下载的程序包，但是它们只可以在 R Commander 被调用时通过加载插件菜单选项加载。

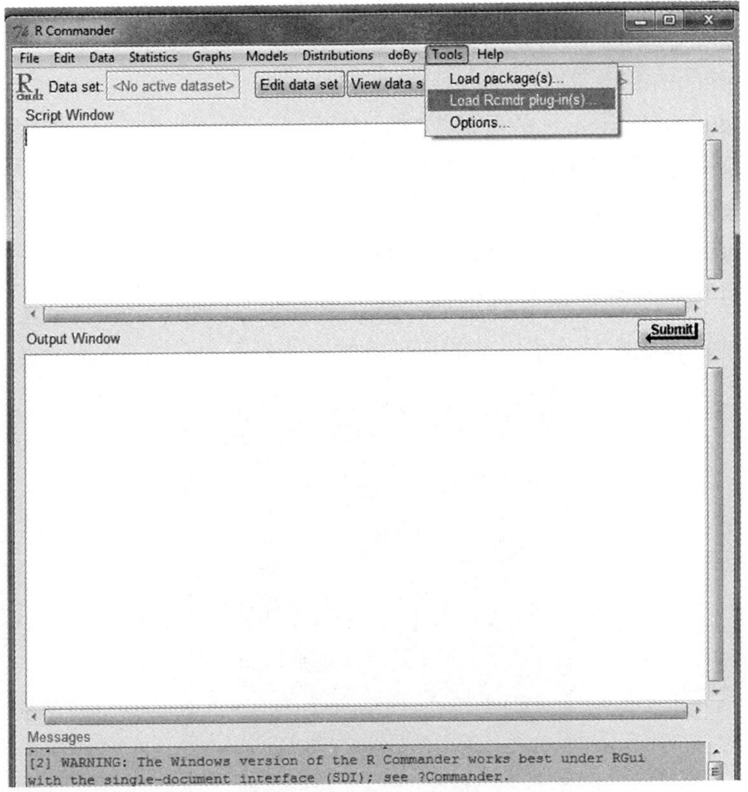

Rcmdr R Commander P.32

RcmdrPlugin.DoE　用于(工业)实验设计的 R Commander 插件

RcmdrPlugin.EHESsampling　欧洲健康检查调查(EHES)取样工具

RcmdrPlugin.Export　图形导出输出结果到 LATEX 或 HTML

RcmdrPlugin.FactoMineR　用于 FactoMineR 的 GUI

RcmdrPlugin.HH　用于 HH 程序包的 Rcmdr 支持

RcmdrPlugin.IPSUR　R Commander 的 IPSUR

RcmdrPlugin.MAc　相关的元分析(MAc)的 Rcmdr 插件

RcmdrPlugin.MAd　均值差异的元分析(MAd)的 Rcmdr 插件

RcmdrPlugin.PT　一些离散型指数变异模型：Poisson-Tweedie

RcmdrPlugin.SLC　SLC 的 Rcmdr 插件

RcmdrPlugin.SensoMineR　SensoMineR 的 GUI

RcmdrPlugin.SurvivalT　Rcmdr 生存分析插件

RcmdrPlugin.TeachingDemos　Rcmdr 教学演示插件

RcmdrPlugin.TextMining　“tm”程序包的 Rcommander 插件

RcmdrPlugin. doex　统计 4309 课程的 Rcmdr 插件
RcmdrPlugin. epack　Rcmdr 时间序列插件
RcmdrPlugin. orloca　Rcmdr 的 orloca 插件
RcmdrPlugin. qcc　Rcmdr 的质量控制插件
RcmdrPlugin. qual　Rcmdr 的质量控制课程插件
RcmdrPlugin. sos　高效搜索 R 帮助页面
RcmdrPlugin. steepness　Rcmdr 陡峭度插件
RcmdrPlugin. survival　R Commander 的生存分析程序包插件

下面的屏幕截图显示了完整的和更新的插件列表：

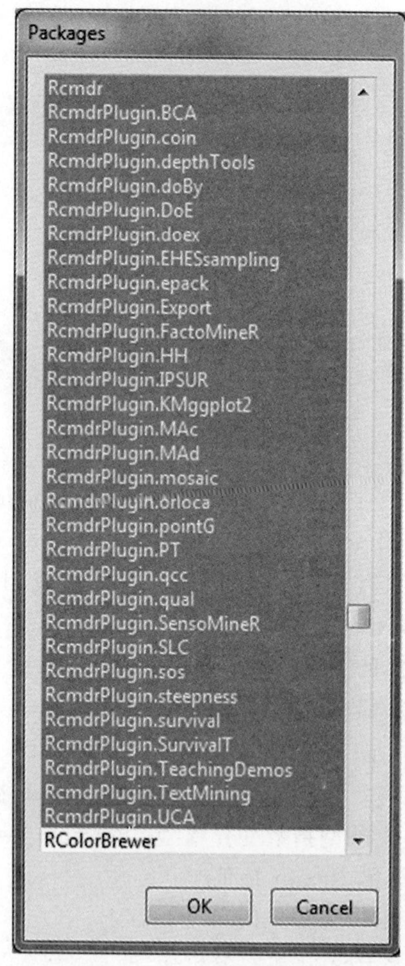

3.5　R GUIs 总结

P.33～34

下面的清单列出了 R 各种 GUIs 的优缺点。

这本书建议 R Commander 和它的可扩展的插件被用于各种商务分析使用，但对于数据挖掘要使用 Rattle GUI(第 7 章)，而数据可视化使用 Deducer GUI(第 5 章)及其插件。

关于在这里总结的其他更多的 GUIs 的细节，参见第 12 章第 12.3 节。

GUI 的名称	优势
Sciviews-K	灵活的 GUI，可以用来创建其他 GUIs
RKWard	综合 GUI 有许多细节
Red-R	工作流程样式
R Commander	适合基本统计、制图、时间序列分析，有超过 20 款的扩展
R Analytics Flow	有日文界面及设计良好的工作流程样式
Rattle	最适合数据挖掘
PMG	简单的界面
JGR/Deducer	最适合数据可视化
Grapher	简单的图形界面

GUI 的名称	劣势
Sciviews-K	没有广泛地在商务应用方面宣传
RKWard	尚无 Windows 安装软件
Red-R	没有 Linux 安装软件
R Commander	界面设计凌乱
R Analytics Flow	没有广泛地在商务应用方面宣传
Rattle	不适合数据可视化
PMG	不适合数据挖掘及复杂分析
JGR-Deducer	不适合数据挖掘
Grapher	不适合复杂图示、分析及数据挖掘

3.6　在其他软件中使用 R

其他软件也存在 R 的接口。这些软件包括来自 SAS 研究所、IBM SPSS、RapidMiner、KNIME 和 Oracle 的软件。下面更多的链接是第 1 章提供的链接的补充。

这些接口的一个简短的清单如下：

- SAS/IML interface to R：请阅读有关SAS研究所的SAS/IML Studio interface to R，地址是 http://www.sas.com/technologies/analytics/statistics/iml/index.html。
- P.35 WPS/Bridge to R：连接到WPS，以很低的成本克隆SAS语言，使用Bridge to R。
- RapidMiner Extension to R：用RapidMiner对R的扩展查看集成模块，在 http://www.youtube.com/watch?v=utKJzXclCow。
- The IBM SPSS plugin for R：SPSS软件以一个插件的形式具有R的集成。这是最早的提供与R连接的第三方应用软件；可在 http://www.spss.com/software/statistics/developer/上阅读更多。
- KNIME：康斯坦茨信息挖掘软件也有R的集成。可在 http://www.knime.org/downloads/extensions 查看。
- Oracle Data Miner：Oracle为其非常流行的数据库软件提供了数据挖掘软件，与R语言进行了整合。The R Interface to Oracle Data Mining(R-ODM)允许R用户用熟悉的R语法访问Oracle Data Mining数据库里的强大的函数。请访问 http://www.oracle.com/technetwork/database/options/odm/odm-r-integration-089013.html。
- JMP：JMP提供了与R的整合。请阅读 http://blogs.sas.com/content/jmp/2010/04/12/jmp-into-r/。
- SAP：SAP通过其SAP RHANA程序包提供与R的整合，并在内部使用R进行商务对象的预测分析。参见 http://www.slideshare.net/JitenderAswani/na-6693-r-and-sap-hana-dkom-jitenderaswanijensdoeprmund。
- Teradata：TeradataR程序包允许R用户与Teradata数据库互动。请在 http://downloads.teradata.com/download/applications/teradata-r 查看程序包并在 http://developer.teradata.com/applications/articles/in-database-analytics-with-teradata-r 阅读更多关于它的文件。
- Oracle也提供了自身商业版的R，称为Enterprise R。

P.36

3.6.1 RExcel：在微软Excel中使用R

微软Excel是应用最广泛的数据操作、录入和图示电子表格程序。然而随着数据集大小的增加，Excel的统计能力已经滞后，虽然其设计在各种产品版本之间也在不断进步。RExcel基本上是通过在Excel中添加一个.xla插件来运行，就像其他插件那样。它是通过R程序包连接到R来实现的。基本上，它提供了R的函数功能和分布最广泛的电子表格程序的功能。所有的数据概括、报告和分析都表现为电子表格;RExcel 使 R 对于那些了解 R 的人十分有用。此外,它增加了(可选的)R Commander 的菜单,作为 Excel 电子表格的菜单。

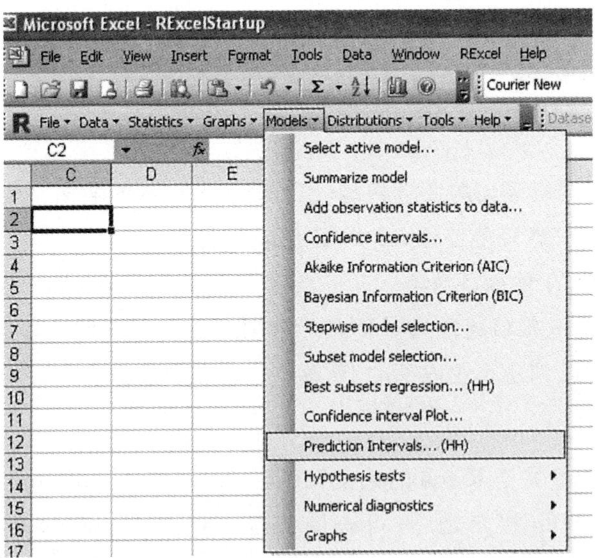

优点:使 R 和 Excel 可以进行互动,从而把一个先进的统计工具与使用最广泛的分析工具联系起来。

缺点:对于商务用户来说没有重大缺点。对于数据统计处理用户,微软 Excel 仅限于 100 000 行,所以 R 数据需要进行概括或压缩。对于 MacOS 或 Linux 不可用。

R 的图示功能很有用,但对于新用户,Excel 的交互式图示可能比使用 ggplot 或 GGobi 来得更容易些。 P. 37

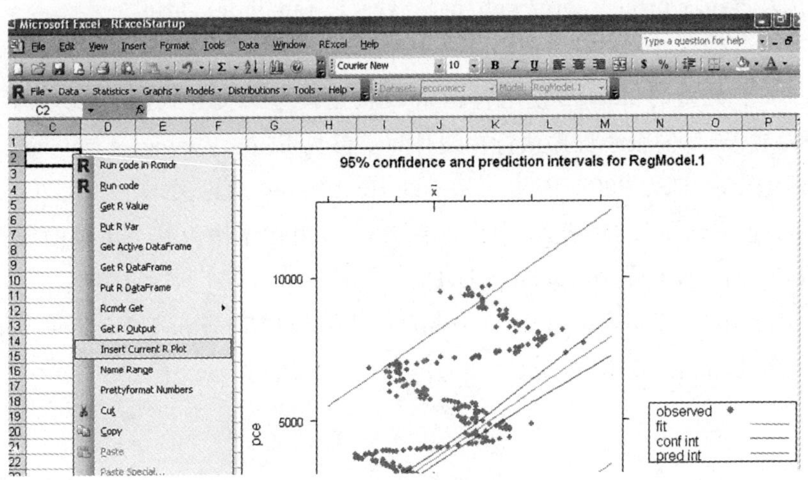

关于此内容的更多信息请阅读 http://rcom. univie. ac. at/,或参考完整的施普林格文本在 http://www. springer. com/statistics/computational + statistics/book/978-1-4419-0051-7。

3.7 R 的 Web 界面

如果你需要网络驱动的商务智能(BI),既展示概括的数据又展示多片的数据,那么这节将大大方便 R 的使用,减少 BI 仪表板成本。

下面是 Web 的 R 接口清单。

对于一个 Web 接口通常只需要有一个浏览器和互联网连接以上传数据。网络接口可以定制以创建企业内部的 BI 解决方案和仪表板。

- R-Node:http://squirelove. net/r-node/doku. php。
- Rweb:看到 JSS 关于 Rweb 的论文(http://www. jstatsoft. org/v04/i01/)。这是最早的 R Web 接口之一;可查询链接 http://www. math. montana. edu/Rweb/。
- Rcgi:http://www. ms. uky. edu/~ statweb /testR3. html。
- Rphp(在 PHP 和 MySQL 上实现):http://dssm. unipa. it/R-php/。
- RWui(用于设计自定义表单和其他 Web 接口的 Web 接口):http://sysbio. mrc-bsu. cam. ac. uk/Rwui。
- R. Rsp:RSP 文档是一种基于文本的文档,包含一个最后文件的 R 嵌入模板:http://cran. r-project. org/web/packages/R. rsp/index. html。
- RServe:TCP /IP 服务器,允许其他程序使用 R 设施:http://www. rforge. net/Rserve/。典型的 Rserve 使用包括用 R 构建模型的交互式应用(参见 KLIMT
P.38 项目)或 Web 伺服小程序执行在线计算。参见 http://www. ci. tuwien. ac. at/Conferences/DSC-2003/Proceedings/Urbanek. pdf 的论文。

  —JRI 是一个 Java /R 界面,允许你在 Java 应用程序作为一个单独的线程运行 R:http://www. rforge. net/JRI/。
- RPad:http://rpad. googlecode. com/svn-history/r76/Rpad_homepage/index. html 和 https://code. google. com/p/rpad/,截图如下:

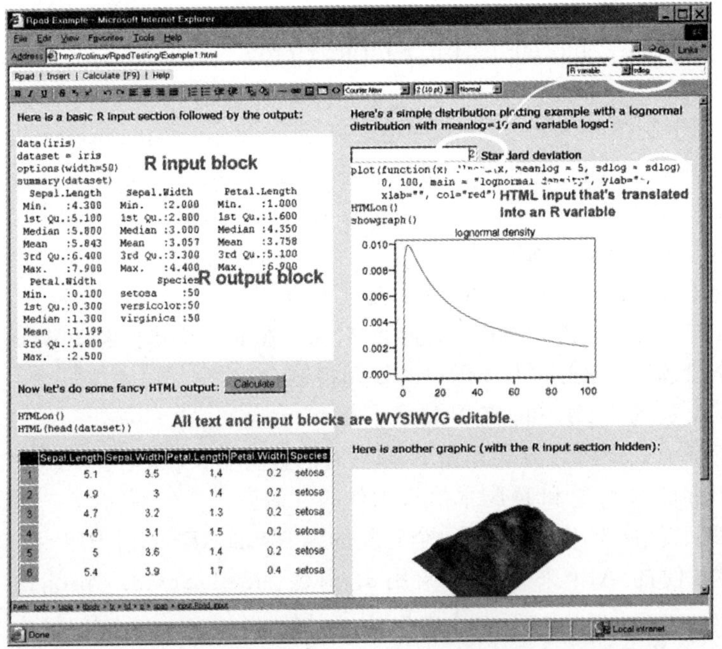

- Concerto：http:/www. psychometrics. cam. ac. uk/page/300/concerto-testing-platform. htm 和 http://code. google. com/p/concerto-platform/。Concerto 是一个基于 web 的自适应测试平台，用来创建和运行丰富、动态的测试。它结合了 HTML 表达的灵活性和 R 语言的计算能力以及 MySQL 数据库的安全性能。它对于商业和学术使用都是免费和开源的。这个项目发源于剑桥大学的心理测验学中心。一个基于截图的、易于理解的教程可以在 http://code. google. com/p/concerto-platform/downloads/detail? name = screenshots _ download. doc 找到。
- RApache：支持使用 R 统计语言和环境以及 Apache Web 服务器进行 Web 应 P.39
用程序开发：http://biostat. mc. vanderbilt. edu/rapache/。
  — 加州大学洛杉矶分校关于 RApache 的一些非常好的应用：
    - http://rweb. stat. ucla. edu/stockplot。
    - http://rweb. stat. ucla. edu/ggplot2。
    - http://rweb. stat. ucla. edu/lme4。
    - http://rweb. stat. ucla. edu/irttool/。
  — 还有一个：
    - http://vps. stefvanbuuren. nl/puberty/。
  —范德比尔特大学的棒球可视化：http://data. vanderbilt. edu/rapache /bbplot。
  —可视化棒球投球：http://labs. dataspora. com/gameday/。
- Rook-Rook(R 的 Web 服务器接口和软件程序包)：http://cran. r-project. org/

web/packages/Rook /Rook. pdf。

- Biocep-R：http://biocep-distrib. r-forge. r-project. org 和基于云的弹性 R 服务：http://www. elasticr. net/。
- 这个可用于制图的 Web 应用程序也是基于 R，http://app. prettygraph. com/。
- RevoDeployR，分析力革命公司的基于网络服务的商业方案：http://www. revolutionanalytics. com/products/pdf/RevoDeployR. pdf。
  — RevoDeployR 的关键技术特点：
  — 作为 RESTful API 执行的 Web 服务的集成。
  — Java 脚本与 Java 客户端库，允许用户轻松地在 R 上构建自定义 Web 应用程序。
  — 安全管理服务器、脚本和用户的管理控制台。
  — 数据交换的 XML 和 JSON 格式。
  — 以验证方式或匿名方式调用 R 脚本的内置安全模型。
  — 用于存储 R 对象和 R 脚本执行构件的存储库。
- OpenCPU：OpenCPU 提供了一个完整的、到 R 的 RESTful RPC 接口。它提供了一个方便的 API 来发布和调用 R 函数：http://cran. r-project. org/web/packages /opencpu. demo/index. html & http://opencpu. org/examples/。
- CloudStat（使用 R 语言、基于网络的平台）：http://www. cloudstat. org/index. php? do= /about/。

P.40

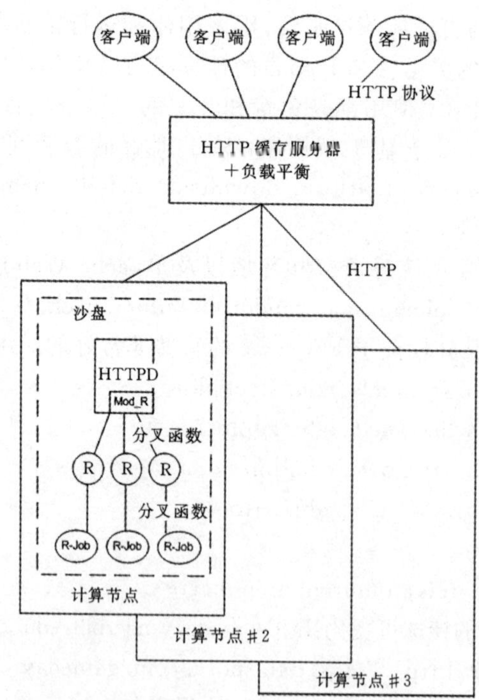

3.8　访谈：将 R 用作基于 web 的应用程序

米甲 · 库辛斯基(Michal Kosinski)带领研究小组创建了 Concerto——一个使用 R 的基于 web 的应用程序。Kosinski 是英国剑桥大学心理测验学中心的运营总监。

Ajay：　你为什么选择 R 作为 Concerto 的背景？你有没有考虑其他语言和平台？除了 Concerto，在你们的中心、院系和大学还怎样用 R？

Michal： R 是一个自然的选择，因为它是开源且免费的，可以很好地与服务器环境集成。同时，我们相信，它正在成为科学研究中一个通用的统计和数据处理语言。我们将更多的重点放在教学生们 R 语言，而且我们希望它将取 P.41
代 SPSS/PASW 作为社会科学研究人员的默认统计工具。

Ajay：　除了进行电脑自适应测试，Concerto 还可以做什么？

Michal： 最初我们并没有计划，但 Concerto 被证明是非常灵活的。简而言之，它是一个 R 引擎的 Web 接口，内置 MySQL 数据库和易用的开发板。它可以在 Windows 和 Unix 系统中安装，可以通过网络或本地进行使用。实际上，当需要一个强大的和能够快速部署的统计引擎时，它可以用来构建任何类型的 Web 应用程序。例如，我设想一个易于使用的网站(它可能看起来有点像 SPSS)允许学生仅使用一个 Web 浏览器(同时学习相应的 R 代码)来分析他们的数据。同时，R 库的作者(或其他任何人)可以根据他们的方法使用 Concerto 建立用户友好的 Web 接口。最后，Concerto 可以方便地用来构建简单的非适应测试和调查问卷。起初，这与流行问卷服务相比似乎略微不那么直观(比如我最喜欢的 Survey Monkey)，但是谈到项格式、测试流程、反馈选项等，它已经几乎具有无限的灵活性。同时，它是免费的。

3.9　使用 R 进行云计算

云计算和互联网的结合为科学家和分析师提供了一种新的互动方式。它允许根据需要为最大的计算量负荷以及敏感数据的安全环境自定义硬件。云计算可以不再需要各个大学各个系维护自己的集群计算机，因此它对社会科学团体，特别是对计算资源密集的用户，比如典型的 R 用户是非常有用的。

但什么是云计算？按照国家标准与技术研究所的定义，云计算是一个模型，用于启用方便的、点播式网络访问的可配置的计算资源共享库(如网络、服务器、存储、应用程序和服务)，可以以最少的管理工作或与服务提供者的互动快速予以配置和发布。与基于 R 的云相连接的工具 GUI 可在 http://www.dev.ebi.ac.uk/

Tools /rcloud/找到。

一个基本的、可能是第一个在亚马逊的弹性计算云(EC2)上运行R的教程,是由罗伯特·格罗斯曼(Robert Grossman)创建的。亚马逊的云被普遍认为是最受欢迎的公共云计算基础设施的标准。

这个RAmazonS3程序包提供了R中与S3亚马逊存储服务器沟通的基础设施,可在http://www.omegahat.org/RAmazonS3/找到。

P.42 3.9.1 云端R的好处

在云端运行R(如Amazon EC2)有以下好处:

1. 适合繁重计算的弹性内存和处理器数量。
2. 对较小的数据来说也负担得起(每小时2美分(Unix)至每小时3美分)。
3. 一个易于使用的界面控制台来管理数据集以及流程。

3.9.1.1 使用基于windows的云端R的优势

在Windows环境运行在Amazon EC2云端的R具有以下更多的优势:

1. 远程桌面使R的操作非常容易。这可以弥补基于windows环境的使用相比基于Linux环境的使用略微增加的费用。
2. 64位R可以最轻松地使用。
3. 你也可以使用分析力革命公司的企业版R的评估版(学术机构免费;公司用的企业版软件非常便宜)。革命公司的R也有一个能与Red Hat Enterprise Linux(RHEL)一起使用的版本。

你可以因此将R GUI(Rattle,Rcmdr或Deducer,根据你的统计分析、数据挖掘或图示分析的需要)和一个64位的操作系统以及革命公司的RevoScaler程序包在Amazon EC2上进行组合,以一个非常易于使用的分析解决方案来管理超大数据集。

3.9.2 教程:使用亚马逊EC2和R(Linux)

创建一个新接口,使用Ubuntu的R程序包。

这是另一种在Amazon EC2机上使用R的方法,按小时租用硬件和计算资源可扩展到大规模的水平;软件是免费的。下面的过程显示了如何连接到Amazon EC2和在一个Ubuntu Linux系统上运行R。

1. 登录亚马逊控制台http://aws.amazon.com/ec2/。需要用你的亚马逊ID来登录(可以使用你购书的ID)。你登录后点击向上的图标进入亚马逊EC2。

2. 选择正确的 AMI：在左边缘，点击 AMI Images。现在搜索图像（我选择 Ubuntu 图像；Linux 图像更便宜）及最新的 Ubuntu Lucid。选择想要的 32 位或 64 位的图像（64 位图像将允许更快的数据处理）。点击向上图标的启动选项（在搜索功能附近）。会出现一个弹出窗口，显示启动你的计算机的五个步 P.43
骤。
3. 选择正确的计算：计算有各种各样；他们都是不同价格和不同计算单位的组合，是按照内存和处理器的数目计算的。在选择了所需的计算配置后，点击 Continue。
4. 配置的细节：如果你有预算的限制，不要选择 cloudburst 监控，因为它产生额外的费用。对于关键的生产选择 cloudburst 监控是明智的，但需要你适应了云计算操作以后才行。
5. 添加标签的细节：如果你运行了许多程序，需要创建自己的标签来帮助管理它们。如果你要运行很多程序时，这样做是明智的。
6. 创建一个密钥对：一个密钥对增加一层加密。点击“Create new pair”并为之起名（名称将在随后的步骤中派上用场）。
7. 在点击和下载了密钥对后，输入安全组。一个安全组是一组指令，帮助保持你的数据传输安全。支持特定的 IP 地址访问你的云过程（如果你要将你的电脑连接到固定的 IP 地址和某些端口）。有必要在一个安全组使 SSH 使用端口 22。最后一步是审核细节并单击启动。
8. 在左窗格中，单击 Instances（你处在 Images > AMI 早期）。大约需要 3～5 分钟来启动一个过程。这时你可以看到状态为等待。等待中的过程用黄色的光来显示。
9. 一旦过程正在运行，它将显示绿色的光。单击复选框，并在上层图标找到 Instance Management。点击 Connect，你会看到一个弹出窗口，带有如下的指示。
10. 打开你选择的 SSH 客户机（即，PuTTY，terminal）。
11. 定位你的私钥：*nameofkeypair. pem*。
12. 使用 *chmod* 以确保你的密钥文件不公开，否则 ssh 无法工作：*chmod 400 nameofkeypair. pem*。
13. 使用过程的公共 DNS[ec2-75-101-182-203. compute-1. amazonaws. com]连接到你的过程。
14. 输入以下命令行：ssh-i decisionstats2. pem root @ ec2-75-101-182-203. compute-l. am. amazonaws. com。
15. 如果你在台式机/笔记本电脑上使用的是 Ubuntu Linux，你将需要把上面的命令行改为：ubuntu @... from root@. . .（或改成 Amazon ec2 user）。
16. 把以下内容放进命令行 ssh-i yourkeypairname. pem. -X ubuntu @ec2-75-101-

182-203. compute-l. amazonaws. com。

17. 注意:Linux 用户应该安装 Xll 程序包,Windows 用户将使用 Remote Desktop。
18. 选择安装任何你自定义的程序包[比如 install. packages('doSNOW')]。
19. 在 R 中使用命令行工作。

P.44 20. 使用命令 *sudo apt-get install r-cran-rcmdr* 在远程机器上(运行 Ubuntu Linux)安装 R Commander(如果你想使用一个 GUI)。

21. **重要提示:** 当你完成后,要关闭你的过程。(单击在左窗格中的 Instances,并检查你正在运行的过程的复选框;在上边的选项卡中,选择 Instance Actions,然后单击 Terminate)。
22. 关于一个有截图的基础教程,请参阅网站 http://decisionstats. com/2010/09/25/running-r-on-amazon-ec2/。
23. 为保存你的工作,在顶边创建一个新的图像。

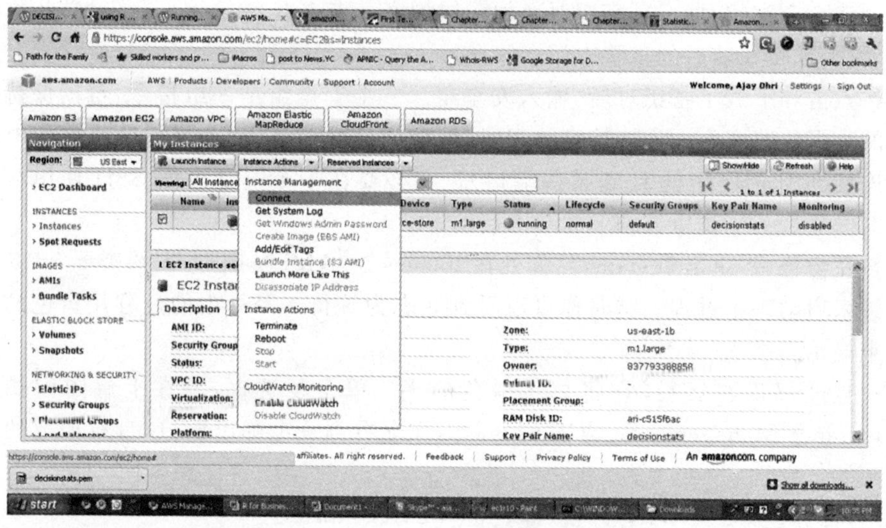

3.9.3 教程:使用亚马逊 EC2 和 R(Windows)

注意在视窗环境下在 Amazon EC2 上使用 R 指令和在 Linux 环境下使用,除了使用远程桌面之外几乎一样,这样对于商业用户来说操作也相对简单。注意在 Amazon EC2 上 Windows 过程成本稍高。

1. 登录到 https://console. aws. amazon. com/ec2/home。
2. 启动视窗。
3. 选择 AMI。
4. 左窗格:AMI。

5. 顶级视窗：选择 Windows 64 AMI。
6. 注意：如果你选择 SQL 服务器，会加收费用。
7. 逐步通过以下步骤并启动实例。
8. 选择 EC2 计算，根据核心数量、内存需求和预算来选择。
9. 创建一个密钥对（一个. pem 文件，它基本上就是一个加密的密码）并下载。对 P.45
于标签等等，只要点击并通过（或读取并创建一些标签来帮助你记得，并组织多个过程）。在配置防火墙时，记得启用访问 RDP（Remote Desktop，远程桌面）和 HTTP。你可以选择启用整个互联网或仅仅你自己的 IP 地址登录审查和启动过程。
10. 进入过程（最左边），查看状态（黄色为等待）。在最上面的栏中单击 Instance Actions > Connect 可见以下内容：
11. 下载. RDP 快捷文件并点击 Instance Actions > Request Admin Password。
12. 等待 15 分钟，微软为你创建一个密码。再次单击 Instance Actions > Request Admin Password。
13. 打开密钥对文件（或之前创建的. pem 文件）使用记事本并复制-粘贴私钥（这看起来像废话）并点击 Decrypt。
14. 检索密码并登录。注意新生成的密码；这是你的远程桌面密码。
15. 点击. rdp 文件（或之前创建的快捷方式文件）。它将连接到你的 Windows 过程。
16. 在远程桌面键入新生成的密码。
17. 登录。
18. 这看起来像是一个新的、清洁的机器，它只安装了 Windows 操作系统。
19. 如果你不使用 Internet Explorer，安装 Chrome（或任何其他浏览器）。
20. 安装 PDF 阅读器（Acrobat Reader）（阅读文档用）、革命公司的 R 企业版～490 MB（它会自动要求安装. NET framework，包含 4 个文件）或 R。
21. 安装程序包（我建议安装 R Commander、Rattle 和 Deducer）。且不说这些 GUI 非常值得称赞，它们还将安装你分析需要的几乎所有主要的程序包（作为它们的附属）。革命公司的 R 默认安装平行的编程程序包。
22. 如果你想保存你的文件并在后续时刻继续工作，你可以做一个快照（到 Amazon 控制台> ec2 在左边的面板> ABS > Snapshot，你会看到一个附加内存（绿灯））。点击 Create Snapshot 保存你的文件以便后来继续工作。如果你想用我的 Windows 快照，以便继续工作也可以；当你开始你的 Amazon EC2 时，你可以点击快照并输入细节（参见下面的快照名称）以制作副本或在其上工作，要么探索 64 位 R 或多核云计算或只是尝试革命公司的用于学术用途的 R 的新程序包。

P.46 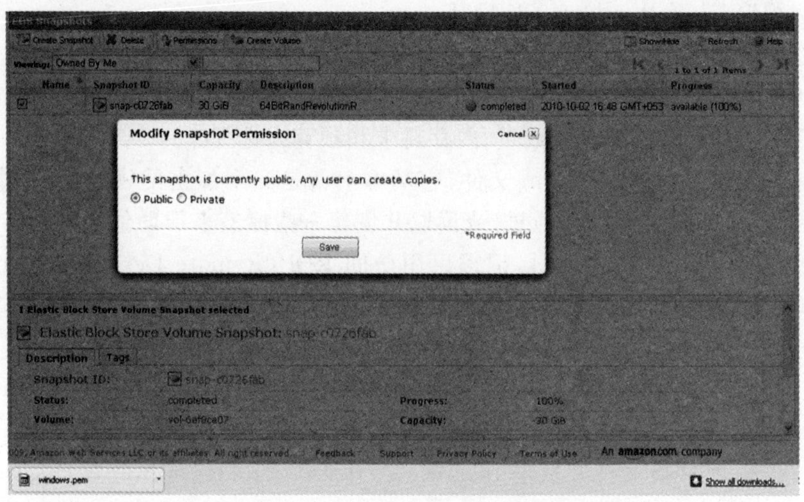

3.9.4 在基本的 Linux Amazon EC2 环境安装 R(免费的)

你可以搜索教程,像下面的:http://www.r-bloggers.com/installing-r-on-amazon-linux/。我建议使用一个现有的、带有 R 配置的 AMI,这样可以减少学习的时间。

3.9.5 在亚马逊 EC2 中使用 R Studio

有很多关于在 Amazon EC2 中使用 R Studio 的教程。这里列出了其中一些。

- RStudio 和亚马逊网络服务 EC2:http://community.mis.temple.edu/stevenljohnson/2011/03/12/rstudio-and-amazon-web-services-ec2/。
- 安全地在亚马逊 EC2 上使用 R 和 RStudio:http://toreopsahl.com/2011/10/17/securely-using-r-and-rstudio-on-amazons-ec2/。
- RStudio 服务器亚马逊机器映像(AMI)http://www.louisaslett.com/RStudio_AMI/。

P.47
3.9.6 使用 cloudnumbers.com 在云上运行 R

Cloudnumbers.com 允许你直接在云上使用 R,而不需要进行配置,通过提供一个简单的接口,它便于传输文件并配置 R 程序包。

- 使用 Cloudnumbers.com 的教程网站:http://www.decisionstats.com/cloud-computing-with-rstats-and-cloudnumbers-com/。

3.10　谷歌和 R

R 最大的用户、开发人员和客户是谷歌公司。它通过创建一个谷歌风格的 R 代码编写指南为 R 的发展做出了贡献、帮助融资并赞助 R 程序包和会议。下面将列出这些。我们也看看谷歌怎样在内部使用 R 以及哪些 R 程序包使用谷歌 API 及其服务。

3.10.1　谷歌风格指南

谷歌风格的 R 指南是一个按照希望在 R 工作的程序员排列的指令。由于大量的 R 程序员在谷歌才创建了它，以便对文档进行标准化并帮助相互阅读代码。它旨在规范 R 产品编码的一些元素。它可以在 http://google-styleguide.googlecode.com/svn/trunk/google-r-style.html 找到。

下面是谷歌的 R 风格指南的部分清单。

- 总结：R 风格规则。

文件名称：以.R 结尾。
标识符：variable.name，FunctionName，kConstantName。
行长：最大 80 个字符。
缩进：两个空格，没有标签。
花括号：第一个在同一行，最后在其各自的行。
赋值：使用＜－，不是＝（我总是使用＝，因为它只用一次按键而＜－要用三个按键）。
分号：不要使用。

总体布局和订购评论指南：所有注释以＃开始，紧跟一个空格；行内的注释在＃之前需要两个空格。

- 总结：R 语言规则。

1. a. 附：避免。 P.48
   b. 函数：错误应该使用 stop()提出。
   c. 对象和方法：尽可能避免 S4 对象和方法；绝不要混淆 S3 和 S4。

这部分特别有用：

- 注释指南。

注释你的代码。整个注释行应该以#和一个空格开始。简短的评论可以放置在代码之后,前面需要两个空格,接着是#,再接一个空格。

```
#根据竞选活动的预算支出创建一个频数直方图:
hist(df$pctSpent,breaks ="scott",# 选择桶数的方法
main ="Histogram: fraction of budget spent by campaignid",
xlab ="Fraction of budget spent",
ylab ="Frequency(count of campaignids")。
```

3.10.2 在谷歌中使用 R

谷歌的分析师和工程师在大量使用R,因为他们需要一个灵活的、可以定制的分析平台。基于谷歌使用R进行内部大数据分析的事实,任何关于R不适合运行大数据集的争议都可以平息了。

- 下图显示了一个在谷歌使用R的例子,它利用大规模并行计算基础设施、使用适合R的MapReduce范式进行统计计算。完整的研究报告可在 http://research.google.com/pubs/pub37483.html 找到。

P.49 • 访问 http://google-opensource.blogspot.in/search/label/r 查看谷歌在R方面的工作,它包括对R的频繁的日常使用。谷歌也是R语言的支持者,在谷歌的暑假R代码竞赛中举办了许多学生项目,主办赞助商聚会、用户组和与R相关的会议等。

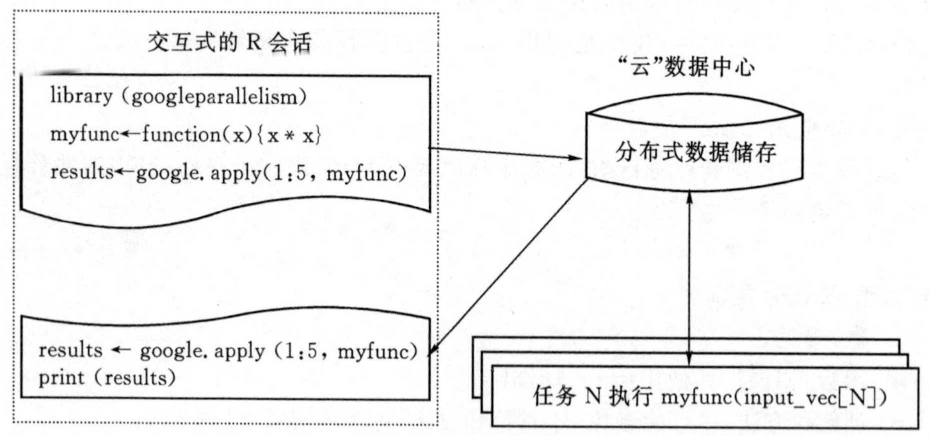

- **int64** 程序包是由谷歌赞助的,在谷歌历经几年,要解决R缺乏64位整数的问题。该程序包可在 http://cran.r-project.org/web/packages/int64/index.html 找到。它是由罗曼·弗朗索瓦(Romain Francois)创建,由谷歌开源项目

办公室资助。通过 int64 可以做下面的事情。

—在 64 位操作数或 int64 对象和整数或 R 中的数值的类型之间执行算术运算。
—通过指定 int64 作为 read. csv 和 write. csv 函数的 colClasses 参数读、写包括 64 位值的 CSV 文件。
—用 R 内置的序列化方法载入和保存 64 位类型。
—计算 int64 向量的概括统计量，如最大值、最小值、极差、合计和其他标准的 R 函数。

- **RProtoBuf** 程序包可以让谷歌的分析人员和工程师使用 R，从 Bigtable 或其他数据存储中读取协议缓冲区。协议缓冲区是一种结构化数据的编码方式，其格式高效而灵活。谷歌对其几乎所有的内部 RPC 协议和文件格式使用协议缓冲区（参见 http://cran. r-project. org/web/packages/RProtoBuf/index. html&http:
//code. google . com/p/protobuf/）。
- **Deducer GUI** 绘图器，是由谷歌提供资金支持的，是谷歌回馈 R 社区的一个实例。
- 基于工程数据分析的谷歌技术会谈中许多谷歌内部团队使用可视化软件 ggplot2。请参阅 http://www. youtube. com/watch? v＝TaxJwC_MP9Q 和 http://www. youtube. com/watch? v＝iSXNfZESR5I 的 Youtube 视频讲座。
- 一个 R 动画工具 http://www. statistik. uni-dortmund. de/useR-2008/slides/Meyer＋ Lysen. pdfR（带有 DBI，RMySQL，R2HTML）使谷歌可以利用统计的洞察力，以便在生产环境中确定有困难的估价人并且将结果和同事沟通，这是通过标准的数据库工具无法完成的。
- 搜索暂停研究的完成大量使用了 R。这样的研究讨论当搜索广告出现以及当搜索广告关掉以后自然点击的数量如何变化；请参阅 http://research. google. com/pubs/archive/37161. pdf。
- R 常被用来分析谷歌数据中心的基础设施。例如本文在“大磁盘驱动器总体故障的趋势”，特别引用了 R：http://research. google. com/archive/disk_failures. pdf。
- 有一篇谷歌研究论文《在全球分布的存储系统的可用性》，其中大部分的分析/图都是通过 R 完成的：http://research. google. com/pubs/pub36737. html。
- 一个谷歌员工帮助创造了 R 程序包 **Stratasphere**，内容是关于分层球面近似条件建模。这是谷歌的 William Heavlin 和 2011 夏天在谷歌实习的博士生 Danie P.50

Percival 的联合工作(http://cran. r-project. org/web/packages/stratasphere/)。

- 一篇关于 R 使用的博客文章可以从 http://blog. revolutionanalytics. com/2011/08/google-r-effective-ads. html 下载。

3.10.3 使用谷歌服务和 R 程序包

多数与谷歌相关的 R 程序包是关于数据可视化、地理地图和大数据计算(使用映射-规约模式)的。以下 R 程序包和项目使用谷歌 API 和服务进行分析。

googleVis 是一个 R 程序包,它提供一个谷歌可视化 API 和 R 之间的接口。程序包中的函数允许用户使用谷歌可视化 API 将数据可视化而不用将其数据上传到谷歌:http://code. google. com/p/google-motion-charts-with-r/和 http://cran. r-project. org/web/packages/googleVis/index. html。

plotGoogleMaps:用 Google Maps API 结合你自己的数据绘图,在 HTML 输出。这有助于对 SP 数据制图,因为 HTML 地图聚合了谷歌地图。这个程序包提供了一个交互式绘图工具,为 Web 浏览器处理地理数据。它为谷歌的 Chrome 浏览器进行了优化并为结合用户数据和谷歌地图层自动创建 Web 地图进行了专门设计:http://cran. r-project. org/web/packages/plotGoogleMaps/。

RgoogleMaps:在 R 中覆盖谷歌地图片段。这个程序包有两个目的:(i)提供一个舒适的 R 接口,以查询谷歌服务器静态地图和(ii)使用地图作为背景图像叠加在 R 的图上。这需要适当的坐标缩放:http://cran. r-project. org/web/packages/RgoogleMaps/index. html。

Maptools:这些还允许你对谷歌地球的地图进行注释:http://cran. r-project. org/web/packages/maptools/。kmlOverlay 函数用于为谷歌地球与 PNG 的图像合成创建并写入一个 KML 文件。

RgoogleAnalytics:这个项目提供了从 R 统计计算编程语言对谷歌分析数据的本地访问。你可以使用这个库通过谷歌分析数据检索一个 R 数据框。然后你可以执行高级统计分析如时间序列分析和回归分析:http://code. google. com/p/r-google-analytics/。

用来阅读谷歌文档的 RCurl:你还可以使用 RCurl 和下面的修改过的代码来读取一个谷歌 Docs 文档。注意每个文档关键参数的变化。

```
P.51 Require(RCurl)
download. file (url = http://curl. haxx. se/ca/cacert. pem, destfile ="
cacert. pem")
url/="https ://docs. google. com/spreadsheet/pub? key =
OAtYMMvghK2ytcldUcWNNZTltcXdIZUZ2MWU0R1NfeWc&output =
```

```
csv"
b <-getURL(url,cainfo="cacert. pem")
write. table(b,quote = FALSE,sep=",",file="test. csv")
```

通过谷歌可视化 API 查询语言查询谷歌 Docs:比较精通 SQL 的用户可以使用谷歌可视化 API 查询语言编写 SQL 查询谷歌 Docs 并将其用作在线数据库。查询字符串可以使用 tq 参数被添加到数据源 URL 并简单地被前面的代码使用。

谷歌的查询语言是用以下方式在一个电子表格上定义的:

参见 http://code. google. com/apis/chart/interactive/docs/query language. html。

Translate:这个 R 程序包可以用于谷歌翻译,将文本翻译成多种语言。

绑定的谷歌翻译 API v2 可以在 http://cran. r-project. org/web/packages/translate/找到。

Rweather:这个程序包提供编程访问谷歌天气(和其他天气)API:http://cran. r-project. org/web/packages/RWeather/。

Google PredictionAPI 程序包:谷歌开发了这个 R 程序包,googlepredictionapi,方便 R 用户访问谷歌预测 API 程序,包括存储在谷歌存储中的对象。可以在 https://code. google. com/p/google-prediction-api-r-client 找到。

r-google-prediction-api-v12(实现谷歌预测 API v1. 2 的 R 程序包):这是 R 客户端库专为谷歌预测 API v1. 2 的谷歌预测 API(Markko Ko,谷歌公司,2010)进行的修改和扩展,可以在 http://code. google. com/p/r-google-prediction-api-v12/找到。

Fusion Table R 程序包: Andrei Lopatenko,一个谷歌工程师,编写了一个 Fusion Tables 的 R 界面融合表,使得使用 Fusion Tables 作为 R 数据存储成为可能。参见 http://andrei. lopatenko. com/rstat/fusion-tables. R 和 http://www. google. com/fusiontables/Home/。

gooJSON:一套从谷歌地图 API JSON 对象获取数据补助函数。它调用谷歌地图 API 并以 R 数据框的形式返回结果:http://cran. r-project. org/web/packages/gooJSON/index. html。

注意前面的程序包中有几个对于身份验证或谷歌 API 的改变很敏感,当这些变化发生时它可能会中止工作。

3.11 访谈:在谷歌中使用 R

以下是与谷歌软件工程师 Murray Stokely 的访谈。

Ajay: **谷歌的工程师和分析师在工作中怎样使用 R? 列举一些应用非常广泛** P.52

的 R 程序包的名字，及其应用实例。大约有多少 R 的用户在使用谷歌？

Murray：在谷歌有几百个 R 的常规用户，包括许多不同部门的用户，而且有许多公开的工作机会要求有 R 技能。一些经常使用 R 程序的职位一般包括定量分析师、统计人员、金融分析师、网络分析师、网络容量规划师、商业战略家、用户体验研究员、运营决策支持、网站可靠性工程师，当然，还有软件工程师[google. com/jobs；搜索"R"]。

在我们公司主要源代码管理系统调查的 R 代码中，lattice 和 ggplot2 是两种最常用的绘图程序包。许多团队使用这些程序包进行交互式数据分析，报告、演示文稿和论文，以及为我们公司的网络控制面板生成统计图。

Dremel 程序包是几十个内部程序包中最受欢迎的，它是为交互式访问 R 内部分布式数据存储和计算基础设施而编写的。我们的数据分析师用它执行查询并返回由成千上万个 CPU 内核以及几千兆的数据所计算得到的 R 数据框[http://research. google. com/pubs/pub36632. html]。

Ajay：**除了 R，在谷歌的统计计算中还使用其他什么软件（Python，SAS，SPSS）？你对 R 在企业中的未来怎么看？**

Murray：Python 是在谷歌中比较流行的一种语言。很难拿一个像 Python 这样的通用脚本语言与统计计算环境 R 进行比较。用这两种语言来执行同一类型的任务比较少见。通常这两个语言将一起使用，在那里用 Python 编写的网页界面或数据提取管道将与 R 连接以获取那些没有内置在 Python 框架中的、更高级别的统计函数的部件。例如，我们编写一个开源的 Web 服务器，实现了 PGI 协议并以这种方式使它易于集成 Python 和 R[http://code. google. com/p/polyweb/]。

在谷歌我们有真正的大数据，一个新来的统计人员在他或她工作的第一个星期，可能需要拆分一个数据集并在我们的一个数据中心同时运行几千份 R，这是很寻常的事情。

因为 R 开源这样一个事实，使得我们把这些工具与我们的内部数据存储工具和云计算平台整合在一起显得非常方便，这对于一个商业化的工具是不可能的。

在谷歌，至少在工程部门，SAS 和 SPSS，即使有用，也是很少使用的。它们有可能用于公司的其他部分业务。

Ajay：**列举一些你只能用 R 做，并没有其他的分析语言可以帮助你的事情。**

P.53 **Murray**：我在谷歌经常使用 R 的一种情况是时间序列预测。目前还没有任何

Python 框架拥有 R 中的预测模型。当然了，有些东西比如像线性回归，也就是一行代码，而拟合一个带有季节性变动的 ARIMA 模型、计算偏自相关函数或从数据过滤异常值也一样。这些东西可以克隆在其他语言中，但 CRAN 提供的丰富的组件程序包在其他环境中不可用。

3.12　访谈：在 cloudnumbers. com 通过云计算使用 R

选取自 Cloudnumbers. com 的高级社区经理 Markus Schmidberger 的访谈摘录。

Ajay：　在一个普通 Amazon EC2 过程中，cloudnumbers. com 能给我带来什么优势？

Markus： 如果你既有时间又有知识，你也可以设置一个类似于 cloudnumbers. com，带 Amazon EC2 的计算机集群。在 cloudnumbers. com 你把一切都进行预装和预配置。一切都是现成的，你不需要任何更多的管理或必须处理安全密钥。此外，我们对启动、运行、监控……计算机集群的云都提供一个非常强大和友好的用户界面。安全是我们的首要任务。我们满足高安全标准，通过对数据传输和存储加密提供安全保障。在默认配置下，你在亚马逊网络服务中将不会得到这种级别的安全。

Ajay：　我看到你还选择了 R 工作室作为云计算的 R 开发平台。你能描述一下你考虑过的其他选择以及为什么 cloudnumbers. com 比别人早选择了 RStudio?

Markus： 如果你参加过 R 社区和 R 用户会议，你会发现非常强大的 Rstudio 的宣传。RStudio 是一个很好的 R 开发环境，并在一个 GUI 里组合了许多有用的工具。由于相同的客户端和网络环境，我们决定把 RStudio 整合进 cloudnumbers. com，作为一个样本编程环境。由于我们客户的要求，我们也可以安装任何其他环境。基于我们平台的计算机集群基础设施，你可以用 cloudnumbers. com 连接 Eclipse(StatER 插件)或 TinnR。

Ajay：　你计划推出 cloudnumbers. com 中什么令人兴奋的新特性?

Markus： Cloudnumbers. com 现在提供了一个稳定、高效的高性能云计算服务。我们的主要特点是在云计算机集群预装的应用程序。目前，我们为客户提供的应用有 R，openFoam，Python，Fortran 和 C/C++。鉴于我们非常广泛的目标受众，我们不得不安装几个额外的应用程序。在未来几周内我们将发布 BLAST，Freemat，Perl 和其他几个应用程序，尤其是生命 P.54
科学部门。除了应用程序，cloudnumbers. com 还提供 HPC(高性能计算)服务。今天,HPC不仅仅是预装了应用程序的计算机集群。从长远来看,我们计划改善我们的大数据分析平台和GPU计算。

3.13 本章用过的命令小结

在本章提到的程序包、数据集和函数清单。

3.13.1 程序包

本章提到了以下的R GUI;它们都使用多个关联的程序包:

1. R Commander and e-Plugins
2. Rattle
3. JGR and Deducer
4. RKWard
5. Red R
6. GrapheR
7. Komodo Sci-Views K
8. PMG
9. R Analytic Flow

下面的R Web接口是本章所提到的:

1. R Web http://www.math.montana.edu/Rweb/
2. R-Node http://squirelove.net/r-node/doku.php
3. Rcgi http://www.ms.uky.edu/~statweb/testR3.html
4. R-php http://dssm.unipa.it/R-php/
5. RWui http://sysbio.mrc-bsu.cam.ac.uk/Rwui/
6. Rpad http://code.google.com/p/rpad/
7. Concerto http://www.psychometrics.cam.ac.uk/page/300/concerto-testing-platform.htm
8. RApache and its applications http://biostat.mc.vanderbilt.edu/rapache/
9. Rook http://cran.r-project.org/web/packages/Rook/Rook.pdf
10. OpenCPU.demo http://cran.r-project.org/web/packages/opencpu.demo/index.html
11. RevoDeployR http://www.youtube.com/watch?v=fZtXv2u18Ew

引文和参考文献

- Cloudnumbers. com,一个在科学应用方面高性能计算(HPC)领域新兴的云计 P.55
算公司,http://cloudnumbers. com/about-us.
- BioConductor Amazon EC2 的 AMI: http://bioconductor. org/help/bioconductor-cloud-ami/.
- Web 接口清单:http://cran. r-project. org/doc/FAQ/R-FAQ. html # R-Web-Inter-faces.
- " Large-Scale Parallel Statistical Forecasting Computations in R", Murray Stokely, Farzan Rohani, Eric Tassone, JSM Proceedings, Section on Physical and Engineering Sciences, 2011. http://research. google. com/pubs/pub37483. html.
- Gesmann, M. and de Castillo, D. Using the Google visualisation API with R. R J. 3(2), 40-44(2011).
- The NIST Definition of Cloud Computing Authors: Peter Mell and Tim Grance Version 15, 10-7-09 National Institute of Standards and Technology, Information Technology Laboratory: [http://csrc. nist. gov/groups/SNS/cloud-computing/cloud-def-v 1 5. doc].
- Using Google Spreadsheets as a Database with the Google Visualisation API Query Language: http://blog. ouseful. info/2009/05/18/using-google-spreadsheets-as-a-database-with-the-google-visualisation-api-query-language/.

你可以在其他目前正在支持或计划支持 R 的商务分析和商务智能经销商那里读到更多的东西:

—SAP Hana with R [p. 59 https://www. experiencesaphana. com/docs/DOC-1138]

—IBM Netezza [http://thinking. netezza. com/blog/embrace-open-source-analytics]

—IBM SPSS [http://www-0l. ibm. com/software/analytics/spss/products/statistics/developer/]

—Teradata R [http://developer. teradata. com/applications/articles/in-database-analytics-with-teradata-r]

—Microsoft HPC with R

- * [http://channel9. msdn. com/Shows/The + HPC + Show/High-performance-Analytics-with-REvolution-R-and-Microsoft-HPC-Server]
- * [http://www. microsoft. com/hpc/en/us/solutions/hpc-case-studies-life-sciences. aspx]
- * [http://blog. revolutionanalytics. com/high-performance-computing/]

—Oracle R [http://www. oracle. com/us/corporate/features/features-oracle-r-enterprise-498732. html]

—JMP with R [http://www. jmp. com/applications/analytical_apps/]

—SAS IML with R [http://support. sas. com/rnd/app/studio/Rinterface2. html]

在接下来的一章中，我们将集中精力介绍在 *R* 分析环境内导入数据。在整个书中对于基本的分析任务至少要求使用一些 *GUI* 。

第 4 章

数据处理

R 有不同类型的存储数据，如列表、数组和数据框。这让一些具有纯粹的处理 P.57
矩形数据集类型数据（行为记录、列为变量）背景的分析师感到混乱不堪。在一个分析环境中，一个新项目的第一步也常常是最艰难或最耗时的任务是把数据加载到分析软件中。本章讨论了各种格式数据的读取技巧。输入数据的两个主要方法是通过命令行和 GUI，对于处理大数据集（＞ 1 GB）的程序包也进行了讨论。此外，专门提到了从各种类型的数据库获得数据。分析数据可以与许多挑战相关联。对于商务分析数据，这些挑战或约束对分析的质量和及时性以及预期的和实际的来自分析结果的报酬都造成了显著的影响。

4.1 分析式数据处理的挑战

商务分析项目的大多数挑战与项目早期的数据处理有关。在这个时候，专业知识和分析能力必须与对数据质量的心态和一些创造力相结合。分析相对容易些，而数据问题有时才是一个商务项目中更难处理的。这里讨论了商务分析中一些数据处理的挑战。

4.1.1 数据格式

读取完整的数据时，要求不丢失任何部分（或元数据）或是添加多余的细节（这会扩大项目范围）。数据格式是数据输入的大部分问题所在。由于有了 ODBC，在 R 语言中数据格式的技术制约相对容易驾驭，而且文献丰富，容易检索句法和语言。

4.1.2 数据质量 P.58

完美的数据存在于一个完美的世界。完美信息的价格是一个商务利益相关者从不会去预算或期待的。在有缺失、无效或异常数据嵌入的数据基础上交付推断和结果，使得分析师的角色和用来删除离群值、取代缺失的值或处理无效数据的工具同样重要。种瓜得瓜、种豆得豆，是用来表示低质量数据的输入将会导致低质量结果的术语。

4.1.3 项目的范围

以下是分析师在项目开始之前需要问的一些问题：

- 需要多少来自外部的数据？
- 在分析细节和高水平的总结中需要多少数据？
- 数据分析的刷新和交付时间是什么时候？需要做什么检查(统计上及业务上)？
- 在现有的信息技术基础设施下，实施和承担新的分析有多大难度？

这些都是一些可以限制你的分析项目范围、你的分析工具选择以及处理方法的外部参数方面的问题。额外数据增加、存储和处理数据(分析所需要的每一列都会导致和整体数据一样多的行数增加，如果你正在考虑一个额外的有 100 个变量与几百万行的数据集，这将是一个耗时的问题)会增加时间成本(你是否应该支付额外的费用以获得附加的信用公司数据?)，但最重要的是确保基本数据输入和传输的商务相关性和质量指南，是整个分析项目时间表相当重要的一部分。

4.1.4 输出结果与利益相关者的期望管理

利益相关者想看到结果，而不是约束、假设、p 值或是卡方值。输出结果需要被转化为一个流水线的决策管理过程，以便为在一个分析项目中投入的人力时间和努力提供理由；选择、培训和操纵复杂的分析工具及约束都是这个投入的子集。营销部门希望有更多的销售额，所以他们需要通过具有特定抵押品的特定渠道把
P.59 某些客户作为目标开展宣传活动。为了证明他们的商业判断，商务分析需要验证、交叉验证，有时，通过清晰透明的方法和过程证明这一商务决策毫无价值。

给定一个数据集，分析师要经历的基本分析步骤如下：

- 输入数据
- 处理数据
- 描述性统计
- 数据可视化
- 创建模型或报告
- 输出
- 演示

4.2 较小数据集的读取方法

下面给出一些最常见的数据读取方法。

数据导入和导出的详细信息在 http://cran. r-project. org/doc/manuals/R-data. html。

提示:当在 R 中使用命令行,按向上箭头按钮就会给出上一个语句。如果你不习惯在一个命令行环境写代码,而且必须多次排除故障或多次运行一组特定的代码,这是很有必要的。

注意:不像其他分析语言,R 对大小写敏感。因此当提及变量的名称、程序包、数据集或函数时,“anonymous”不等同于“Anonymous”。

4.2.1 CSV 和电子表格

以下命令将以 CSV 文件格式读取。CSV 格式是用逗号分隔的值,非常适合较小的数据集。注意这里的路径和文件名由“*file:///home/kl/Downloads/dataloss.csv*”给出,而输入的数据集命名为 inputdata。注意,文件路径基于 Linux 系统。

> inputdata <-read. csv("file:///home/kl/Downloads/dataloss. csv", na. strings = c (".","NA","","?"), strip. white=TRUE, encoding="UTF-8")

Read. table 命令读取表格形式的数据。

以下命令是进行数据导入。

Dataset <-read. table("C:/Users/Owner/Desktop/AMSsurvey. txt", header = TRUE, + sep =",", na. strings ="NA", dec=".", strip. white=TRUE)

在 GUI 中你可以通过写出整个命令或仅仅点击“Import Data”或“Export Data”就可以做到这一点。

注意:下面执行的是导出数据。 P.60

write. table (AMS survey," C:/Users/Owner/Desktop/AMSsurvey. txt", sep. =",", +col. names= TRUE, row. names= TRUE, quote= TRUE, na=" NA")

导入、导出的路径如上给出;值得注意的是所指定的分隔符的类型(这里逗号分隔符通过选项 sep=","给出)。在导入(或 read. table)中标题和变量名称由 header=TRUE 给出,而在导出(或 write. table)时则由 col. names=TRUE 给出。

4.2.1.1 Excel 数据

大量的商业数据以微软 Excel 文件格式留存。可以使用 R 程序包 gdata 或

XLconnect 读取 Excel 中的文件。对于通过名称、编号、甚至是电子表格的具体区域读取电子表格数据都有相应的函数。

请参阅 http://cran. r-project. org/web/packages/XLConnect/XLConnect. pdf 和 http://cran. r-project. org/web/packages/gdata/gdata. pdf。

> *library(gdata)*

>*read. xls("C:\\Users\\KUs\\Desktop\\test. xls")* # 注意对于 *Windows* 文件我们使用两个反斜杠"\"作为路径名。

我们也可以使用一个斜杠替代两个反斜杠。

在 R 中几乎所有的操作都有不止一种操作方法。

> *read. xls("C:/Users/KUs/Desktop/test. xls")*

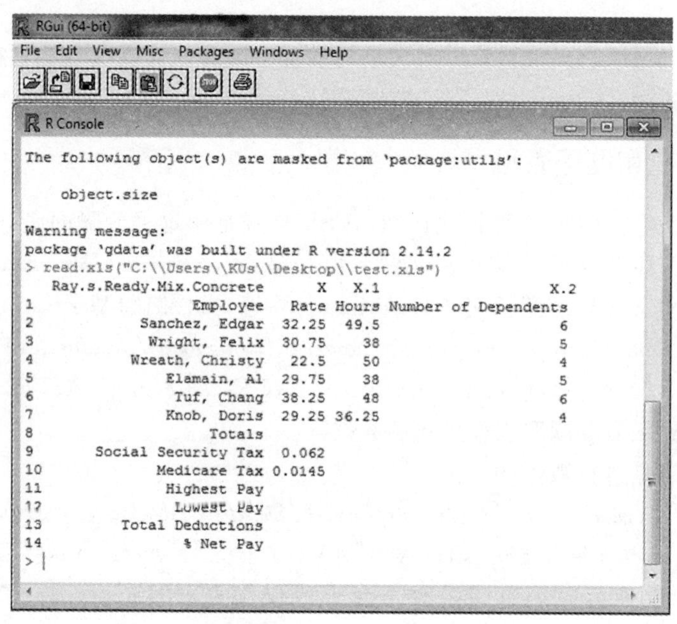

P.61 或者

> *read. xls("C:\\Users\\KUs\\Desktop\\test. xls", sheet=1)* # 通过工作表的编号读取 *Excel* 工作表。

> *read. xls("C:\\Users\\KUs\\Desktop\\test. xls", sheet="Sheet1")* # 通过工作表的名称读取 *Excel* 工作表。

4.2.2 从程序包中读取数据

为学习 R 或创建培训教程，你需要有数据集。命令 data()将会列出所有在加载过的程序包中的数据集。现在读取数据只需要加载该程序包的函数并使用 data(数据集名称)命令来加载数据集的功能。许多 R 程序包都包含有训练用的数据。

其中一个程序包是数据集，第二个是农业数据，来自于 http://cran.r-project.org/web/packages/agridat/index.html，另一个是 HistData，是重要数据集，它在数据可视化方面是一个里程碑。你可以在 http://cran.r-project.org/web/packages/HistData/HistData.pdf 阅读更多关于的 HistData 的资料。

4.2.3 从 Web/APIs 读取数据

你可以使用自定义软件包以及通过使用 API 直接从 Web 读取数据。

R 中有多个数据包可直接从网上数据集读取数据。如下：

- **谷歌预测 API 程序包**——http://code.google.com/p/r-google-prediction-api-v12/。将数据上传到谷歌存储，然后为谷歌预测 API 训练他们使用这个程序包。
- 来自于 http://www.omegahat.org/RCurl/的 **RCurl** 允许我们从 Web 服务器下载文件、邮寄表格、使用 HTTPS(安全的 HTTP)、使用持久连接、上传文件、使用二进制内容、处理重新定向和密码验证等。主要的顶级接入点是 getURL()，getURLContent()，getForm()和 postForm()。
- 从 Web 读取数据的基本程序包是 **HttpRequest** http://cran.r-project.org/web/packages/httpRequest/。它使用 HTTP 请求协议，并执行 GET、POST 和复合 POST 请求。
- **Infochimps** 提供访问目前所有能获得的 APIs 的函数 infochimps.com。更多信息参见 http://api.infochimps.com/. Infochimps.com 有 14 000 数据集。
- **WDI 你可以使用 R 程序包访问世界银行的所有数据，在 http://cran.r-project.org/web/packages/WDI/index.html。**
- **Quantmod** 允许你从雅虎财经网站下载金融数据 http://cran.r-project.org/web/packages/quantmod/index.html。也可参阅 http://www.quantmod.com/。
- **Rdatamarket** 从 DataMarket.com 检索数据，既可以是 zoo 格式(dmseries)的时 P.62
间序列也可以是长型的数据框(dmlist)。也请参阅 https://github.com/DataMarket/rdatamarket。http://datamarket.com/从最重要的数据提供者，如联合国、世界银行、欧盟统计局收录有 1 亿个时间序列。

  XML 程序包：这个类别的大多数程序包最终告别了对于 XML 程序包的依赖，用于读取和创建 XML(及 HTML)文件(包括 DTDs)。既可以在本地访问，也可以通过 HTTP 或 FTP：http://cran.r-project.org/web/packages/XML/index.html 访问。
- **RBloomberg** 可以访问 Bloomberg 数据(但需要一台安装 Bloomberg 的 Windows 电脑)。

- 其他读取在线数据的程序包是 **scrapeR** 工具：http://cran. r-project. org/web/packages/scrapeR/index. html。
- 许多人发现 **RJSON** 在数据交换上很有用：http://cran. r-project. org/web/packages/rjson/index. html。把 R 转换成 JSON 对象，反之亦可：http://www. json. org/JSON。(JavaScript 对象记号)这是一种轻量级的数据交换格式。它便于人类读写也便于机器生成与分析。

这里给出网页抓取的一个例子。

在 R 中下载

```
con <-url("http://www. nytimes. com","r")
x <-readLines(con)#我们可以使用这个 readLines 去读取 html 或者在
#R 程序包 RCurl 中使用 getURL
url=("http://www. nytimes. com")
library(RCurl)
ans <-getURL(url)
ans<-as. data. frame(ans)
```

4.2.4 R 中关于缺失值的处理

商务数据通常存在缺失值，因而进行分析时需要清理或纠正。R 语言使用 NA 来存储缺失值，其他分析软件将缺失值存储为"."这决定着怎样在数据中查找缺失值。NA 既不是数字也不是字符，而是一个缺失值的记号。如果有缺失值，那么 is. na 函数将返回 TRUE 值。如果有缺失值，na. fail 函数则会返回一个错误，而 na. omit 函数则返回一个排除了缺失值对象的对象。默认情况下，数据中如果存在缺失值，R 就不会提供任何均值或标准差。

我们使用 rnorm 函数生成 10^8 个服从正态分布的随机值，均值为 10，标准差为 5。注意我们如何使用 system. time()操作符找到做这个操作花费的时间。如果有缺失值，is. na 函数会返回一个真值。

P.63 如果一个数据对象中有缺失值，函数 na. fail 会返回一个错误，而函数 na. omit 则会返回一个排除了缺失值的对象。

```
> ajay =c(rnorm(1e8,10,10),NA)
> system. time(is. na(ajay))
user system elapsed
0. 36 0. 04 0. 41
> na. fail(ajay) Error in na. fail. default(ajay) : missing values in object
> mean(ajay)
[1] NA
```

```
> mean(ajay,na.rm= TRUE)
[1] 10>sd(ajay) [1] NA
> sd(ajay,na.rm=TRUE)
[1] 5.000 41
> mean(ajay)
[1] NA
> mean(na.omit(ajay) +)
[1] 10
```

那些经常用 R 处理缺失值或计划这样做的人，请到 http://www.ats.ucla.edu/stat/r/faq/missing.htm 阅读简明的教程。关于缺失值的插补软件清单，包括 R 中的函数请参见：http://www.math. smith.edu/～nhorton/muchado.pdf。

4.2.5　使用 as 运算符改变数据结构

对于 R 初学者，数据存储的多种灵活方式有时会让人觉得困惑，针对数据对象的几个特殊类型的函数应用也经常出现问题。你可以仅仅使用“as.name”操作符将 R 数据对象从一个类型转换到另一个类型。

为将一个名为 ajay 的列表转换成一个数据框，可使用 *ajay = as.data.frame(ajay)*；将其转化为一个矩阵，使用 *ajay = as.matrix(ajay)*；使用 *ajay = as.list(ajay)*，可将它转换为一个列表。这很重要，因为出于许多商务分析的目的，我们将使用 data.frame，而许多程序包和函数在读取数据时需要其他数据结构。

我们展示一个从 csv 文件读取数据并且将因子水平转换成数值型和字符型变 P.64
量的例子：

```
> Decision Stats <-read.table("C:/Users/KUs/Desktop/ga3.csv", header
= TRUE,
+ sep=",", na.strings ="NA", dec=".", strip.white= TRUE)
> str(DecisionStats)
'data.frame': 292 obs. of 2 variables:
$ X6.1.2011 : Factor with 292 levels"1/1/2012","1/10/2012",..: 182
193 195 196 197 198 199 200 172 173 ...
$ X0 : Factor with 220 levels"0","1,043","1,134",..: 1 36 217 11 69 67 67
57 74 18 ...
> names(DecisionStats)=c("Date","Visits")
> DecisionStats$Visits=as.numeric(DecisionStats$Visits)
> DecisionStats$Date=as.character(DecisionStats$Date)
```

```
> str(DecisionStats)
'data.frame': 292 obs. of 2 variables:
$ Date  : chr"6/2/2011""6/3/2011""6/4/2011""6/5/2011"...
$ Visits: num 1 36 217 11 69 67 67 57 74 18 ...
```

4.3 一些常见的分析任务

下列是常见分析任务的清单。你可能要回顾一下你自己的分析实践，看看哪些和这里列出的有关联。Rattle GUI 提供了广泛的数据输入的简便格式。R Commander 还提供了许多让你轻松输入数据而不用操心语法的途径。其他 GUI 会在第 3 章和第 12 章中讲到。

4.3.1 数据集的探索

出于使用 R 进行商务分析的目的，我们将只用数据框，尽管通过 R 编程语言也可以实现其他方法和各种数据形式的读取。本节是第 2 章第 2.4 节启动教程的一个细化。而数据探索或数据可视化选项的额外的图形选项将会在第 5 章第 5.4 节中给出。

数据集中有什么？变量。

*Names(dataset)*告诉我们变量的名称。

数值变量服从什么分布？

*Summary(dataset)*给出数值变量的分布（四分位数）和分类变量的频数计数。

它将给出数值变量的最大和最小两个值，可能在处理缺失值和异常值时需要。

在 R Commander 中这可以通过统计＞汇总＞活动数据集完成；这将首先给你一个关于将要处理的变量数目的警告。

分类变量的频数分布是什么？

P.65 *table(dataset$variable_name)*给出指定的类别变量的计数。

我们一直使用 dataset$variable_name 来为一个运算或函数选择一个特定的变量。

*Ls()*列出在当前工作区的所有活动对象，当你想丢掉一些对象来释放计算资源时非常有用。

删除一个对象 FUN，使用 *rm* (FUN)。

删除所有对象，使用 *rm(list=ls())*。

```
> str(dataset) #给出一个数据集的完整结构。
```

*Head(dataset)*和 *tail(dataset)*：head(dataset，n1) 给出数据集最前面的 n1 行，tail(dataset，n2) 给出一个数据集的最后 n2 行，其中 n1、n2 是你想要打印出的

观测的数量。

Class(*dataset*)和 *dim*(*dataset*)给出对象的类型和维度。

4.3.2　数据集的条件操作

如果你只想用一个数据集的某些特定的行或列,可以使用方括号来引用特定部分的数据对象。

例如:

```
> str(DecisionStats)
'data.frame': 292 obs. of 2 variables:
 $ Date : chr"6/2/2011" "6/3/2011" "6/4/2011" "6/5/2011"...
 $ Visits: num 1 36 217 11 69 67 67 57 74 18 …
> DecisionStats2=DecisionStats[1,] #这给出第一行
> str(DecisionStats2)
'data.frame': 1 obs. of 2 variables: $ Date : chr"6/2/2011" $ Visits: num 1
> DecisionStats3=DecisionStats[,1] # 这给出第一列
> str(DecisionStats3)
chr [1:292]"6/2/2011" "6/3/2011" "6/4/2011" "6/5/2011" "6/6/2011"
"6/7/2011" "6/8/2011" "6/9/2011" "6/10/2011"
```

4.3.2.1　从一个数据包连接一个数据集

data(*Titanic*, *package*="*datasets*")

4.3.2.2　选择变量

- 仅保留一些变量。

  用子集来保留我们想要的变量:

  Sitka89 <-*subset*(*Sitka89*, *select*=*c*(*size*, *Time*, *treat*))

  将只保留我们所选的变量(size,Time,treat)。

- 舍弃一些变量。

  Harman23. cor$ cov. arm. span <-*NULL* 在数据集 Harman23. cor 中删除 P.66
指定的变量 cov. arm. span

- 变量重命名(使用 gregmisc 程序包)。

  library(*gregmisc*)

  rename. vars(*dataset*, *from*="*OldName*", *to*="*NewName*")

  data<-data. frame(x=1:10,y=1:10,z=1:10)

  names(data)

  data <-rename. vars(data, c("x","y","z"), c("first","second","third")) names(data)

- 基于字符条件来保存记录。

Titanic. subl <-subset(Titanic,Sex=="Male")

注意双等号(对于字符和数字都是必要的,否则它可能给出无效的结果)

- 基于日期/时间条件来保存记录。

Subset(DF,as. Date(Date)>='2009-09-02' & as. Date(Date)<= '2009-09-04')

- 当前的日期和时间。

以一个日期/时间对象与当前日期和时间相比获得年龄或时差,我们需要用函数来获得系统的日期和时间。Sys. Date 和 Sys. time 给出了当前日期与时间,你还可以使用函数 date()。

```
> Sys. time()
[1]"2012-04-06 18:37:28 IST"
> Sys. Date()
[1]"2012-04-06"
> date()
[1]"Fri Apr 06 18:39:19 2012"
```

- 将日期/时间格式转换成其他格式。

如果变量 dob 是(01/04/1977),那么将其转换成下列日期对象:

z=strptime(dob,"%d/%m/%Y")

如果同一个日期是 01Apr1977,那么

z=strptime(dob,"%d%b%Y")

- 日期/时间值和当前的时间不同。

Difftime 函数可以帮助计算两个日期/时间变量间的差异:

Difftime(time1, time2, units= 'secs')

或

Difftime(time1, time2, tz ="", units = c("auto","secs","mins","hours","days","weeks"))

P.67 当前的系统日期/时间值可以使用

Sys. time()

Sys. Date()

这些值可以如前所示放在 difftime 函数中来计算年龄和时间过去了多久。

- 基于数值条件来保存记录。

Titanic. subl <-subset(Titanic,Freq>37)

4.3.2.3 数据的排序

> 对一个数据框对象按照多列排序。
> 要完成这样的任务,你可以使用 reshape 程序包中的 sort_df 函数：
> 也可以

- 以一个变量的升序对一个数据框排序。

```
AggregatedData<-sort(AggregatedData, by=~ Package)
```

- 以一个变量的降序对一个数据框排序。

```
AggregatedData<-sort(AggregatedData, by=~-Installed)
```

- 将一个数据集转置。

```
t(datasetname)
```

- 根据一个单一变量变换数据集的结构。

将数据框

行	主体	项目	得分
1	主体 1	项目 A	1
2	主体 1	项目 B	0
3	主体 1	项目 C	1
4	主体 2	项目 A	0
5	主体 2	项目 B	1

转换到 P.68

行	主体	项目 A	项目 B	项目 C
1	主体 1	1	0	1
2	主体 2	0	1	0

使用 Reshape2 程序包,我们可以使用 melt 和 acast 函数：

```
library("reshape2")
tDat.m<-melt(tDat)
tDatCast<-acast(tDat.m,Subject~Item)
```

如果我们选择不使用 Reshape 程序包,可以使用 R 的默认重塑方法。大数据集需要更多的处理时间。

df.wide <-reshape(df, idvar="Subject", timevar="Item", direction="wide")

- 键入数据。

使用 *scan*()函数我们可以在一个列表中输入数据:

- 滞后可使用 Diff,而累积和使用 CumSum 函数。

我们可以使用 diff 函数来计算一个变量连续两个变量值的差。

Diff(Dataset$X)

这个 cumsum 函数帮助给出累计的和

cumsum(Dataset$X)

> *x=rnorm(10,20)* #这给出 10 个随机分布的数字,均值为 20

>*x*

[1] 20.76078 19.21374 18.28483 20.18920 21.65696 19.54178 18.90592 20.67585

[9] 20.02222 18.99311

> *diff(x)*

[1] −1.5470415 −0.9289122 1.9043664 1.4677589 −2.1151783 −0.6358585 1.7699296

[8] −0.6536232 −1.0291181 >

Cumsum(x)

[1] 20.76078 39.97453 58.25936 78.44855 100.10551 119.64728 138.55320

[8] 159.22905 179.25128 198.24438

> *diff(x,2)*# *diff* 函数可以使用如 *diff* (*x,lag=1,differences=1*, …),其中"差异"是差分的阶数。

[1] −2.4759536 0.9754542 3.3721252 −0.6474195 −2.7510368 1.1340711 1.1163064

[8] −1.6827413

4.3.3　数据的合并 P.69

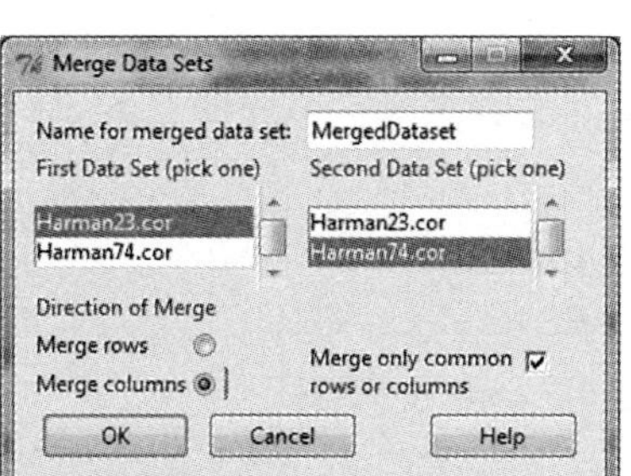

使用 R Commander GUI 进行合并。

让我们比较一下使用 R Commander GUI 和使用 Deducer GUI 的合并：

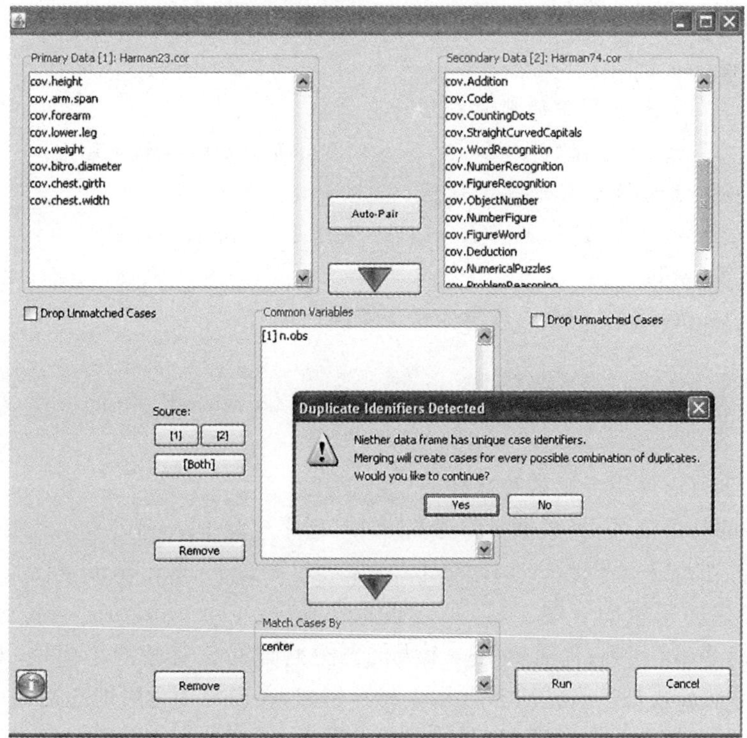

正如你所看到的，Deducer GUI 使合并数据集变得更加简便了。 P.70

一个最简单的 merge 语句是：

totalDataframeZ<-merge(dataframeX, dataframeY, by=c("AccountId", "Region"))

有条件的合并：

内部合并:由于 R 通过共同变量名自动合并数据框,merge(df1,df2)对这些例子有效,但你可能想要指定 merge(df1,df2, by="CustomerId")以确保只合并你期望的匹配字段。

如果匹配的变量在不同的数据框有不同的名称,你也可以使用 by. x 和 by. y 参数。

外部合并:merge(df1, df2, all=TRUE)

左合并:merge(df1, df2, all. x=TRUE)

右合并:merge(df1, df2, all. y=TRUE)

4.3.4 变量的聚合以及分组处理

我们可以通过多种方法对变量进行分类汇总。这里我们探索两个函数 aggregate 和 Tapply。

参阅 R 的在线手册 http://stat. ethz. ch/R-manual/R-patched/library/stats/html/aggregate. html:

对'*state. x77*'中的变量分组计算均值

按 region 分组(*Northeast*,*South*,*North Central*,*West*)

##每个州都有自己所属的地区

aggregate(*state. x77*, *list*(*Region* = *state. region*), *mean*)

使用 TApply

tapply(汇总变量, 分组变量, 函数)

来源:

http://www. ats. ucla. edu/stat/r/library/advanced _ function _ r. htm # tapply。

我们也可以使用专门的程序包进行数据操作。

更多的分组处理,其数据操作参见 doBy 程序包和 Plyr 程序包。doBy 程序包可在 http://cran. r-project. org/web/packages/doBy/index. html 找到。Plyr 是解决一些共同问题的一组工具,可在 http://cran. r-project. org/web/packages/plyr/index. html 找到:你需要将一个大问题分解成易于管理的小模块,对每一块进行操作,然后再把所有的块整合到一起。例如,在研究中你可能想对每一个空间位置和时间点拟合一个模型,按照面板汇总数据,或者将高维数组分解成为简单的概括性统计量。

我们还可以使用带有 R 插件"doBy"的 R Commander GUI 。它允许用户在 GUI 中使用 doBy。如何安装 R Commander、加载它的插件见第 3 章。

P.71 使用"doBy"有四个选项:

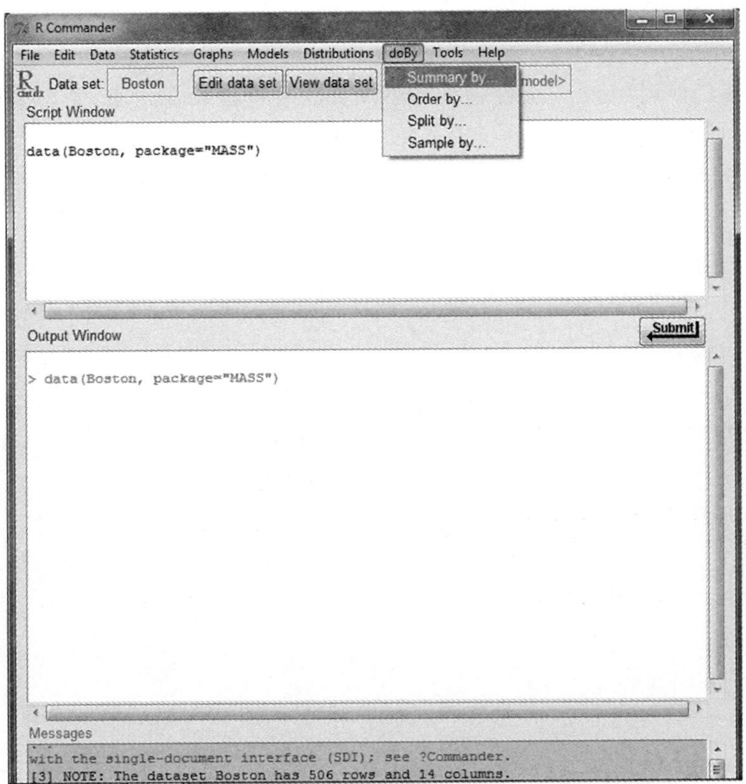

通过选项使用概括(程序包默认自主计算所有的数值型变量)：

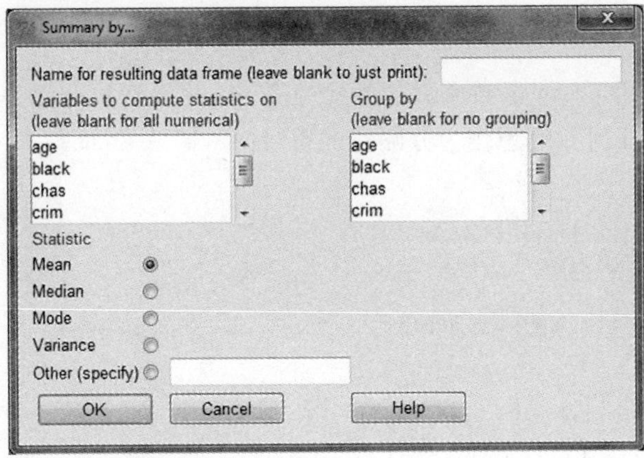

4.3.5　数据中文本的操作 P.72

我们来考虑一个包含三个字符串名称为 test 的数据对象：

> test

```
[1]"ajay" "AjaY O" "Vijay O"
```

• 子串：我们使用 substr 函数获取一小部分的字符串。在这里，子串采取 substr（对象的名称、开始的子串、结束的子串）的形式。

我们也可以使用 strsplit(x,split)，它根据子串将数据对象进行分割。

```
> test[1]
[1]"ajay"
> substr(test[1],0,2)
[1]"aj"
> substr(test[1],1,2)
[1]"aj"
> substr(test[1],2,2)
[1]"j"
> substr(test[1],1,3)
[1]"aja"
> strsplit(test[2:3]," ")
[[1]]
[1]"AjaY" "O"
[[2]]
[1]"Vijay" "O"
```

• 并置：我们使用 paste 函数来并置两个字符串，并且添加分隔符参数，使用 sep＝确定任何我们想作为分隔符的符号。

```
> paste(test[1],test[2])
[1]"ajay AjaY O"
> paste(test[1],test[2],sep='')
[1]"ajayAjaY O"
> paste(test[1],test[2],sep='/')
[1]"ajay/AjaY O"
```

• 搜索和匹配。

grep(pattern,x) 为对象 x 内部的模式搜索匹配：

```
> test
```

```
[1]"ajay" "AjaY O" "Vijay O"
> grep('jay',test)
[1] 1 3
> grep('jaY',test)
[1] 2 > grep('jaY',test)
[1] 2
> grep('ja',test)
[1] 1 2 3
```

P.73

4.4 使用 R 进行一个简单的分析

假设给你一个数据集,而你只是想进行一个简单的分析。R 代码如下所示。假定数据集的名字是 Ajay。

4.4.1 输入

```
Ajay < -read.table("C://Users//KUSHU//Desktop//A.csv", header
= TRUE,sep = ",",
+ na.strings = "NA", dec = ".", strip.white = TRUE)
```

注意这里输入数据的路径是 C:/Users/KUSHU/Desktop/A.csv。

- 我们假定 header=TRUE,这表示变量名称在第一行。
- Sep=“,”指两个连续的数据元素之间的分隔符(这里是逗号,因为我们正在读取的数据是用逗号分隔的值)。
- dec=“.”表示我们使用“.”分隔小数。
- strip.white=TRUE(对空白的处理)。

对一个新的 R 用户来说,这可能看起来非常恐怖。

另外,你也可以使用 R Commander GUI 如下:

library(Rcmdr)

然后简单地点击进入菜单。

自动生成代码,从而帮助你学习如何使用。

4.4.2 描述数据结构

现在我们已经输入了数据,然后需要查看数据的质量:

- 我们直接使用 names 命令来获得变量名称：
  —*names(Ajay)*
- 然后我们使用 str 命令获得数据结构：
  —*Str(Ajay)*
- 数据集中前五个观测可以由下面的命令给出：
  —*head(Ajay,5)*
- P.74 数据集中最后十个观测可以由下面的命令给出：
  —*tail(Ajay,10)*

4.4.3 描述变量结构

- 我们可以使用如下的命令获得整个数据集的概括统计量：
  —*summary(Ajay)*
- 但是如果我们只希望引用一个变量，像 Surnames，并节省时间，我们这样做：
  —*summary(Ajay$Surnames)*
  —使用 *mean*()和 *sd*()，来找出一个特定的数值型变量的均值和标准差。
  —*mean(faithful$waiting)*
  —*sd(faithful$waiting)*
- 使用 cor 函数可以发现变量间的相关性：
  —*cor(dataset$var1,dataset$var2)*
- 我们可以用"table"命令，找到数值的分布：
  —*table(faithful$waiting)*
- 同样地，我们可以使用简单的命令 plot 为数据集绘制统计图，使用 hist 命令绘制直方图，使用 boxplot 绘制箱线图。
  —*plot(Ajay)*
  —*hist(Ajay)*
  —*boxplot(Ajay)*

注意：我们可以绘制各种图形来表示数据。左上角第一个图是一个散点图，第一行第二个图是一个箱线图，第三个和第四个都是特定变量的直方图，但是我们在第四个直方图(底端右边)下添加了一个地毯图；第五个图表现了变量数据的相关性，第六个图也就是最后一个图是变量的条形图。

```
> par(mfrow=c(2,3))
> plot(faithful)
> boxplot(faithful)
> hist(faithful$eruptions)
```

```
> hist(faithful$waiting)
> rug(faithful$waiting)
> cor(faithful) eruptions waiting
eruptions 1.0000000 0.9008112
waiting 0.9008112 1.0000000
> plot(cor(faithful))
```

＋）# **当我们编写代码时超过了一行就使用这个加号。** P.75

如果我们忘了关闭括号，加号将提醒我们！

此外，当我们按回车时每个语句会自动提交，所以没有必要用“;”作为各编码行之间的分隔符，也可以先键入编码然后点击提交，不像其他一些你可能使用过的分析语言那样。

```
>barplot(faithful$waiting)
```

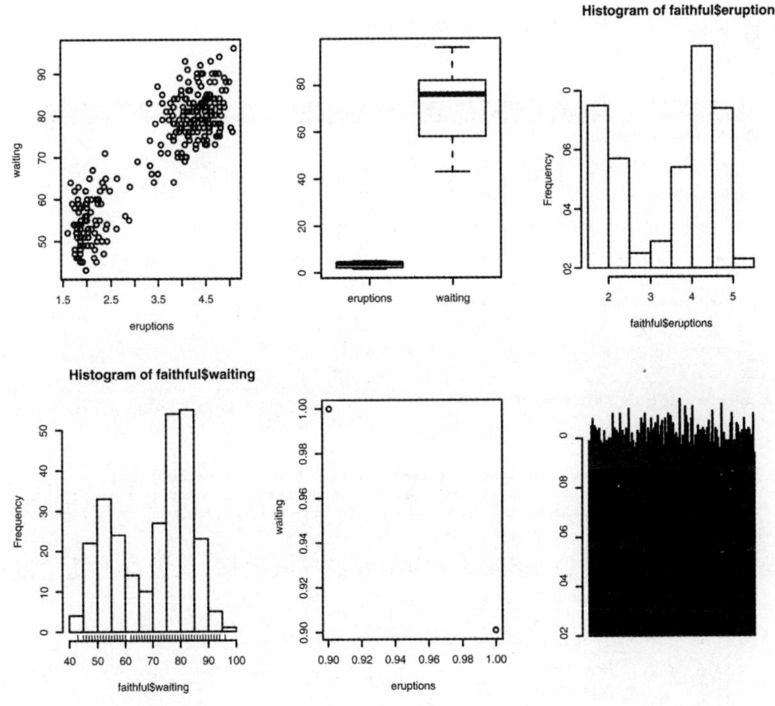

- 第 5 章将更详细地讨论图示分析。
- 我个人更加喜欢描述命令，但为此我需要加载一个叫做 Hmisc 的新程序包。Library()命令用来加载程序包。

  —*library(Hmisc)*

  —*describe(Ajay)*

- 假如我想为编码添加注释使其看起来清晰且整洁，我便使用符号 #，# 之后的为注释。这应该经常做，使你的代码在以后备案和演示时具有可读性，但大多数被忽略了。

P.76 4.4.4 输出

最后，要保存所有的结果。可以使用 R Commander GUI 的菜单或使用 R 的菜单将其导出，或是将 *read.table* 语句直接修改为 *write.table*，并辅以新的路径，这样就保存了数据。

4.5 比较 R 图形用户界面的数据输入

使用 GUI 比较容易。Rattle GUI 提供了最广泛的输入类型选项，只需要数据在数据框中并且不能接受其他格式的数据（比如 R 时间序列）。不像其他 GUIs，Rattle 没有下拉菜单，主要是基于选项卡和按钮。

Rattle

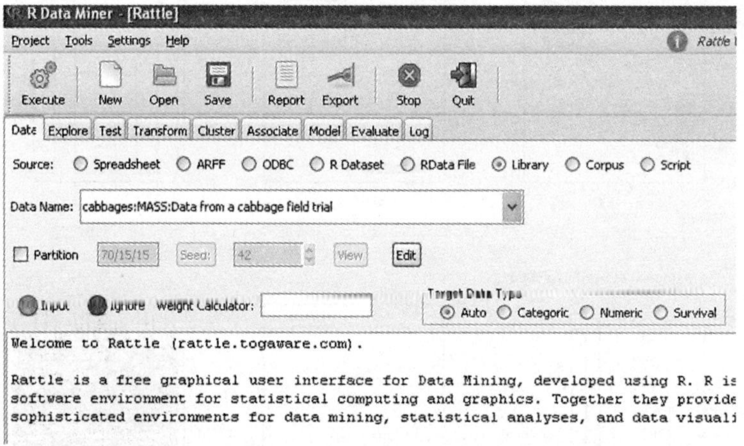

R Commander：在 R Commander 中很容易导入数据，只需点击几下鼠标。

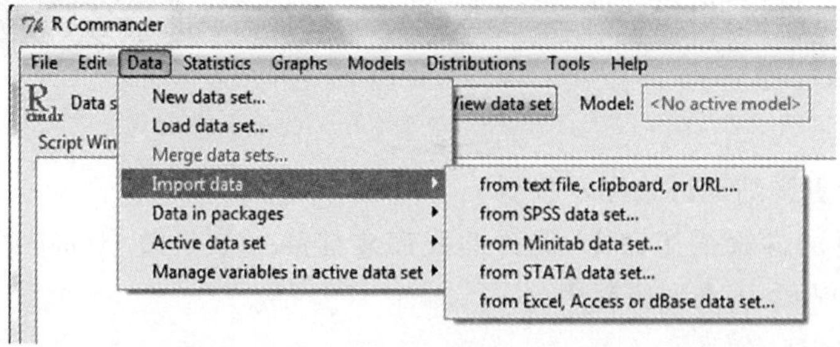

Deducer P.77

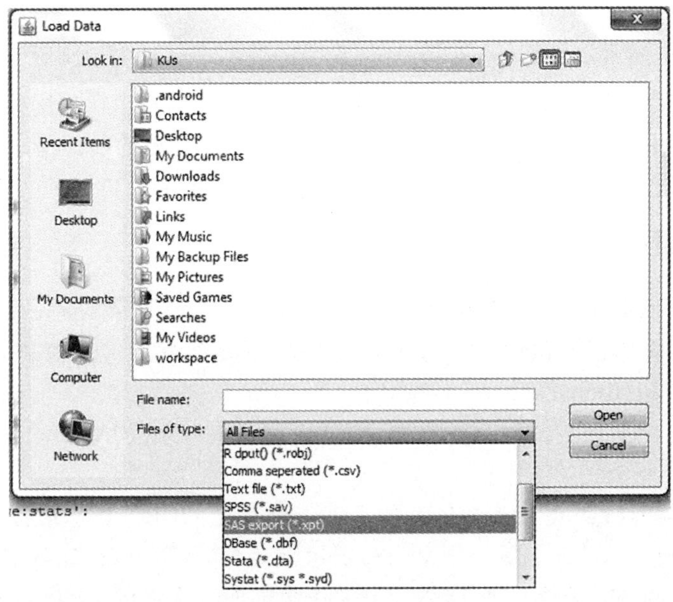

R GUI 的名称	从附加的程序包读取数据	混合 R 格式(非数据框)
R Commander	是	是
Rattle	是	不支持
JGR-Deducer	不支持	是

4.6　与数据库及商业智能系统一起使用 R

商务数据主要存储在数据库中,可使用查询工具访问。数据库是数据中心的统称,许多查询工具和相关的分析被称为商务智能(BI)工具。

我们为什么使用数据库呢?

数据库是用来存储、访问数据的最便宜、最有效、最安全的方式。

从来自 http://cran.r-project.org/doc/manuals/R-data.html#Relational- P.78
databases 的官方 R 文档可见:

数据库管理系统(DBMSs) 特别是关系型 DBMSs (RDBMSs)的优势是:

- 快速访问大型数据库的选定部分。
- 数据库拥有强大的汇总和交叉制表方法。
- 拥有比带有网格模型的电子表格和 R 数据框更有条理的数据存储方式;可从多

个客户端同时访问、在多个主机上运行并对数据的访问执行安全约束。

- 有为广泛的客户充当服务器的能力。

我们给出两个分别使用 MySQL 和 PostGreSQL 的数据库研究案例。我们也提供在 R 中使用 Jaspersoft 或是 Pentaho 软件的有关信息。我们同时还提供一个在 R. Lastly 中非关系型 DBMSs(noSQL)与 Hadoop 资源的简短清单，最后，我们给出在 R 中使用 Google Prediction API 和 Google Fusion Tables 的资源。

4.6.1 RODBC

RODBC 数据包可参见 http://cran. r-project. org/web/packages/RODBC/index. html，是 R 程序包用于与数据库连接的主要部分。它是由著名的 R 专家 Brian Ripley 和 Michael Lapsley 提出的。

从 http://cran. r-project. org/web/packages/RODBC/RODBC. pdf 的文档，可见：

这里提供两组函数。主要的内部 odbc* 命令对 ODBC 具有近似名称的函数执行低级访问。sql* 函数在一个更高的层次上运行，在数据框及 sql 表之间读取、保存、复制和操作数据表。与 DSN/hosts 任意组合的连接皆可瞬间打开。

4.6.2 使用 MySQL 和 R

有一个使用 R 和 MySQL 的简短教程。MySQL 属于 Oracle，是世界上使用最广泛的数据库。

- 从 http://www. mysql. com/downloads/mysql/或(http://www. mysql. com/downloads /mirror. php? id=403831)**下载 mySQL**。

点击 Install：使用默认选项，记得写下在 step=XX 这一步要使用的密码。

P.79

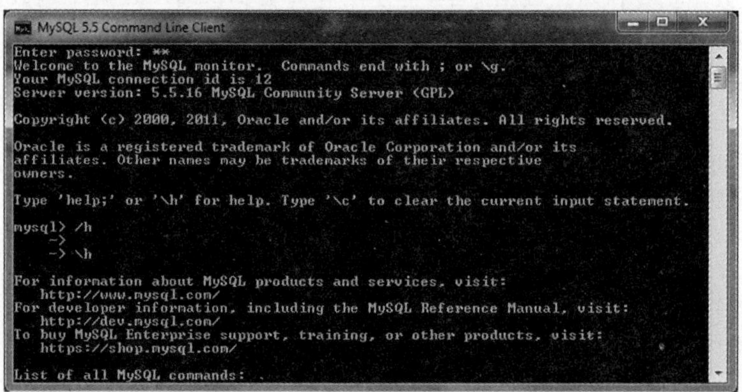

- 从 http://www.mysql.com/downloads/connector/odbc/5.1.html **下载 ODBC 连接器**。
- 在 windows 7 的控制面板中定位数据源(ODBC)。

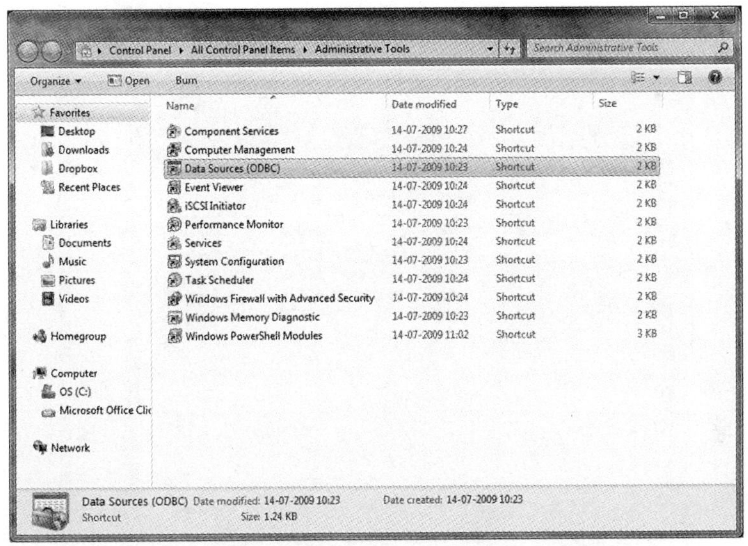

- 通过双击在步骤 2 中下载的.msi 文件安装 **ODBC 连接器**。
- 在 ODBC 连接器的截图中验证：

这是 ODBC 数据源管理员的驱动按钮。 P.80

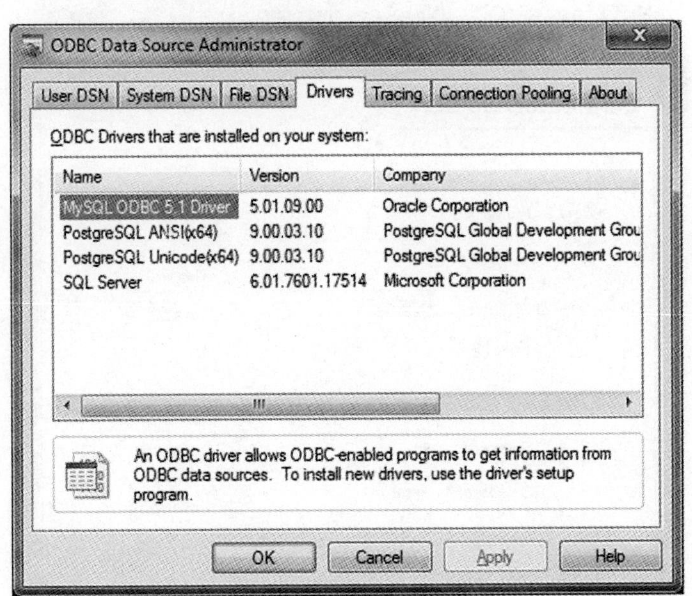

- 单击 **System DSN** 并使用 add 按钮配置 MySQL 。

P.81

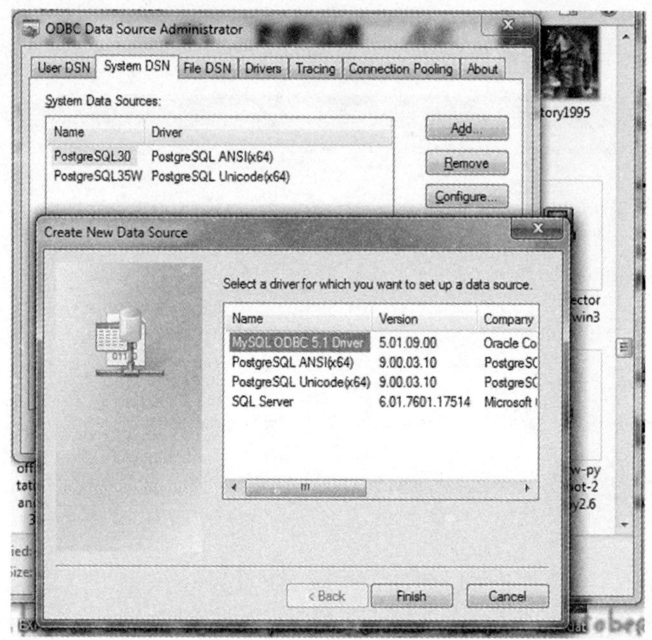

- 如图所示使用配置选项。用户是 root,TCP/IP 服务器是本地主机(与步骤 1 使用相同的密码),数据库是 MySQL。检验连接。单击 OK 完成这一步。

P.82

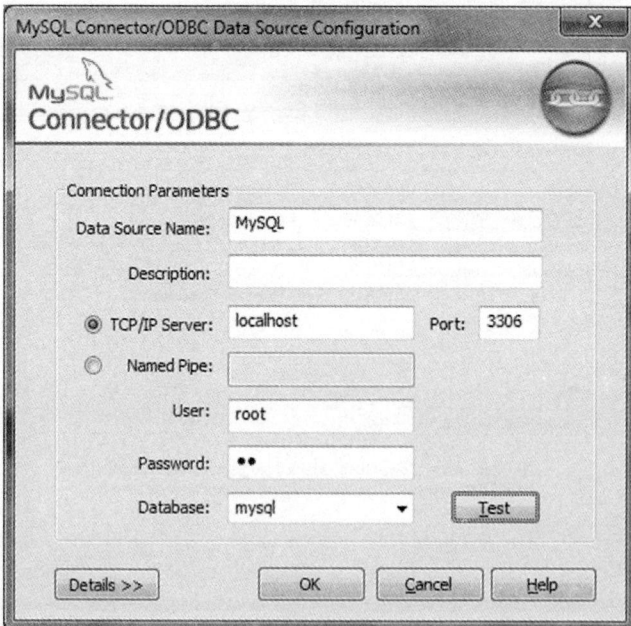

• 点击 **User DSN** 按钮(然后重复前面的步骤,添加和配置连接,用户选项是 root, TCP/IP 服务器是本地主机(使用与步骤 1 相同的密码),数据库是 MySQL;测试连接然后单击 OK 来添加连接。

P.83

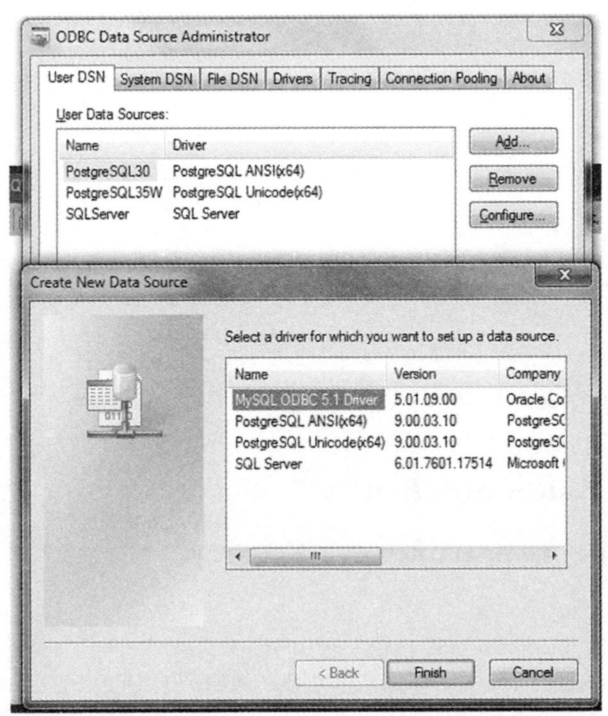

• 从 http://www.mysql.com/downloads/workbench/下载 MySQL 工作台。这在配置数据库中非常有用:http://www.mysql.com/downloads/mirror.php?id=403983#mirrors。

• 因为配置数据库超出了本章的范围,所以假定数据库已经创建。

• 启动 R。

• 输入下面截图中的命令来创建一个到 MySQL 数据库的连接:

```
> library(RODBC)
> odbcDataSources()
> ajay=odbc Connect("MySQL",uid="root",pwd="XX")
> ajay
> sql Tables(ajay)
> tested=sqlFetch(ajay,"host")
```

P.84

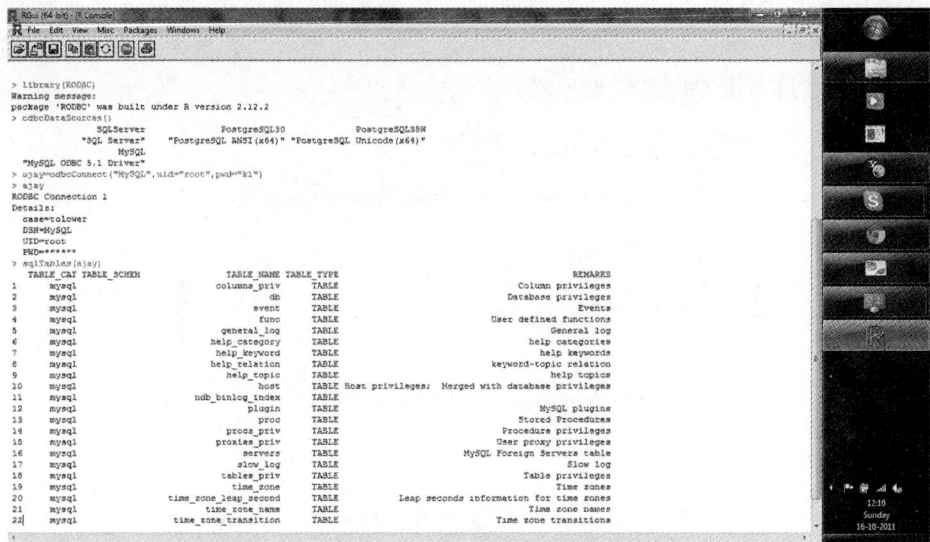

4.6.3 使用 PostGresSQL 和 R

这里是使用 PostGreSQL 和 R 的一个简短教程。

- 在 http://www.postgresql.org/download/windows 下载安装 PostgreSQL。
- 安装 PostgreSQL。别忘了存储/记住用户的密码！使用 pgAdmin 的特性在开始菜单创建一个连接。

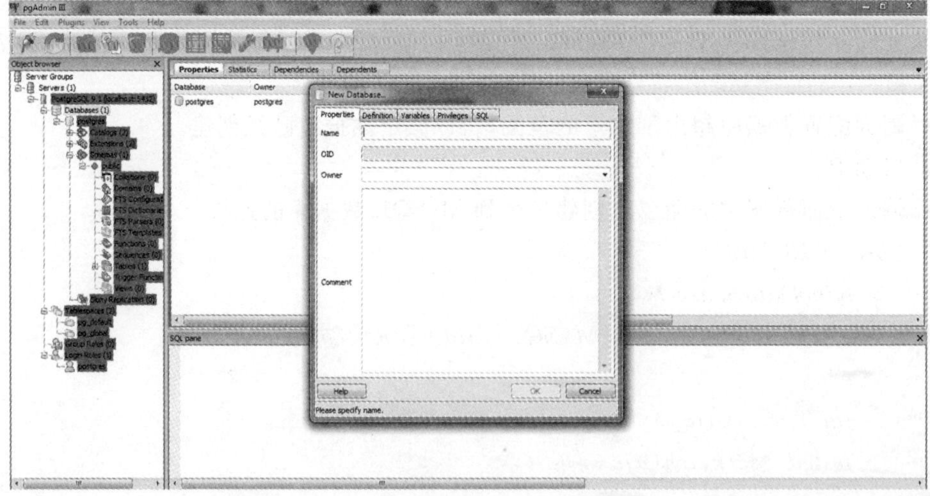

- 从 http://www.postgresql.org/ftp/odbc/versions/msi/下载 ODBC 的驱动程序，从 http://ftp.postgresql.org/pub/odbc/versions/msi/psqlodbc_09_00_03

10-x64.zip 下载其 Win 64 版。

- 安装 ODBC 的驱动程序。
- 打开开始\控制面板\All 控制面板项\管理工具\数据源(ODBC)。 P.85
- 在系统 DSN 和用户 DSN 中使用 ADD 图标配置以下细节：

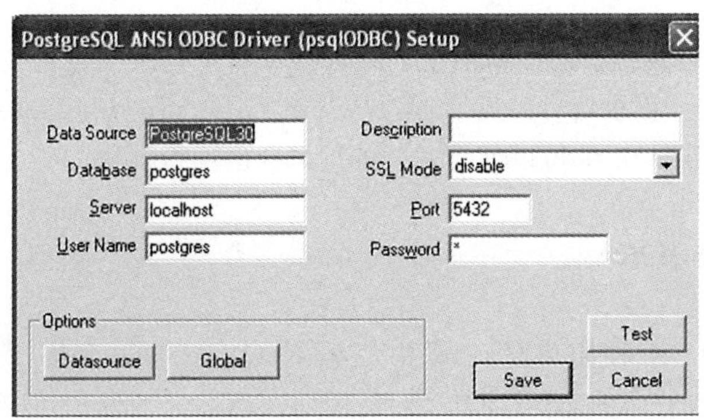

- 测试连接,检查它是否运行正常(与 MySQL 的 DSN 配置一样)。
- 运行 R 并且安装再加载 RODBC 库。

```
> library(RODBC)
> odbcDataSources(type = c("all","user","system"))
SQLServer PostgreSQL30 PostgreSQL35W "SQL Server" "PostgreSQL ANSI(x64)" "PostgreSQL Unicode(x64)"
> ajay=odbc Connect("PostgreSQL30", uid ="postgres", pwd ="XX")
> sql Tables(ajay)
TABLE_QUALIFIER TABLE_OWNER TABLE_NAME TABLE_TYPE REMARKS 1 postgres public names TABLE
> crimedat <-sqlFetch(ajay,"names")
```

4.6.4　使用 SQLite 和 R

SQLite 是一个替代数据库系统,用于在 R 中快速移动数据。但究竟什么是 SQLite? 与其他数据库相比 SQLite 在什么时候更有用呢?

4.6.4.1　什么是 SQLite

SQLite 是一个处理过程中的库,它实现了独立的、无需服务器的、无需任何配置的、事务性的 SQL 数据库引擎。除此之外,SQLite 也是一种嵌入式的 SQL 数据库引擎。与大多数其他的 SQL 数据库不同,SQLite 没有单独的服务器进程。SQLite 直接对普通磁盘文件进行读写。一个完整的 SQL 带有多个表、索引、触发器和视图的数据库都包含在单个磁盘文件中。

来源于：http://www.sqlite.org/about.html。

P.86 **什么时候使用 SQLite**

当管理、使用及维护的简单性比企业数据库引擎提供无数的复杂特性更重要时，使用 SQLite。更多信息参见 http://www.sqlite.org/whentouse.html。

在 R 中使用 SQLite 可以使大文件的读取速度变得很快。

和 R 一起使用 SQLite

R 中的 SQLite 程序包是在 R 中使用 RSQLite 的一个接口。我们也使用 sqldf 程序包以便在 R 中使用 SQL 语句。

示例：

```
#在数据集中创建伪随机数据
bigdf <-data.frame(dim=sample(letters, replace=T, 4e7), fact1=
rnorm(4e7), fact2=rnorm(4e7, 10, 20))
#向文件中写入数据集
write.table(bigdf,"C://Users//KUs//Desktop//bigdf.txt", sep =",",
col.names = TRUE, row.names = TRUE, quote = TRUE, na ="NA") #
Removing all datasets in memory
rm(list=ls())
#加载 sqldf
library(sqldf)
#读取数据
a<-file("bigdf.csv")
bigdf <-sqldf("select * from a", dbname = tempfile(), file.format =
list(header =T,row.names=T))
```

4.6.5 使用 JasperDB 和 R

Jaspersoft 是一个主导的、与 R 整合的开源商务智能平台。

你可以在 http://jasperforge.org/projects/rrevodeployrbyrevolutionanalytics 看到这款软件。

JasperReports Server 的 RevoConnectR 是一个在 JasperReports 和 R 革命公司的 Enterprise's RevoDeployR 之间的 Java 数据库接口，是一个标准化的 Web

服务集成，它整合了安全服务、API、脚本和 R 数据库，整合成了一个单独的服务器。

从 RevoDeployR，JasperReports 服务器可以检索 R 的图表和结果。RevoDeployR 是一个新的 Web 服务框架，它可以将动态的、基于 R 的计算整合到 Web 应用程序中。它是由分析力革命公司创建的，分析力革命公司是基于 R 的商业化产品的主要供应商。你可以在 http://www.revolutionanalytics.com/products/pdf/RevoDeployR.pdf 了解更多关于 RevoDeployR 的信息。

4.6.5.1　2011 年 7 月对 Jaspersoft 产品营销部主任 Mike Boyarski 的访谈

Ajay：　你宣布了一项就 JasperReports 服务器在 R Platform—RevoConnectR 上的产品合伙关系。那个合作现在怎样了？最初的结果会是什么？在商务分析领域还有其他意向吗？ P.87

Mike：　我们可以继续看到下载和查询在持续而稳固地发展，我们的 RevoConnectR 工具一个月大约有一百来个下载和查询。连接器配置我们的 JasperReports Server 产品，使之能够与分析力革命公司的环境无缝连接。由于预测分析和 BI 市场发现了客户的更严格的收敛，我们认为我们与分析力革命公司的合伙关系将为需要这套服务的客户提供主导的、可靠的替代服务，无需价格昂贵的主导性专营商的产品。

4.6.6　使用 Pentaho 和 R

R 被整合进了 Pentaho 的 ETL 工具。

4.6.6.1　对 Pentaho 创始人 James Dixon 的访谈

Pentaho 一直非常迅速地增长。它使开源的 BI 解决成为了基本的东西，目前它拥有企业软件最大的市场份额。

Ajay：　对于那些习惯了传统的 BI 专营商的人，作为 BI 产品你会如何描述 Pentaho？

James：Pentaho 有一整套 BI 软件：

* ETL：Pentaho 数据集成。
* 报告：桌面和基于 web 的 Pentaho 报告系统。
* OLAP：基于 Web 的 OLAP 客户的 Mondrian ROLAP 引擎、Analyzer 或 Jpivot。
* 面板：CDF 和 Dashboard Designer。

* 预测分析:Weka。
* 服务器:Pentaho BI 服务器处理,例如,web 安全访问、调度、共享、报告。我们具有所有标准的 BI 功能。

Ajay: Jaspersoft 和 分析力革命公司在 RevoDeployR(Web 服务器上的 R)上已经有合伙关系。R 也有任何关于 Pentaho 的计划吗?

James: R 的特性集和 Weka 很少重叠——它们都包括基本的统计函数。Weka 的重点是预测模型和机器学习,而 R 是专注于一套完整的统计模型。Weka 的创造者和主要开发人员是 Pentaho 员工。我们已经将 R 整合进我们的 ETL 工具了。

P.88

4.7 本章用过的命令小结

4.7.1 程序包

- Doby
- Plyr
- Reshape2
- sqldf
- SQLite
- RODBC

4.7.2 函数

- aggregate
- tapply
- merge
- diff
- cumsum
- rnorm
- scan
- sort
- melt
- acast
- reshape
- subset

- difftime
- sys. time
- strptime
- head
- tail
- ls
- rm
- names
- summary
- table
- str
- read. csv
- read. table
- write. table

4.8 引文和参考文献 P.89

- Example on using SQLite: http://code. google. com/p/sqldf/#Examples.
- Frank E. Harrell Jr. with contributions from many other users. (2012). Hmisc: Harrell Miscellaneous. R package version 3. 9-3. http://CRAN. R-project. org/package=Hmisc.
- G. Grothendieck <ggrothendieck@gmail. com>(2011). sqldf: Perform SQL Selects on R Data Frames. R package version 0. 4-2. http://CRAN. R-project. org/package=sqldf.
- Tutorial on using SQLite with R: http://www. bioconductor. org/help/course-materials/2006/rforbioinformatics/labs/thurs/SQLite-R-howto. pdf.
- Jonathan Lee(2011). RcmdrPlugin. doBy: Rcmdr doBy Plug-In. R package version 0. 1-l. http://CRAN. R-project. org/package=RcmdrPlugin. doBy.
- R FAQ How does R handle missing values? UCLA: Academic Technology Services, Statistical Consulting Group from http://www. ats. ucla. edu/stat/r/faq/missing. htm(accessed 16 March 2012).
- Additional tutorial on using R and databases: http://www. slideshare. net/jeffreybreen/accessing-databases-from-r.
- Stack overflow R questions: http://stackoverflow. com/questions/4332976/how-to-import-csv-into-sqlite-using-rsqlite.

- J. D. Long http://www. cerebralmastication. com/2009/11/loading-big-data-into-r/.
- Using SQLite: http://datamining. togaware. com/survivor/Using_SQLite. html.
- http://stackoverflow. com/questions/1299871/how-to-join-data-frames-in-r-inner-outer-left-right.
- RSQLite package database interface R driver for SQLite: http://cran. r-project. org/web/packages/RSQLite/index. html.
- SQLdf package. Manipulate R data frames using SQL: http://cran. r-project. org/web/packages/sqldf/index. html and http://code. google. com/p/sqldf/.
- R Library: Advanced functions. UCLA: Academic Technology Services, Statistical Consulting Group: http://www. ats. ucla. edu/stat/r/library/advanced_function_r. htm(accessed 24 February 2012).
- Rtips. Paul E. Johnson: http://pj. freefaculty. org/R/Rtips. html # toc-Subsection-2. 9.

4.9 更多的资源

与数据库和BI软件一起使用R的更多资源清单。

- Netezza: In-database analytics using R: http://www. r-project. org/conferences/useR-2010/slides/Hess+Chambers_1. pdf
- R's role in BI architechture: **(Using R with Talend and Pentaho): http://www. r-project. org/conferences/useR-2010/slides/Colombo+Ronzoni+Fontana. pdf**
- OpenBI: Consulting on R in BI applications: http://www. openbi. com/demosarticles. html # Spotlight.
P.90
- Mango Solutions: Consulting in analytics based on R: http://www. mangosolutions. com/r-validation. html.
- Revolution Analytics: Consulting based on R: http://www. revolutionanalytics. com/products/consulting/.

4.9.1 适用于大数据集的方法

R几乎能够以任何方式读入任何格式的数据，不管是列表、数组、向量、还是数据框。这给分析者在灵活处理数据上带来了极大的优势。然而，商务分析有时需要处理就观测(行)和变量(列)数而言的大型数据集(或数据框)。多个内存管理技术可以帮助解决大型数据输入的问题，这包括：

- biglm，ff 系列程序包。
- MM RevoScaler 分析力革命公司生产的程序包(它使用 XDF 格式)。
- 硬件优化(RAM，64-bit OS)。
- biglm，ff 系列程序包。
- R Enterprise 和 XDF 格式，使用 RevoScalar。
- 使用编程技术。

注意这些数据包只能由那些具有高级分析和计算需求的人使用。

从 2.14.0 版本开始，R 直接提供对并行计算的支持。许多 R 程序包可以帮助编写并行代码，这样可以最佳地利用一个计算机的所有的核。这些程序包是 parallel，Rmpi，snowfall，foreach 和 multicore。对于太大、超过了内存的数据集，使用 bigmemory，ff，HadoopStreaming，Rhipe 程序包。

所有这些资源的完整清单可以在 CRAN 高性能计算和并行计算任务视图找到：http://cran.r-project.org/web/views/HighPerformanceComputing.html。

这些程序包的使用教程在：

- ByteMining 教程第一部分：http://www.slideshare.net/bytemining/taking-r-to-the-limit-high-performance-computing-in-r-part-1-parallelization-la-r-users-group-727。
- Part 2：http://www.slideshare.net/bytemining/r-hpc。
- Introduction to HPC（2009）：http://dirk.eddelbuettel.com/papers/ismNov2009 intro-HPCwithR.pdf。

案例研究：R 与 Oracle P.91

下面简短的关于 Oracle 在 R 分析领域中的举措的访谈涉及到了案例研究和示例代码，其授权得到了 Oracle 的员工 Mark Hornick 和 Vaishnavi Sashikanth 的帮助。

Ajay：什么原因使你选择 R 作为 Oracle 的高级分析工具？

Mark/Vaishnavi：对于统计计算来说，R 语言是一个强大的、可扩展的、高度图形化的开源语言和环境。对于统计人员和数据分析师来说，它已成为了一个其他商业性统计环境比如 SAS 和 SPSS 的正式的替代品。R 还提供了一个丰富的、开源程序包的生态系统、一个充满活力的社区以及受欢迎的和可用性强的网上资源。因此，对于统计人员和数据分析师 R 是非常可取的，而且是一个提供对数据库数据透明访问的理想的 Oracle 接口。随着在企业中 R 用户的迅速增长，这些用户一直强烈要求一个企业可用的、与数据库无缝整合的 R。我们已经从我们企业数据库客户处收到了R与Oracle数据库整合的请求，这促使我们去应对这种需求。

也就是说，R在可扩展性和性能上的局限性众所周知，Oracle发现通过将R语言和环境与Oracle数据库结合作为一个高性能、可扩展的计算引擎克服这些局限性。R的企业用户需要这样一个解决方案，因为数据超市和数据仓库是最常见的企业数据存储层。在过去的30年里由于Oracle数据库是分散的、大规模并行并且一直在开发和测试，企业用户了解Oracle懂得如何并能够做到从数据（tera和peta级的数据）中提取价值以及如何利用和优化SQL。因此，Oracle想使强大的Oracle数据库可以为R用户所用，但只想彻底地做好这件事，而不需要R用户学习一种新的语言或环境。R的核心函数和对象类型，如数据框、矩阵和向量，与
P.92 数据库功能和对象的匹配十分自然。对于**Oracle R Enterprise**（ORE），Oracle已经利用了R最好的方面——其语言、环境、开源软件包和图形——并最小化或消除了R基础模块的局限性——内存的约束和单线程的执行过程。

与Oracle数据库相结合，R也提供了一个环境来利用Oracle数据库的并行性。通过透明层，ORE允许R用户利用数据库内的并行计算执行R生成的SQL查询。通过嵌入的R执行程序，ORE不仅允许R用户在数据库应用程序中运行R脚本，还允许R用户利用数据库支持R用户控制的R脚本的数据并行执行。通过统计引擎，ORE允许R用户在Oracle数据库执行复杂的统计计算。

Ajay：你对分析领域其他软件是什么看法？你认为未来几年在数据库内部和大数据分析会有什么发展？

Mark/Vaishnavi：在企业层面，数据通常存储在数据库，且经常是Oracle数据库。Oracle有一个特殊的地位，可以通过将算法整合进Oracle数据库把先进的分析引入Oracle数据库存储的数据，并提供从R中进行的、透明的访问。商务分析领域的其他软件供应商也看到了这种方法的智慧。有些供应商试图在Oracle数据库执行他们的算法；然而，他们的代码必须仍作为非本地的代码执行。这个非本地状态内在地引发性能的损失，并无法透明地、无缝地集成在Oracle数据库中。其他供应商也在他们的产品中提供R接口。从截止到目前我们所看到的，这些供应商在他们的产品和R之间既无法提供透明度也无法提供整体的整合。透明度使现有R脚本基本上原封不动而能获得数据库内执行的好处。除此之外，嵌入式的R执行程序，还能够在数据库服务器上提供高效的数据并行执行。

在未来几年，我们无疑会继续看到DBMS软件中分析功能数量的增加。然而，这也将得益于最近产业界对大数据分析兴趣的飞升。Oracle在“2011Oracle开放世界”活动中宣布，用来满足公司分析企业级数据存储的大数据设备，大约是pb级的。这些数据通常由来自各种各样的社会媒体的低密度的结构化和非结构化数据组成。

为解决大数据的需要，Hadoop已经被大量数据密集型公司成功地验证，如

Google、Facebook、eBay 等。Oracle 大数据设备附带一个已配置好的、基于 Cloudera 软件的 Hadoop 集群。为了便于 R 用户使用 Hadoop，Oracle 提供 **Hadoop(ORCH)的 Oracle R 连接器**，作为它的一个大数据连接的软件产品。ORCH 允许 R 用户不仅可以通过 R 接口与 Hadoop 分布式文件系统(HDFS)数据无缝地互动，还可以指定 R 语言中的 mapper 和 reducer 函数以便从 R 中直接调用 MapReduce 的工作。其结果放置在 HDFS，可以在 R 中查看，也可以推送到 P.93
Oracle 数据库。(下面的例子中将更多地介绍 ORCH。)说到大数据在未来几年的发展，Hadoop 将传播到更广泛的企业来满足不断增加的动态和异构数据分析的挑战。

Ajay：Oracle R Enterprise 和其他风格的 R 之间的差别是什么，包括开源的 R、分析力革命公司的 R 和其他整合了 R 的软件？你打算如何支持企业客户和学术界的客户？

Mark/Vashnavi：Oracle R Enterprise 以几种不同的关键方式整合了 Base R。如前所述，ORE 通过透明地利用 Oracle 数据库作为计算引擎应对 R 的内存和并行执行的局限性。在 Oracle R Enterprise 之前，用户使用各种连接器访问数据库，例如 ODBC 或 JDBC。它们在从数据库抽取数据和将数据推送到数据库上都相对缓慢。随着 Oracle R Enterprise 透明层的出现，表格和视图通过 R 对象作为相应的数据库表或视图的代理是可视的。这些被表示为 R *data. frame* 的一个子类，称为 *ore. frame*。代理对象使数据库中数据库数据的操作成为可能。Oracle R Enterprise 使用了 ROracle 程序包，在使用了 Oracle 的 OCI 界面优化的性能后，程序包也得到了强化。Oracle 现在是 ROracle 的代理，并已经把这个程序包发布到了 R 开源社区。

Oracle R Enterprise 还启用了 R 的嵌入式执行，即在数据库服务器机器上执行一个 R 脚本，通过 Oracle 数据库管理数据的并行执行。R 的嵌入式执行为 R 和 SQL 都提供了通过 Oracle 数据库执行 R 脚本的接口。

此外，Oracle 提供 Oracle R Distribution，是一个 Oracle 支持的开源 R 的分布。Oracle R Distribution 的支持只提供给 Oracle Advanced Analytics(https://blogs. oracle. com/datawarehousing/entry/announcing _ oraclc _ advanced _ analytics)，Oracle Big Data Appliance(http://www. oracle. com/us/technologies/big-data/index. html)，以及 Oracle Linux。Oracle R Enterprise 和 Oracle 数据挖掘是 Oracle Advanced Analytics 选项的两个组件。通过 SQL 开发人员，Oracle 数据挖掘以本地 SQL 函数的形式，在 Oracle 数据库内部，结合基于工作流的 GUI，提供了数据挖掘的功能。

Oracle R 的分布促进了企业接受 R，因为缺乏大的企业赞助，使一些公司不能完全接受 R。有了 Oracle R 的分布，Oracle 计划促进故障修复和增强开源 R。Oracle R 的分布也适用于英特尔的数学内核库(Math Kernel Library，MKL)，它能够允许优化的、多线程的数学常规计算，在英特尔的硬件提供最高性能的有关的R函数。

对于Oracle R Distribution，Oracle R Enterprise以及用于Hadoop的Oracle R Connector的支持都是通过标准的R Enterprise和Oracle R Connector Oracle
P. 94 支持渠道提供的。Oracle还为Oracle产品用户提供了一个R论坛(https://forums. oracle. com/forums /forum. jspa? forumID=1397)。

至于R的其他一些贡献，我们认为一个技术无论有多么酷，如果那项技术要求创建一个单独的数据层，都是不可能实现的，跟不上数据数量和速度的螺旋式上升的增长。此外，一个单独的数据层使过去数据仓库所处理的问题再度出现，即为分析模型提供一个单独的真实的版本。把方案用到生产需要回到源数据，再评分，例如，一个公司的3亿客户在一个单独的数据层建立在线账户会带来多余的开销和复杂性。

考虑R的这样一个贡献，即分析力革命公司的Revolution R Enterprise(RRE)。一个关键的区别在于对数据展示的处理。需要使用专有的RRE数据格式，一个. xdf文件。从Oracle数据库提取数据(或加载数据从一个文件)并转化为. xdf格式可以是很昂贵的，会发生数据复制、提取和传输，再加上总体系统复杂性、备份、恢复过程、还有或许是最重要的安全成本。与之相反，Oracle R Enterprise的透明层使数据保持在数据库中，同时要求对现存代码进行最小的改变。革命公司的RevoScaleR程序包有自己的函数，所以R用户需要重写他们的代码。Oracle R Enterprise嵌入了R的执行能力，极大地简化了R代码的编写，使并行执行成为可能。革命公司的HPC服务器功能允许编写并行的R脚本但其意识更多的是站在终端用户的立场上。

Ajay：有任何回馈R社区的计划吗？未来几年在R和分析领域我们会看到一个更加强大的Oracle吗？

Mark/Vashnavi：为了支持Oracle R Enterprise，Oracle承担了修改ROracle的责任并作出了贡献(http://cran. r-project. org/web/packages/ROracle/index. html)。

ROracle是R中Oracle数据库接口(DBI)的驱动程序，现在基于OCI进行编制。因为ROracle是LGPL，用于从R连接ROracle数据库，Oracle致力于确保这是与Oracle连接的最好的程序包。

有了Oracle R Distribution(ORD)，Oracle计划对开源R的bug修复和强化作出贡献。例如，最近发布的一版ORD提供了开源R处理不同芯片供应商的基础线性代数子程序和线性代数程序包库的一个阶跃式变化。今天，你需要重建开源R以便使用随芯片供应商而变的优化数学库。这些步骤对于R用户可不是小事，这由在许多论坛上关于如何适应英特尔的MKL的问题所证实。ORD的x86平台现成地利用了MKL。此外，ORD直接与BLAS/LAPACKD的Fortran水平接口整合而不是与C层整合从而挤出每一盎司的性能。这也使ORD为其他芯片厂商的数学库作了准备。因为MKL是专有的而R是GPL，ORD不允许对MKL

进行预设。

相反,如果已经安装了 MKL,那么 ORD 会检测到其存在并进行使用。此增 P.95
强功能正在用于 R 社区。

- **例:连接到 Oracle 数据库**

要从一个 R 引擎客户端使用 Oracle R Enterprise,用户首先加载 ORE 程序包,它同时还会加载几个子程序包。这时,用户连接到 Oracle 数据库指明一个特定的用户,SID,还有主机。为了同步 R 中指定模式下所带的表和视图的元数据,我们使用 ore. sync 函数。这将创建代理对象。为了提供对于表和视图的访问,仿佛它们是本地 R 对象一样,我们对 R 的搜索路径附加上具体的模式。

```
Library (ORE)
ore.connect(user="rquser", sid="orcl", host="my-machine")
ore.sync(schema="rquser")
ore.attach(schema="rquser")
```

函数 ore. ls 返回表的名称和所附模式中的可用的视图。集合指的是数据库中充当表和视图的代理的 R 对象。假设其中一个表的名称为 ONTIME,是 1988 年和 2008 年之间美国国内航班的相关信息表。我们可以对代理对象 ONTIME 调用标准的 R 函数如 *names* 和 *dim*,以便返回表的列名称以及以行、列数来表示表的维度。

```
ore.ls()
names(ONTIME)
dim(ONTIME)
```

- **例:透明层**

透明层允许用户在 *ore. frame* 函数中调用核心 R 函数,*ore. frame* 是 *data. frame* 的子类,相应的 SQL 由数据库生成并提交到数据库。由这个 SQL,可创建一个视图,并返回一个相应的代理对象。只要有可能,结果就不被计算/实现,直到用户明确地要求结果,例如,使用一个 head 或 print 函数。考虑下面例子中的列选择。用户可以使用标准 R 语法通过名称在代理对象 ONTIME 中选择列。列也可以通过指定的索引、索引向量或列的范围来确定,可以用包含也可以用排除的方式。虽然这是标准的 R,SQL 不允许在 SELECT 子句中使用索引,也不允许明确地排除列。透明层允许这样做。

```
df <-ONTIME[,c("YEAR","DEST","ARRDELAY")]
```

```
head(df)
ONTIME[,c(1,4,23)]
ONTIME[,-(1:22)]
```

类似地，在进行行选择时，用户可以使用谓词过滤行，以及选择列的组合。

```
df[df$DEST=="SFO",]
df[df$DEST=="SFO"\ df$DEST=="BOS",1 :3]
```

P.96 R支持数据转换。例如，重新编码这样的转换可以通过指定一个函数并将其应用于一个列或使用转换函数来完成。这是标准的R，可以对Oracle数据库中存储的数据透明地工作。

```
delay Category_fmt <-function(x) {
ifelse(x>200,'LARGE ',
ifelse(x>=30,'MEDIUM','SMALL'))}
attach(ONTIME)
ONTIME$ARRDELAY <-delay Category_fmt(ARRDELAY)
ONTIME$DEPDELAY <-delay Catecgory_fmt(DEPDELAY)
detach(ONTIME)
ONTIME<-transform(ONTIME,
ARRDELAY = ifelse(ARRDELAY > 200, 'LARGE', ifelse(ARRDELAY >
= 30,'MEDIUM', 'SMALL')),
DEPDELAY = ifelse(DEPDELAY > 200, 'LARGE', ifelse(DEPDELAY >
= 30,'MEDIUM', 'SMALL')))
```

下一个例子涉及到分类汇总。ORE载入 *aggregate* 函数，当调用一个 ore. frame代理对象时，它导致生成相应的SQL GROUP BY语句并提交到数据库。在这个特殊的例子中，我们查点每个目的地的航班数。结果的类也是ore. frame。只有当我们通过标题访问结果，去获得前几个结果，我们才能计算和检索数据：

```
aggdata <-aggregate (ONTIME $DEST, by = list(ONTIME $DEST),
FUN =length)
class(aggdata)
head(aggdata)
```

下一个例子演示使用透明层画一个箱线图。我们首先按照周内各天按迟到情况把数据分解。这个结果再被传递到箱线图函数，在那里绘制箱线图所需的统计量在数据库中进行计算。所用的数据从未离开数据库，只有概括性统计量会离开。

```
bd <-split(ONTIME$ARRDELAY, ONTIME$DAYOFWEEK)
boxplot(bd, notch = TRUE, col ="red", cex = 0.5,
outline = FALSE, axes = FALSE, main ="Airline Flight Delay by Day
```

```
of Week", ylab ="Delay(minutes)", xlab ="Day of Week")
axis(1, at=1:7,
labels = c (" Monday"," Tuesday"," Wednesday"," Thursday"," Friday",
"Saturday","Sunday"))
axis(2)
```

P.97

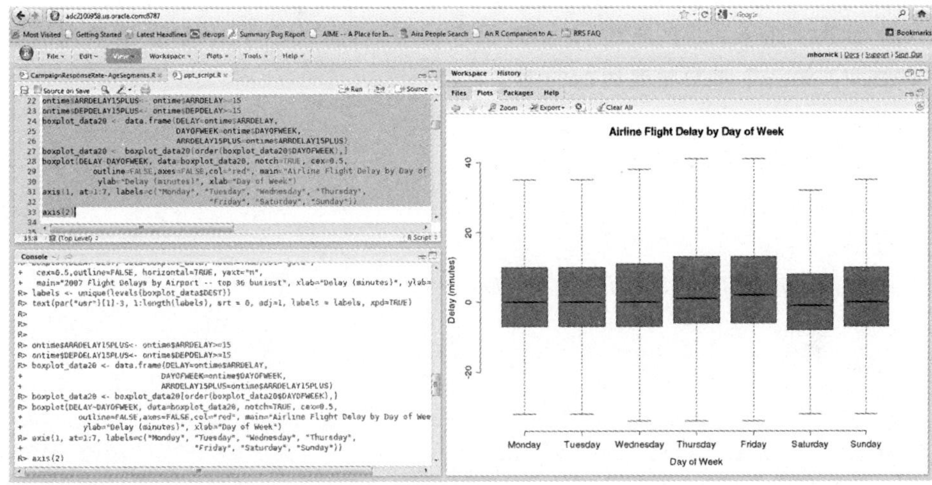

• **例:嵌入式 R 执行**

嵌入式 R 执行允许用户提交一个 R 函数,让 Oracle 数据库通过数据库服务器中大量的 R 引擎中的一个或多个执行。下面的例子使用了函数 ore. groupApply,多个嵌入式 R 执行函数之一,来说明 R 用户可以通过数据库实现数据并行化。在这里,我们指定一个列,数据按此列分块。数据的每个分块通过第一个参数提供给函数,在这个例子中,是函数变量数据。这个例子还说明,嵌入式 R 执行支持使用开源程序包。在这里我们看到如何使用 R 程序包 biglm。只有当我们想看到这些模型的结果时,我们才需要将其放到 R 内存并执行,例如,汇总函数。

```
modList <-ore. groupApply
(X=ONTIME,
INDEX =ONTIME$ DEST,
function(dat) {
Library(biglm)
biglm(ARRDELAY ~ DISTANCE + DEPDELAY, dat)});
modList_local <-ore. pull(modList)
modList_local$ BOS
```

前面的示例展示了如何在R执行环境使用嵌入式R，我们还可以从SQL调用R脚本。下一个示例演示了如何从Oracle数据库的计算结果返回一个数据框。我们首先在数据库中R脚本库创建一个R脚本。脚本被定义为一个函数，它创建一个十个元素的向量，这十个元素在一列，这些元素除以100放在第二列。

一旦创建了脚本，我们可以通过SQL调用它。SQL嵌入的R执行表格函数其中之一是*rqEval*。由于我们没有参数传递给函数，所以第一个参数是NULL。第二个参数描述了结果的结构，它可以是任何有效的SQL查询，捕获结果列的名
P.98 称和类型。第三个参数是要执行的脚本名称。

```
开始
sys. rqScriptCreate('Example1 ',
'function() {
ID <-1 : 10
data. frame(ID =ID, RES = ID /100)
} ');
end;
/
select* from table(rqEval(NULL,
'select 1 id , 1 res from dual',
'Example1 '));
```

```
SQL> begin
  sys.rqScriptCreate('Example1',
'function() {
   ID <- 1:10
   res <- data.frame(ID = ID, RES = ID / 100)
   res}');
end;
/
select *
  from table(rqEval(NULL,
       'select 1 id, 1 res from dual',
       'Example1'));
  2    3    4    5    6    7    8
PL/SQL procedure successfully completed.

SQL>   2    3    4
        ID        RES
---------- ----------
         1        .01
         2        .02
         3        .03
         4        .04
         5        .05
         6        .06
         7        .07
         8        .08
         9        .09
        10         .1

10 rows selected.
```

R 脚本可以生成结构化数据、复杂 R 对象和图。Oracle R Enterprise 嵌入的 R 执行使 R 脚本返回的结果为一个 XML 字符串。考虑下面的示例，创建一个从 1 到 10 的整数的向量，将 100 个随机点进行画图，然后返回向量。在创建了数据库中 R 脚本库的脚本后，我们使用 *rqEval* 调用脚本，但我们不在 SQL 查询中指定结果的形式，而是指定“XML”。

P.99

```
begin
sys. rq ScriptCreate('Example6 ',
'function(){
res <-1:10
plot(1:100, rnorm(100), pch = 21, bg ="red", cex = 2)
res} ');
end;
/
select value
from table(rqEval(NULL,'XML','Example6'));
```

实际的图看起来如下，但该查询获得的输出结果却是一个 XML 字符串。

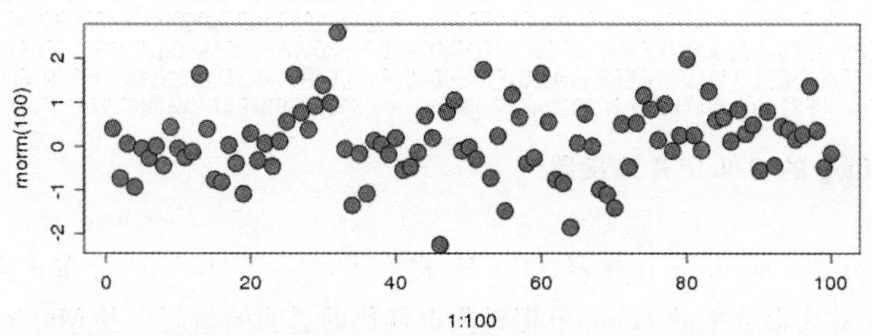

在下面显示的执行结果中，返回的 VALUE 列是一个字符串，包含 XML 格式的第一个结构化数据。注意数字 1 到 10 以<value>标签开始。紧随其后的是以 PNG 基础 64 位表示法表示的图像。这种类型的输出可以被 Oracle 商业智能出版商(BIP)消化，以便用 R 生成的图和结构化的内容产生文档(模板)。这个内容还可以用来以 Oracle 商务智能企业版(OBIEE)基于网络浏览器的显示面板的形式公开 R 生成的内容。

P.100

```
SQL> set long 20000
set pages 1000
begin
  sys.rqScriptCreate('Example6',
 'function(){
            res <- 1:10
            plot( 1:100, rnorm(100), pch = 21,
                  bg = "red", cex = 2 )
            res
            }');
SQL> end;
/
select    value
from      table(rqEval( NULL,'XML','Example6'));
SQL>  2   3   4   5   6   7   8   9  10
PL/SQL procedure successfully completed.

SQL>  2
VALUE
--------------------------------------------------------------------------------
```


```
<root><R-data><vector_obj> <ROW-vector_obj><value>1</value></ROW-vector_obj><ROW
-vector_obj><value>2</value></ROW-vector_obj><ROW-vector_obj><value>3</value></R
OW-vector_obj><ROW-vector_obj><value>4</value></ROW-vector_obj><ROW-vector_obj><
value>5</value></ROW-vector_obj><ROW-vector_obj><value>6</value></ROW-vector_obj
><ROW-vector_obj><value>7</value></ROW-vector_obj><ROW-vector_obj><value>8</valu
e></ROW-vector_obj><ROW-vector_obj><value>9</value></ROW-vector_obj><ROW-vector_
obj><value>10</value></ROW-vector_obj></vector_obj> </R-data><images><image><img
 src="data:image/pngbase64"><![CDATA[iVBORw0KGgoAAAANSUhEUgAAAeAAAAHgCAIAAADytin
CAAAgAElEQVR4nOzdZ1xT1x8G8CcMB6jgQq0IDnDVulsRBSKyZQjIUnCDKDhq3bvuValbcRYFFRUBF
ExYWrarGKA3GAgw0udvJ/wV8aTG5ESG4C/L4fXug9JzdPGL/c3HvuORw+nw9CCCHyROHWAQghhIhGBZo
QQuQUFWhCCJFTVKAJIUROUYEmhBA5RQWaEELkFBVoQgiRU1SgCSFETlGBJoQQ0UUFmhBC5BQVaEIIkVN
UoAkhRE5RgSaEED1FBZoQQuQUFWhCCJFTVKAJIUROUYEmhBA5RQWaEELkFBVoQgiRU1SgCSFETlGBJoQ
Q0UUFmhBC5BQVaEIIkVNUoAkhRE5RgSaEED1FBZoQQuQUFWhCCJFTVKAJIUROUYEmhBA5RQWaEELkFBV
oQgiRU1SgCSFETlGBJoQQOUUFmhBC5BQVaEIIkVNUoAkhRE5RgSaEEDlFBZoQQuQUFWhCCJFTVKAJIUR
```


- **例:Hadoop 的 Oracle R 连接器**

Hadoop 的 Oracle R 连接器(ORCH)提供了对一个 Hadoop 分布式文件系统(HDFS)常驻内存数据的 Hadoop 促进集群操作的透明的访问以及 MapReduce 工作的执行。ORCH 可以使用在 Oracle 大数据设备或非 Oracle Hadoop 集群上,是 Oracle 大数据连接器软件套件的一部分。R 用户在 R 中编写函数映射器和减速器并在此环境中使用高层次接口执行。因此,R 用户不需要学习新的语言(例如 Java)或环境(例如群集软件和硬件),而可以使用 Hadoop。此外,R 开源程序包的功能可以用于编写映射器和减速机函数。ORCH 也赋予给 R 用户在 Hadoop 集群上部署之前,使用相同的函数调用,在本地测试他们的 MapReduce 程序的能力。

ORCH 包括操纵 HDFS 数据的函数。用户可以用文件系统、R 数据框和 Oracle 数据库表和视图将数据移入和移出 HDFS。下一个示例显示了一个这样的函数:hdfs. push,他接受 ore. frame 对象作为它的第一个参数,接下来是关键列的名称,然后是在 HDFS 中使用的文件名称。*ontime. dfs _ D* <-*hdfs. push*

```
(ONTIME, key= 'DEST', dfs.name='ontime_DB')
```

下面的 R 脚本示例说明用户如何可以连接到一个现有的 HDFS 文件对象，获 P.101
得 HDFS 文件的句柄。然后，在 ORCH 使用 *hadoop.run* 函数，我们指定 HDFS 文件句柄，其次是映射器和减速函数。这个映射器函数把密钥和值作为参数，每次从分配给该映射器的 HDFS 区，分别对应一行数据。映射器中的函数 keyval 将数据返回到 Hadoop 供减速器实行进一步处理。减速机函数接收与一个密钥关联的所有的值(由 Hadoop 处理器的“洗牌和排序”所造成的)。减速机的结果也使用 keyval 函数返回到 Hadoop。减速机任务的结果都集中在一个 HDFS 文件，可以通过使用 hdfs.get 函数访问。

下面的示例计算目的地为旧金山国际机场(SFO)的航班到达平均延迟时间。

```
dfs <-hdfs.attach('ontime_DB')
res <-hadoop.run(
dfs,
mapper = function(key, value) {
if(key == 'SFO' & ! is.na(x$ARRDELAY)) {
keyval(key, value)
}
},
reducer = function(key, values) {
sumAD <-0
count <-0
for(x in values){
sumAD <-sumAD + x$ARRDELAY
count <-count + 1}
}
res <-sumAD/count
keyval(key, res)
}
}
hdfs.get(res)
```

第 5 章

P.103 探索数据

第 4 章解决怎样为数据处理准备数据(或如众所周知的,数据预处理),在这一章中,我们实际上开始了查看数据片段以生成各种见解的过程。我们将强调数据可视化的需要,既为了承认日益增长的数据量的要求,也为了使内容相对商务界的读者能够简单易懂。事实上,R 目前拥有一个最先进的图形库也是个很大的帮助。我们将使用基本制图功能,也会简要讨论备受赞赏的 ggplot2 程序包的高级定制使用。

5.1 商务指标

商务指标是重要的变量,它们定期收集,以评估一项商务活动是否健康和可持续发展。他们应具备以下特性:

1. 没有收集定期更新的商务指标可能通过不正确和不全面的决策造成商务崩溃。
2. 收集、存储和更新商务指标的成本小于由于缺乏商务指标的信息所导致的错误决策的机会成本。
3. 商务指标在跨时间段比较和业务单位之间的比较中是连续的——如有必要,平滑比较的假设应该列入业务指标的描述本身。
4. 商务指标可以来自其他商务指标。如有必要,只应描述最重要的商务指标,或与过去的趋势具有最大偏差的指标。
5. 商务指标计量单位的尺度应与其他商务指标可比,其重点在于强调数字间的差异。

P.104 6. 商务指标的维度应该增加以便在不增加复杂度的情况下加强比较和对照。

5.2 数据可视化

在此按照我们对商务分析的理解列举一些数据可视化的原则。http://cran.r-project.org/doc/contrib/usingR.pdf,第 3.8 节给出了一些画图指南。最实用的指导方针之一是:对图的改编和复制不会干扰视觉清晰度。

- 按照数据的升序或降序排列绘制的图比数据没有排序的图更容易理解。
- 用色彩的明暗表示或强调同一指标数量的变化比不同的颜色更好。
- 可以点击或链接到更多细节的图(或低级与高级视图)比很多用代码或宏连接在一起而实际上不相关的图更合适。
- 图应按比例表示异常值以及用适当的尺度表示趋势。
- 通常,饼图用于市场份额,折线图用于时变数字,直方图和密度图用于表示频数变化。
- 为了便于分析,图示的 *X* —| *Y* 尺度应该和变量进行合理的匹配。
- 在图示的组合或图示中,如果两个或更多类型的图表叠加在同一区域,就需要有一个明确的图例和尺度,以及明显的阴影,不能用色彩或重叠来分散注意力。

R 编程语言提供了多种方式来实现商务数据的可视化。从非常简单的(比如 GUI 的 GrapheR 或 R Commander)到增强的(比如 GUI 的 Red-R 或 Deducer)。从基本程序包的统计图到较新的、增强的程序包如 ggplot 和 jjplot,它提供了一个完整的可视化解决方案。像 Facebook、谷歌和《纽约时报》这样的企业都由于 R 编程语言取得了令人瞩目的可视化效果,而这一部分是由于其完美的灵活性和大范围的视觉选项。在这一章,我们将探索大量这样的选项,特定的图示最适合的情景,以及取得这些结果的最有效的途径。

关于简单的数据可视化的一些较好的参考手册,可在这里下载:http://cran.r-project.org/doc/contrib/Verzani-SimpleR.pdf。

一些很好和效果不好的图示的例子,请参见 http://www.datavis.ca/gallery/。关于矫正数据可视化的缺陷可以参见 http://www.perceptualedge.com/examples.php。

P.105

5.3　图示的参数

我们讨论一个简短的可用于改变或自定义图示的参数清单。

- 图标题:你可以改变 main="Chart Title"参数或在一个单独的行里使用标题("Chart Title")。注意主要参数将覆盖以前的任何值,而标题函数仅为现有的图示进行注解或添加标题。
- *x* 和 *y* 轴的标签使用 *xlab*="X AXIS LABEL"与 *ylab*="Y AXIS LABEL"参数。
- 参数 *xlim*=*c*(*x*,*y*)和 *ylim*=*c*(*x*,*y*)可以帮助在 *x* 和 *y* 轴上定义绘图区域的限制。
- 改变图线的粗细可使用参数 lwd,例如,lwd=2。
- 改变颜色。

要改变颜色,你需要在特定的图形命令中添加 col=参数。R 支持多少种颜色呢？试试只在控制面板上键入 colors()。这里，从艾莉斯蓝到黄绿色共有 657 种颜色！你可以为你的 col= 参数选择其中任何一个值。

```
>hist(iris$Sepal.Length,col="blue")
```

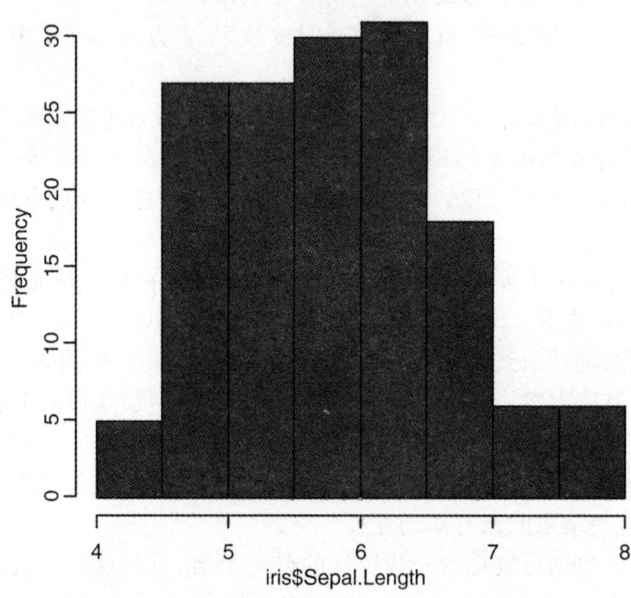

P.106 • 其他参数的类型？在控制面板键入？*par*。

—**要把背景颜色改为**灰色，改变 par 命令中的 bp 参数。

```
> par(bg="grey")
```

—在同一屏放多张图，在 par 中使用 mfrow 和 mfcol 参数。在帮助/库/图示/html /par. html 我们看到 mfcol，mfrow，还有一个向量，采用 c(nr，nc) 的形式。其后的图示都会按照行数(mfrow)、列数(mfcol)的数组绘制在一起。

5.4　在 R 中创建图

R 有一个最受欢迎的图形库和分析程序包。你可以用 R 查看多到难以置信的图示，而与每一个图示相联的编码都在美丽的 R 图库网站：http://addictedtor.free.fr/graphiques/。

5.4.1　基本图示

我们展示一些最常用的图示类型。

5.4.1.1　直方图

直方图通常用于显示变量和概率估计的数据分布。在 R 中创建一个直方图很简单，就键入 *hist*(dataset $ variable)：

```
> data(iris)
> hist(iris)
Error in hist.default(iris): 'x' must be numeric
> names(iris) [1]"Sepal.Length" "Sepal.Width" "Petal.Length" "Petal.Width" "Species"
> str(iris) 'data.frame': 150 obs. of 5 variables:
 $ Sepal.Length: num 5.1 4.9 4.7 4.6 5 5.4 4.6 5 4.4 4.9 ...
 $ Sepal.Width : num 3.5 3 3.2 3.1 3.6 3.9 3.4 3.4 2.9 3.1 ...
 $ Petal.Length: num 1.4 1.4 1.3 1.5 1.4 1.7 1.4 1.5 1.4 1.5 ...
 $ Petal.Width : num 0.2 0.2 0.2 0.2 0.2 0.4 0.3 0.2 0.2 0.1 ...
 $ Species : Factor w/3 levels "setosa", "versicolor",..: 1 1 1 1 1 1 1 1 1 1 ...
> hist(iris$Sepal.Length)
```

P.107

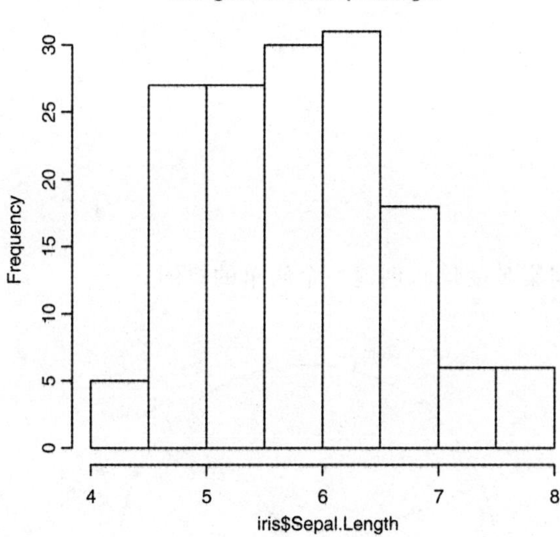

- 这里有多个选项用于调整你的直方图，包括 *breaks*(矩形的数量)，*xlab*(x 轴标签)，*freq*(计数变量用 TRUE，概率密度用 FALSE)，以及 *col*(颜色)。要改变颜色，亦见教材的 5.3 和 5.9 节。

5.4.1.2　茎叶图

Stem 对 x 中的值产生一种带有茎和叶的图。*stem*(数据集 $ 变量)

```
> stem(iris$Sepal.Length)
The decimal point is 1 digit(s) to the left of the |
42 | 0
44 | 0000
46 | 000000
48 | 00000000000
50 | 0000000000000000000
52 | 00000
54 | 0000000000000
56 | 000000000000000
58 | 0000000000
60 | 000000000000
62 | 0000000000000
64 | 000000000000
66 | 0000000000
P.108 68 | 0000000
70 | 00
72 | 0000
74 | 0
76 | 00000
78 | 0
```

5.4.1.3 饼图

使用 *pie*(数据集$变量),创建一个简单的饼图。

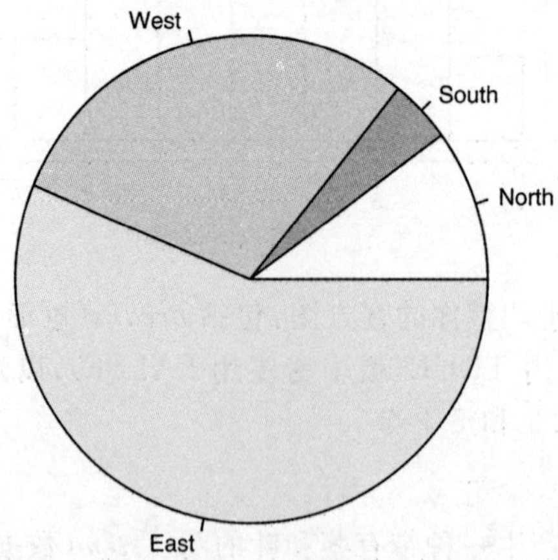

```
> ajay=c(12, 5,35,67)
> names(ajay) =c("North","South","West","East")
> pie(ajay)
```

许多图示专家基于感知的问题不提倡依赖饼图。以下文字来自 http://stat.ethz.ch/R-manual/R-devel/library/graphics/html/pie.html，强调了一点："饼图并不是一个显示信息的好方式。眼睛擅长线性测量的判断而不善于判断相对面积的大小。一个条形图或点图是显示这种类型的数据可取的方式"(Cleveland 1985)；p.264："可以用饼图展示的数据就可以用点图显示。这意味着按照常用的尺度来判断位置可用来代替不很准确的角度判断。"这个陈述是基于 Cleveland 和 McGill 的实证调查，以及知觉心理学家的调查。

5.4.1.4　散点图

- 用 stripchart(dataset)来创建一个基本的点图或变量值变化的一维散点图。

  stripchart(iris)

P.109

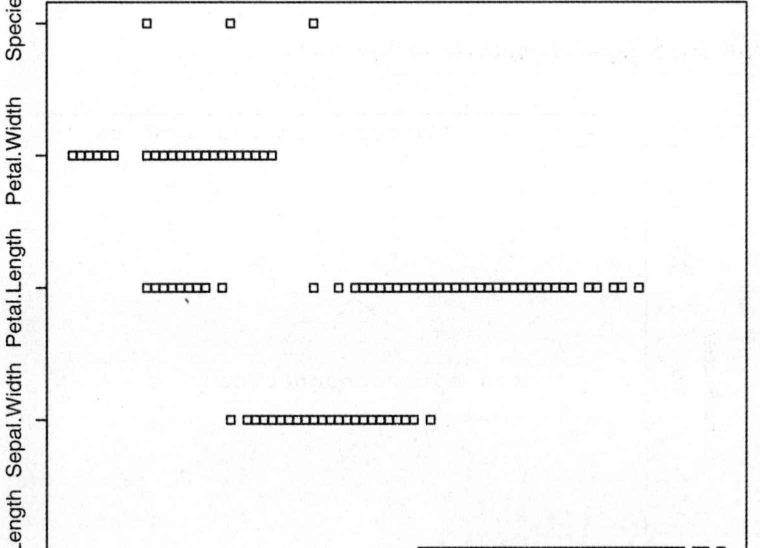

- 使用 *plot*(x,y)创建一个简单的散点图，x 和 y 分别是 x 和 y 坐标的向量。

注意，当一个变量是一个有着不同水平的因子时，我们把 $x-y$ 坐标的变量换了，就会创建出不同的图示。

plot(iris$Species, iris$Sepal.Length)

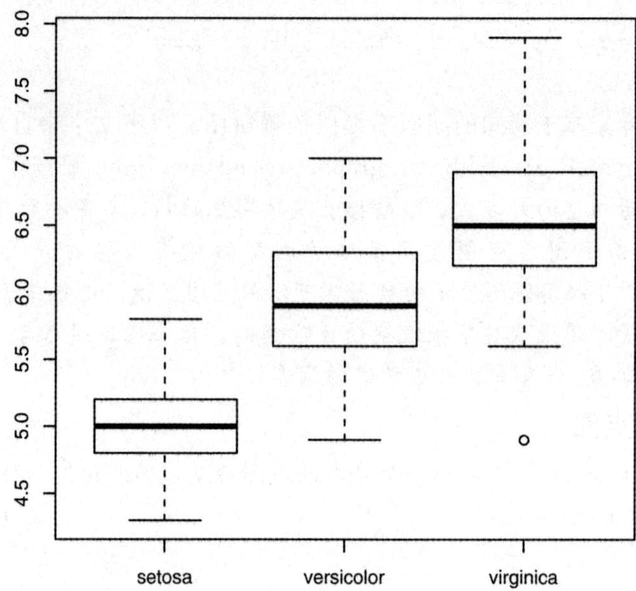

P.110 >*plot(iris$ Sepal. Length,iris$ Species)*

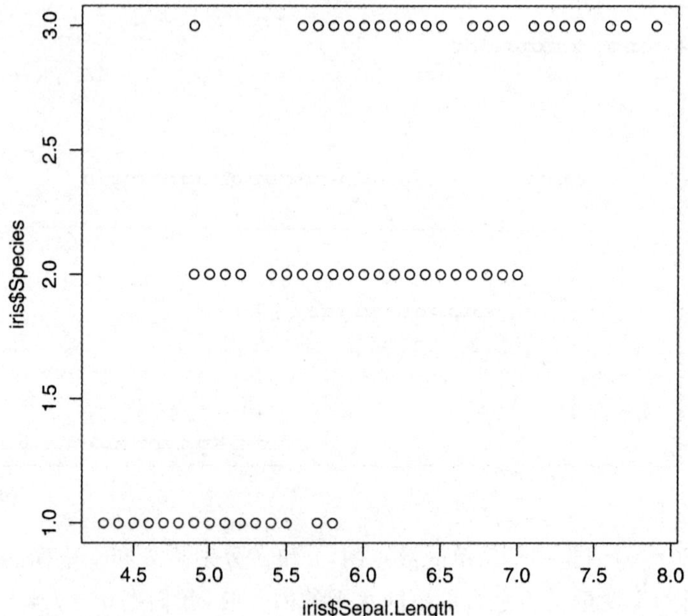

>*plot(density(iris$ Sepal. Length))*

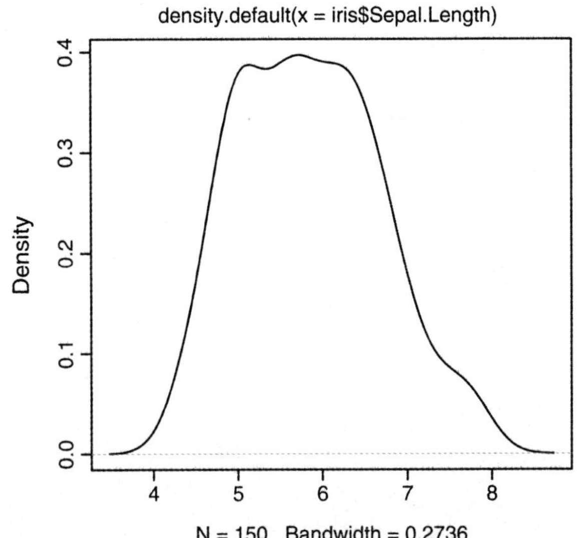

- 当你需要查看各个数值型变量怎样彼此相关或彼此表现的关系时，使用 plot (dataset)创建一个散点图矩阵。

plot(iris)

P.111

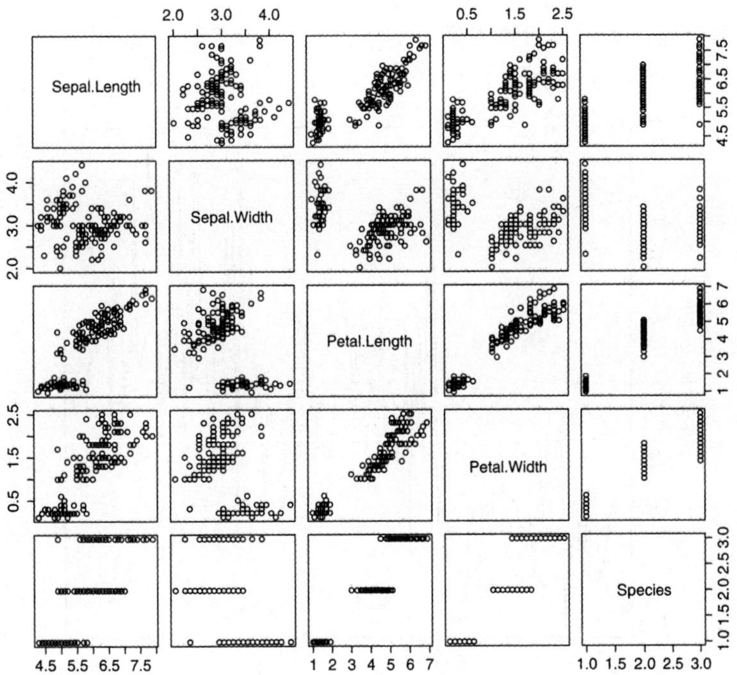

- 函数 rug(x)可以展示一个 rug 图,显示沿着 x 轴的垂直的条形,表示 x 的分布。

—为了绘制 y 轴上的 rug 图,创建选项 side=2,如要把它放在顶部,创建 side=3。

```
> plot(iris$ Sepal. Length)
> rug(iris$ Sepal. Length,side= 2)
```

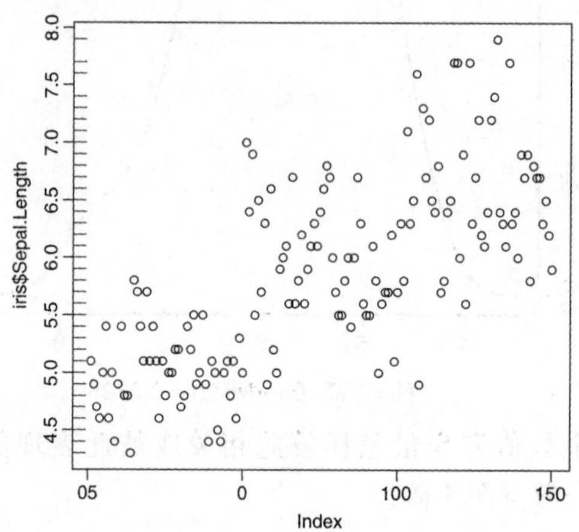

P.112 ### 5.4.1.5 线图

- plot()命令允许大量的可选参数,例如 type="l",类型为“线图”。

```
plot(iris$ Sepal. Length, type. ="l")
```

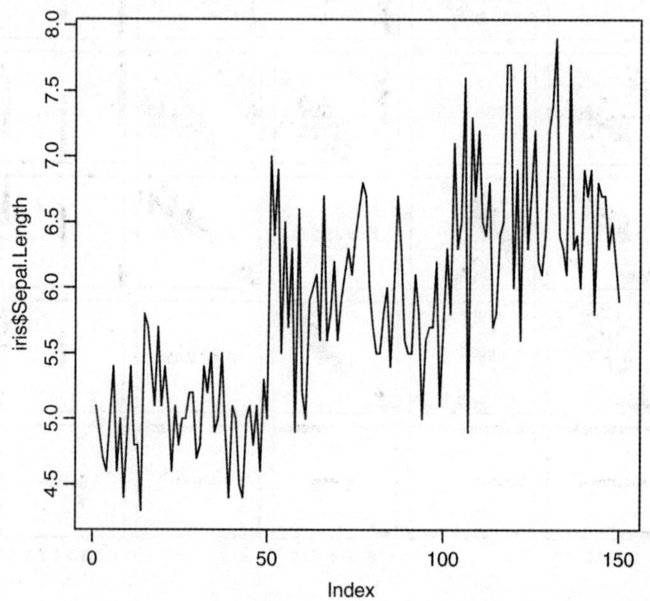

- 对于一个简单的线可以使用函数 *abline*()，使用 reg=parameter，它还可以用于绘制趋势线或回归线，但必须注意绘图参数。

```
> data(cars)
> str(cars)
'data. frarne': 50 obs. of 2 variables:
$ speed : num 4 4 7 7 8 9 10 10 10 11 ...
$ dist  : num2 10 4 22 16 10 18 26 34 17...
> head(cars)
speed dist
1 4
2 2
4 10
3 7
4 4
7 22
5 8
16 6
9 10
> tail(cars)
speed dist
45 23
54 46
24 70
47 24
92 48
24 93
49 24
120 50
25 85
> plot(cars)
> abline(v=0,h=0, reg =lm(cars$dist~cars$speed))
```

P.113

注意：*v*、*h* 的值是 *x* 和 *y* 的截距，而 reg 参数拟合一条回归线或趋势线。

这样得到下面的图：

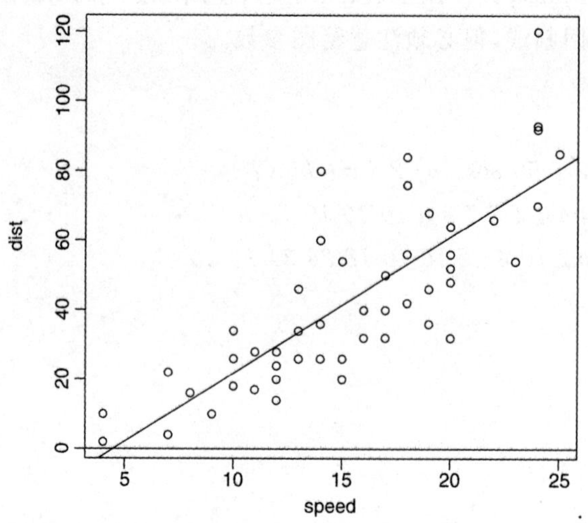

现在,如果颠倒因变量和自变量,让我们看看会发生什么:

```
> plot(cars)
> abline(v=0,h=0,reg=lm(cars$speed~cars$dist))
> title("Wrong")
```

这给出了一个差的/不正确的趋势线!我们必须当心我们是如何使用 **abline( )** 的。注意我用 title 函数(而不是 main=)来获得图标题。

P.114

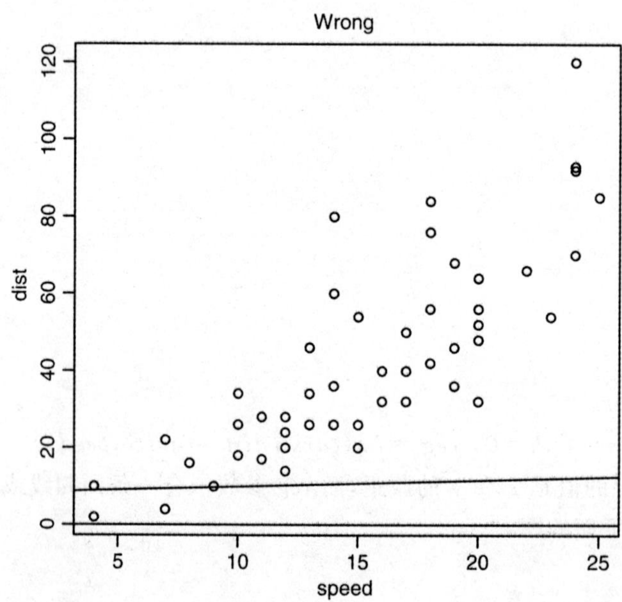

5.4.1.6 条形图

一个简单的条形图，用来汇总来自于一个数据集的变量 x：

```
> barplot(table(iris$Sepal.Length))
```

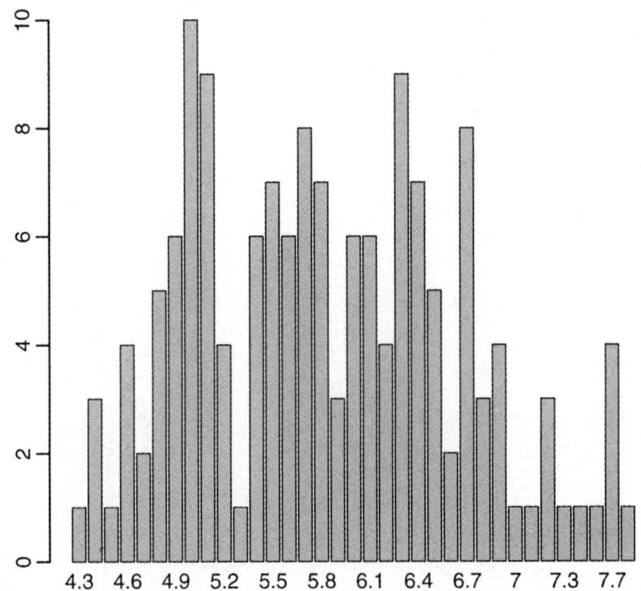

使用参数 horiz=TRUE，绘制一个水平的条形图：

```
>barplot(table(iris$Sepal.Length),horiz = T)
```

P.115

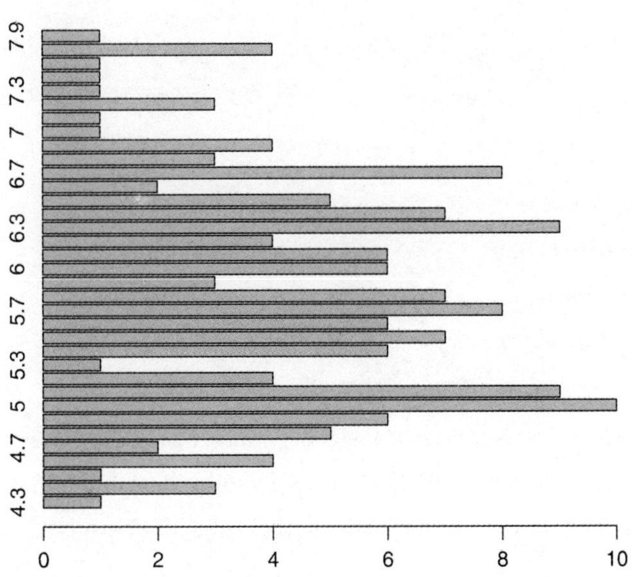

5.4.1.7 太阳花图

散点图的一个选项是重要的点可以重叠，这就是太阳花图。带有多个叶子（“petals”）的多个点画成“太阳花”，这样对重叠的点进行了可视化，而不是对那些偶然的和不可见的点。另一个可实现这一功能的程序包（重叠点）是 hexbin。

来源：http://www.jstatsoft.org/v08/i03/paper

```
> par(mfrow=c(1,2))
> plot(faithful)
> sunflowerplot(faithful)
```

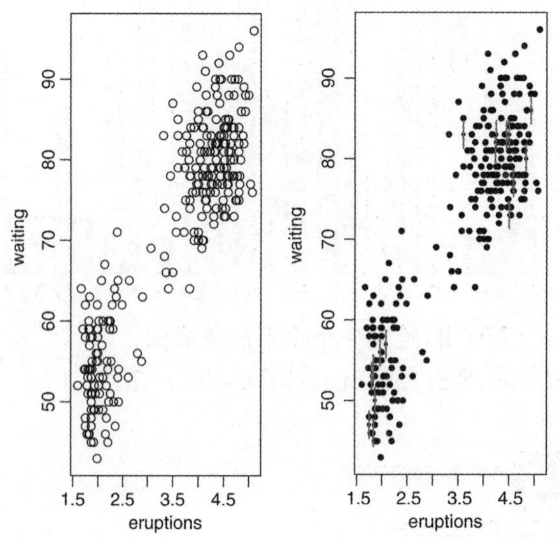

P.116 另一个例子：

```
>library(HistData)
> data(Galton)
> par(mfrow=c(1,2))
> plot(Galton,main="Scatter Plot")
> sunflowerplot(Galton,main="Sunflower Plot")
```

简单类型的图示的两大资源是：http://www.harding.edu/fmccown/r/#barcharts 和 http://www.statmethods.net/graphs/line.html。

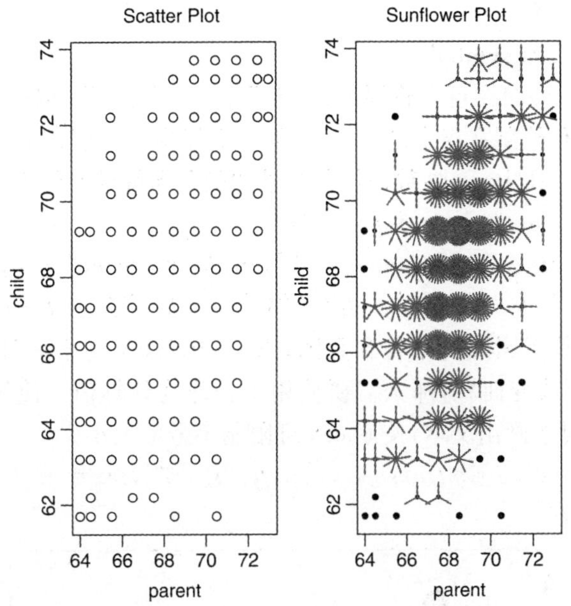

5.4.1.8 Hexbin

- hexbin 程序包中的 hexbin(x, y)函数以六角形单元的方式提供了两变量的图示。当散点图有大量的点重叠时它非常有用。因此他是散点图或太阳花图的替代品，在以下网站：http://cran. r-project. org/web/packages/hexbin/hexbin. pdf 可找到。

```
library(hexbin)
ajay=hexbin(iris$ Petal. Length,iris$ Sepal. Length,xbins =30)
plot(ajay)
```

P.117

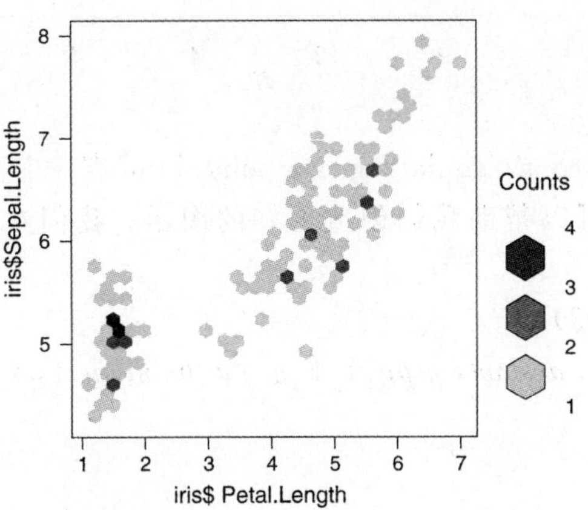

5.4.1.9 泡泡图

使用基础图形和 symbols()。

使用 symbols()命令可以将圆形、正方形、长方形、星形、温度计或箱形图等六个符号中的任一种绘制在指定的一组 x 和 y 坐标中。我们用 inches 命令限制符号的大小，用 fg= 和 bg= 参数来控制前景的颜色和符号的颜色。

```
> radius <-sqrt(mtcars$qsec/pi)
> symbols(mtcars[,6], mtcars[,1],circles=mtcars$qsec,inches=0.15,
+fg="grey", bg="black", xlab="Wt", ylab="Miles per Gallon")
```

注意我们计算了圆圈的半径参数图，由于 circles 是一个向量，它给出圆形的半径，如果你需要改变面积，那么需要使用半径作为计算值。使用 text 函数可在特定的 $x-y$ 值对上画出文本，使用 cex 可限制字号的大小。

```
> text(mtcars[,6],mtcars [, 1 ],mtcars[, 7],cex= 0.5,col="white")
```

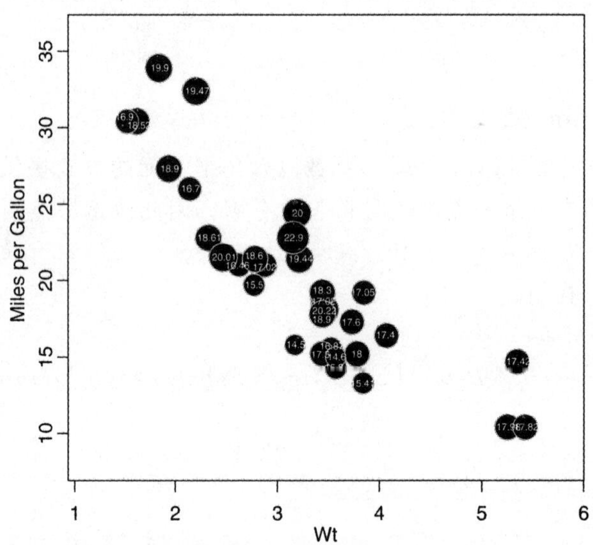

P.118 在 http://had.co.nz/ggplot2/geom_point.html 有一个 ggplot2 的详细示例。

显然 ggplot2 可以帮助我们创造更好的图示。我们在本章后面再来审视 ggplot。

```
library(ggplot2)
ggplot(mtcars, aes(wt, mpg)) + geom_point(aes(size = qsec))
```

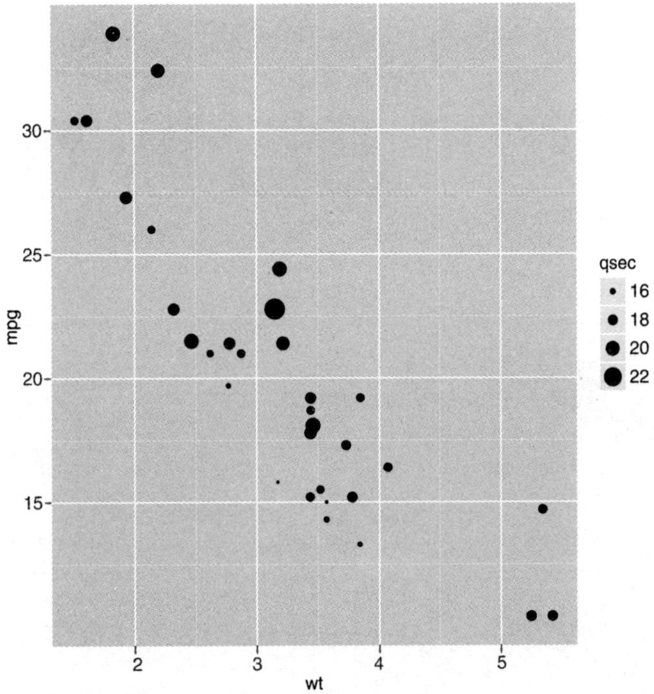

5.4.2　R 基本图示总结

让我们总结一下已经学过的图示。

绘制 R 的每种基本类型的图示只需要一到两个单词。

```
> par(mfrow=c(3,3))
> plot(iris$Sepal.Length, main="Scatter Plot with Rug")
> rug(iris$Sepal.Length,side=2)
> barplot(table(iris$Sepal.Length), main="Bar Plot")
> plot(iris$Sepal.Length.type="l", main="Line Plot")    P.119
> plot(iris$Sepal.Length, main="Scatter Plot")
> boxplot(iris$Sepal.Length, main="Box Plot")
> stripchart(iris$Sepal.Length, main="Strip Chart")
> sunflowerplot(iris$Sepal.Length, main="Sunflower Plot")
> hist(iris$Sepal.Length, main="Histogram")
> plot(density(iris$Sepal.Length), main ="Density Plot")
```

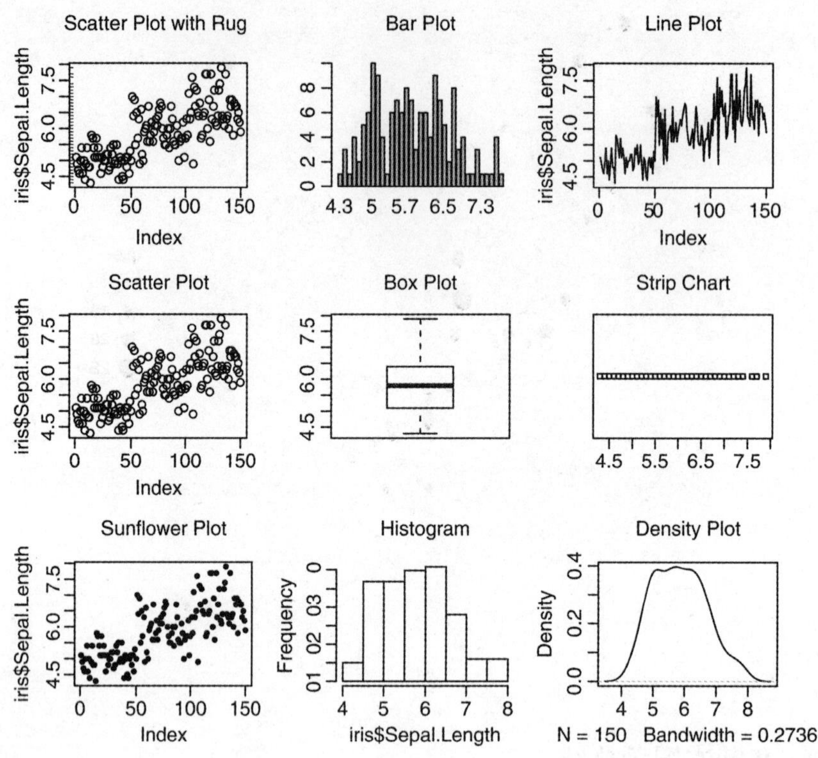

5.4.3 高级的图示

5.4.3.1 表图

表图是一个(大的)多元数据集的可视化。每一列表示一个变量,每一行 bin 是一定数量的记录的一个汇总。数值型变量被描绘为条形图(条形的长度由每一行 bin 的均值决定),分类变量为堆叠条形图。缺失值考虑在内。表图可以用一个 GUI 设计。他们也支持 ff 程序包的大型数据集。

P.120

```
> data(iris)
> library(tabplot)
> tableplot(iris)
```

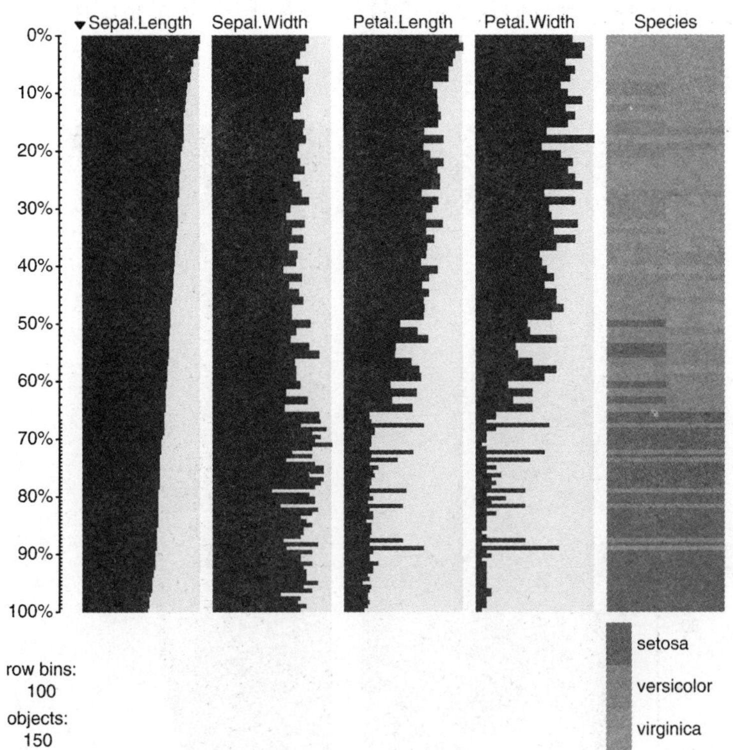

你还可以使用 GUI 的 tabplotGTK 程序包：

http://cran.r-project.org/web/packages/tabplotGTK/tabplotGTK.pdf

library(tabplotGTK) P.121

data(iris)

table GUI(iris) # 这是为表图调用 GUI。

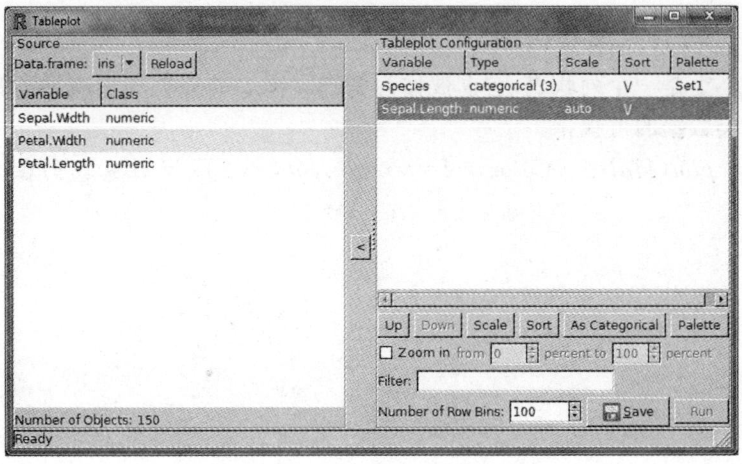

#注意我们怎样保留我们想要的变量,对变量排序,甚至是选择一个自定义调色板。

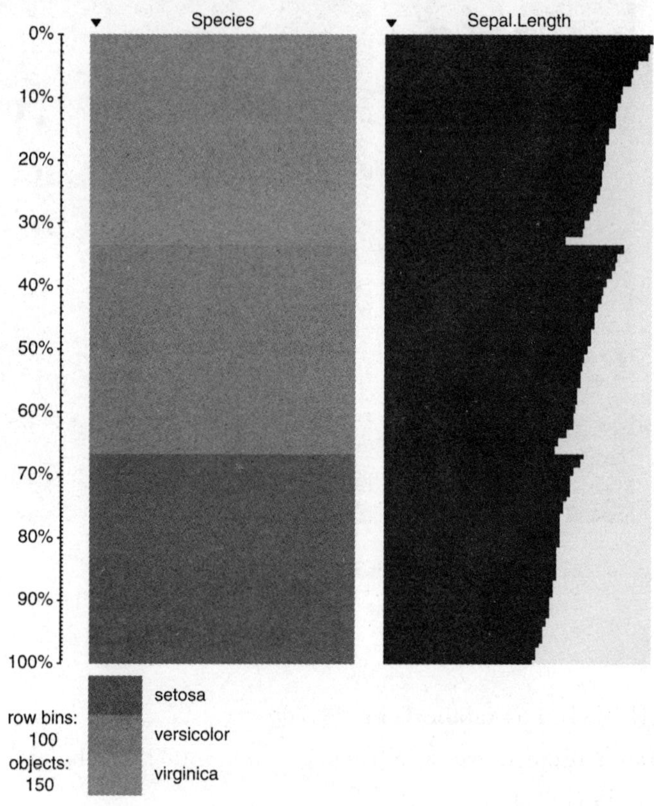

P.122 #### 5.4.3.2 马赛克图和树图

这基本上是一个列联表,它也被称为树图。图上的面积代表观察的数量。树图用于分类数据的可视化。

mosaicplot(HairEyeColor,col=terrain.colors(2)) #注意我们在这里使用了调色板。

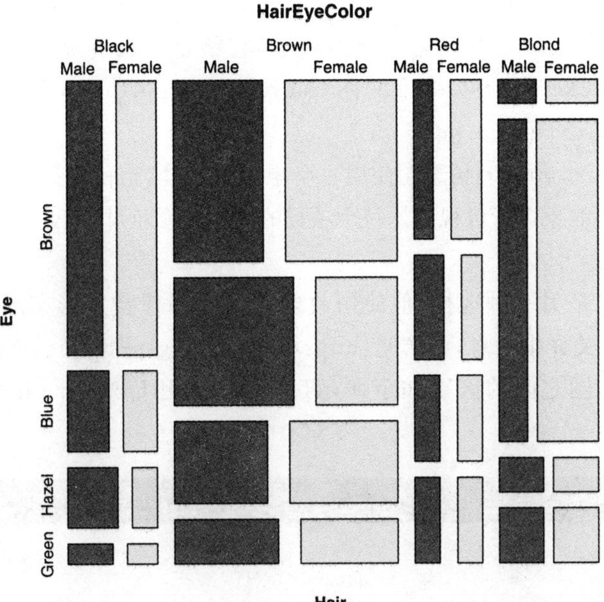

mosaicplot(*HairEyeColor*, *shade* = *T*)# 注意这里我们使用了 *shade* = *TRUE*。 P.123

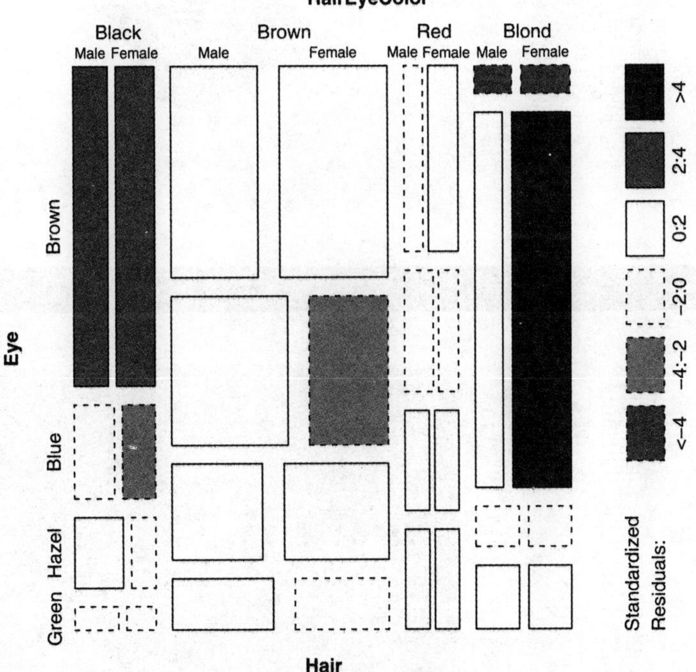

- 对大量的分类数据的可视化，可以借助于 R 中的 vcd 程序包。R 中 vcd 数据包的 strucplot 框架用于可视化多项列联表，它整合了马赛克显示、关联图、双层图(double-decker plots)和筛网图(sieve plots)：http://cran.r-project.org/web/packages/vcd/vcd.pdf。
- 阳光图(sunburst graph)：树形图使用一个矩形、空间填充和分割技术在不同级别的层次结构上将对象进行可视化。每个项目的面积和颜色对应于该项目的一个属性。

太阳图技术是另一种选择，他使用放射状的布局代替矩形布局进行空间填充式的可视化。有关详细信息，请访问：http://www.cc.gatech.edu/gvu/ii/sunburst/。

阳光图和树图之间的区别如下所示(这些是使用 Ubuntu Linux 的磁盘应用获得的截图)：

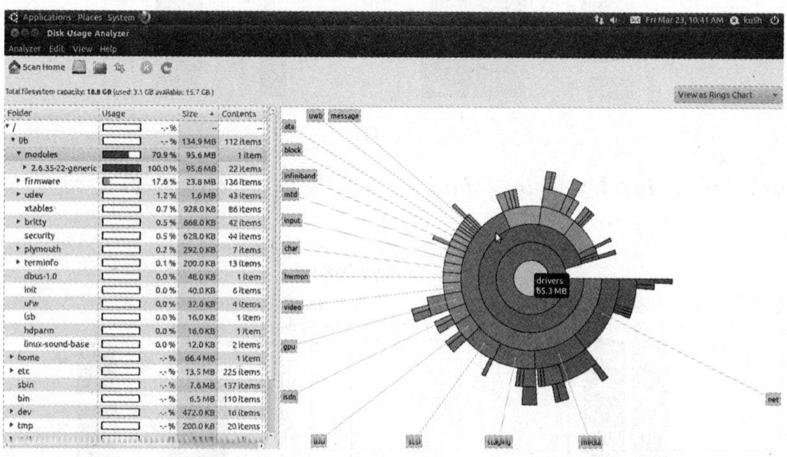

P.124 和

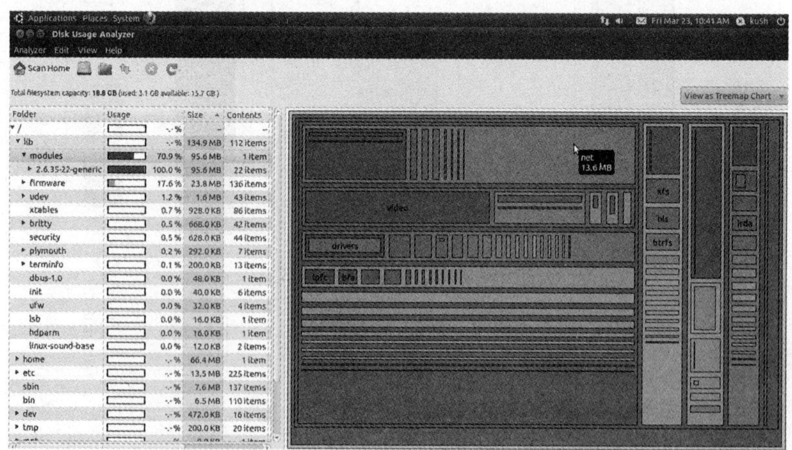

注意：阳光图和鸡冠花图(Coxcomb graphs)(Florence Nightingale)在视觉上有相似之处。鸡冠花图是基于 histdata 程序包的编码绘制的，网址：http://rgm2.lab.nig.ac.jp/RGM2/func.php?rd_id=HistData:Nightingale。

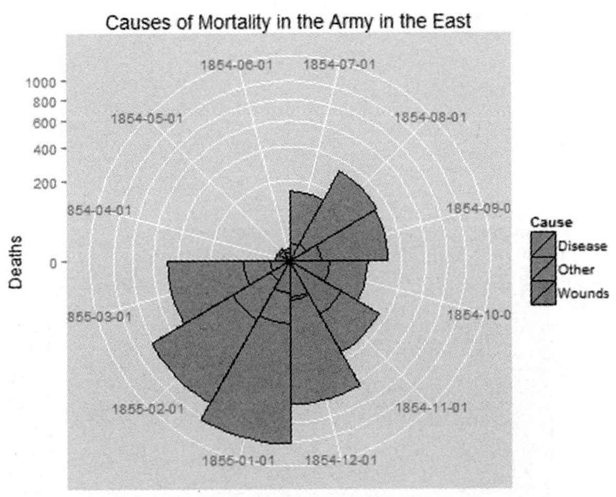

5.4.3.3　热感图

热感图是一个伪彩色图像在左侧和顶部各添加一个系统树图形成的。函数 heatmap() 可以用来为一个矩阵绘制热感图。热感图也用于排序分析或比较几个类别的值及其相对于许多数值的相对表现。

```
> ajay=matrix(rnorm(200), 20, 10)
> heatmap(ajay)
```

P.125

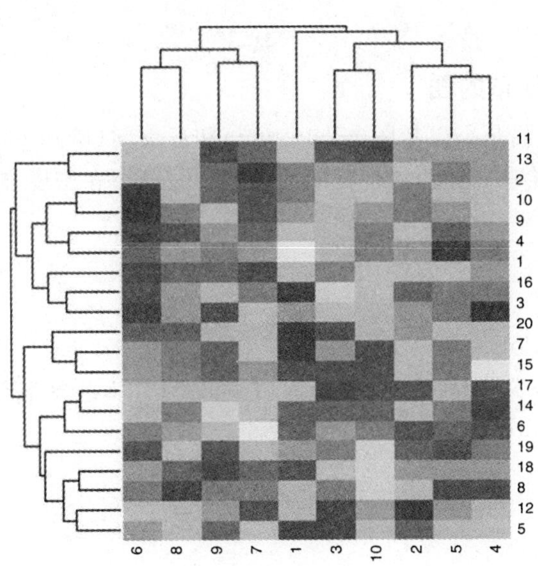

另一个例子

```
> data(mtcars)
> a=as.matrix(mtcars)
> heatmap(a,col=terrain.colors(256))
```

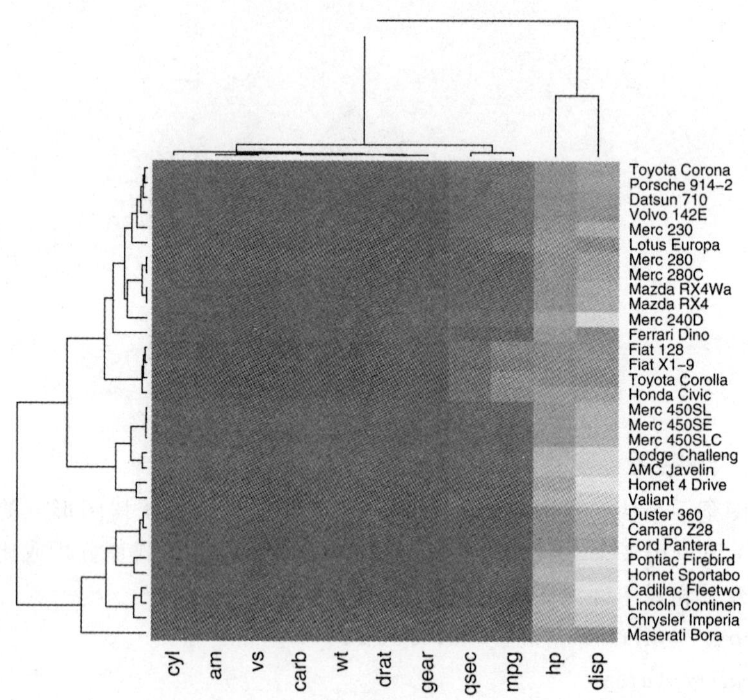

P.126 **5.4.3.4 表示分布的图**

箱线图的替代品是小提琴图(violin plot)和豆荚图(bean plot)。小提琴图显示出分布的密度,绘制在该值的带状图的旁边。豆荚图在密度和均值的边上显示单个值。

- **小提琴图**

```
>library(vioplot)
>vioplot(iris$Sepal.Length,iris$Sepal.Width,iris$Petal.Length,iris
  $Petal.Width,col="grey")
```

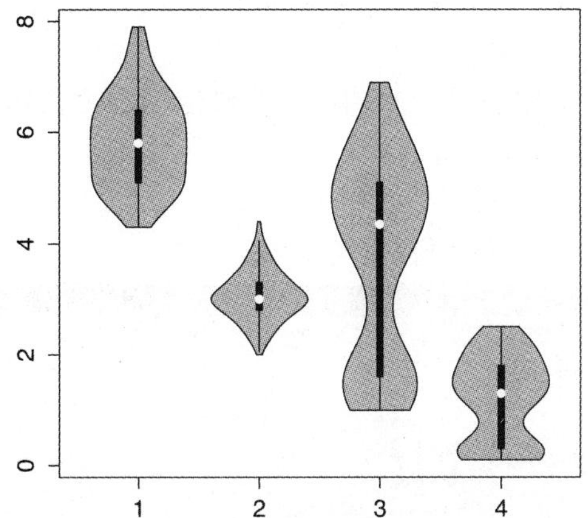

- **豆荚图**

  > *library(beanplot)*

  > *beanplot(iris$Sepal.Length, iris$Sepal.Width, iris$Petal.Length, iris$Petal.Width)*

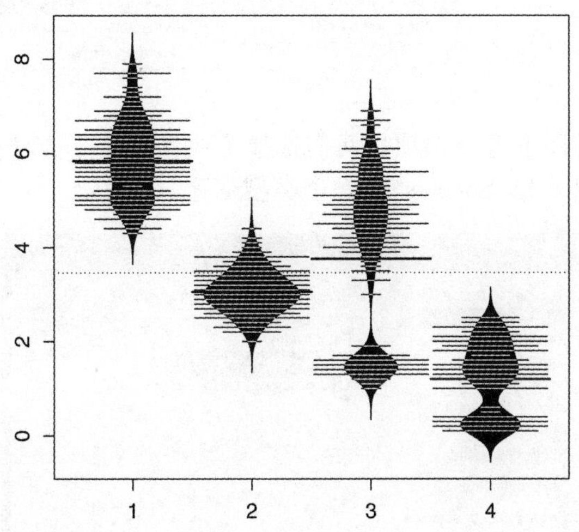

- 来源于:http://www.jstatsoft.org/v28/c01/paper。 P.127

5.4.3.5　三维图

- 三维散点图:三维散点图在 Rcmdr 中仅仅通过三次点击或在 R 中仅仅通过三行代码就可完成。它使用 Rcmdr 程序包中的函数 scatter3d(x, y, z) 。

```
. #三维散点图
library(Rcmdr)
data(iris)
scatter3d(iris[,1], iris[,2]iris[,3])
```

#注意，记号 Dataset[,c]指的是数据框中的第 c 列或第 c 个变量。

使用 GUI 我们可以很容易按组画图。三维图有很多选项；这些图可以很容易地由 R Commander GUI 来完成。

步骤 1:在 R Commander 中找出三维图。

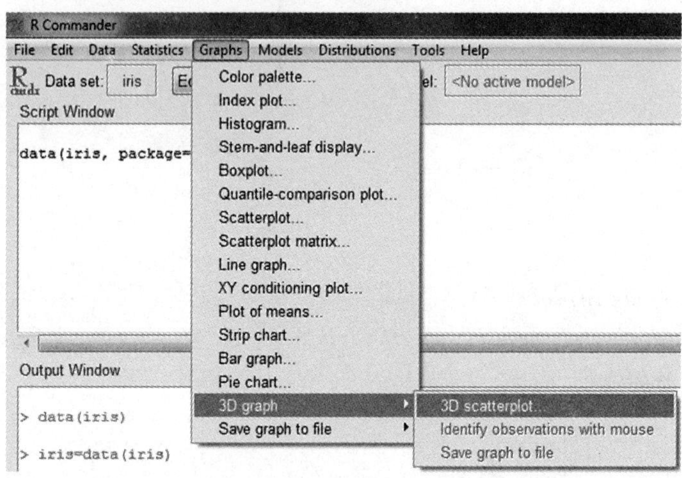

P.128 步骤 2:为三维图形选择选项。我们选择了线性最小平方法来拟合一个平面，在底部我们选择 Plot by Species(它是个类型变量)。

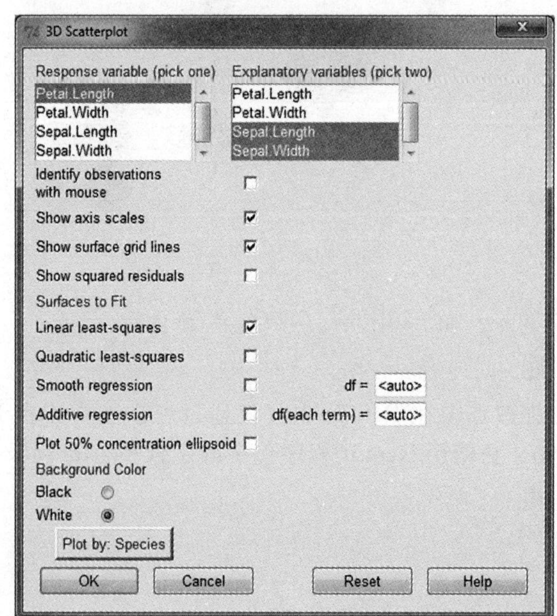

步骤 3:检查并使用鼠标来旋转交互式图形。 P.129

RGui (64-bit) - [RGL device 2 [Focus]]
File Edit View Misc Packages Windows Help

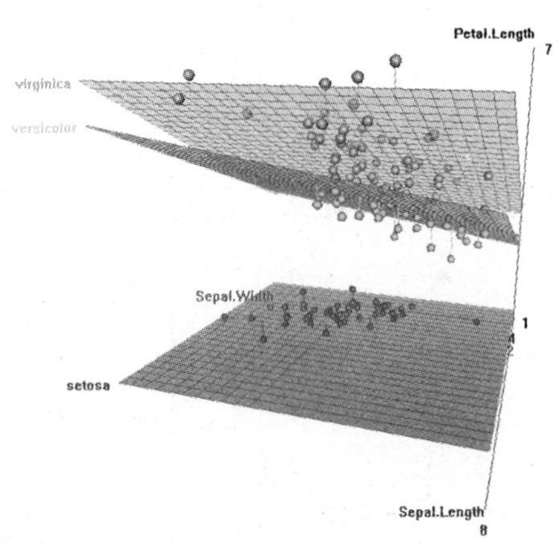

• 三维线框图

你可以使用“lattice”程序包中的 cloud 和 wireframe 函数绘制出具有震撼效果的三维图。

```
library(lattice)
wireframe(volcano, shade = TRUE, aspect = c(61/87, 0.4), light.source
= c(10,0,10)
```
P.130

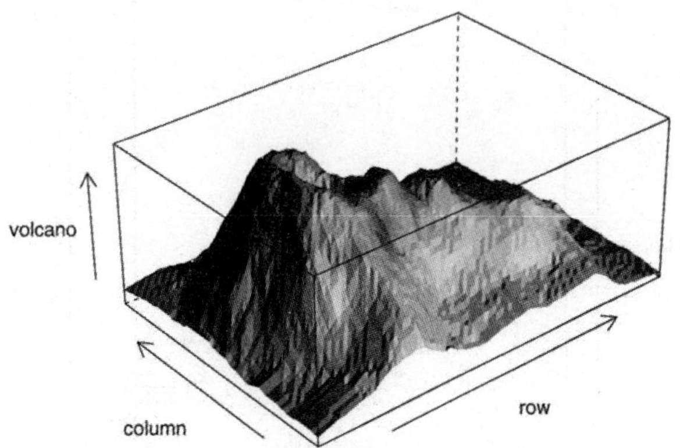

cloud

```
cloud(Sepal.Length~Petal.Length*Petal.Width|Species,data=iris,screen
=list(x=-90,y= 70),distance=0.4,zoom=0.6)
```

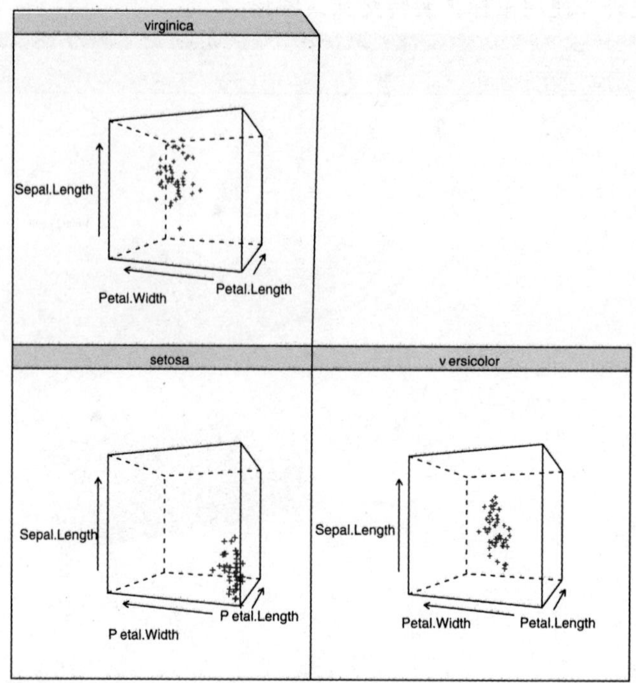

P.131 假设我们不希望对每一个物种都绘制独立的三维线框图，而是希望只做一个三维线框图。

cloud(Sepal. Length~Petal. Length Petal. Width, data = iris, screen = list(x=−90, y= 70), distance =0.4, zoom =0.6)*

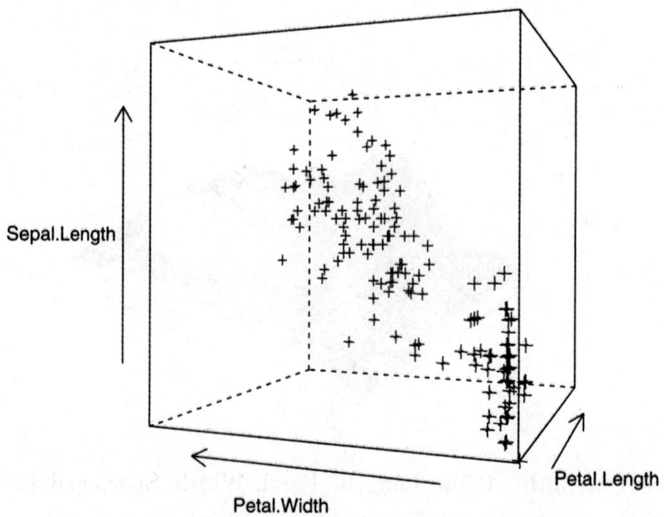

5.4.3.6　走势图

走势图是基于 Edward Tufte 工作成果的紧凑的图。它们是用来传达高密度数据的信息，以便观察相对的趋势和变异。走势图可以用 R 中的 YaleToolkit 或 SparkTable 程序包来构建。走势图与随附文本的高度大致相同。

```
> library(YaleToolkit)
> data(EuStockMarkets)
> EuStockMarkets2=as.data.frame(EuStockMarkets)
```

#注意我们是如何使用上述的 as. data. frame 函数将一个时间序列转化为数据框。

```
> sparklines(EuStockMarkets2,
+ sub=c(names(EuStockMarkets2)),
+ yaxis = TRUE, xaxis=TRUE,
+ main = 'EuStockMarkets')
```

P.132

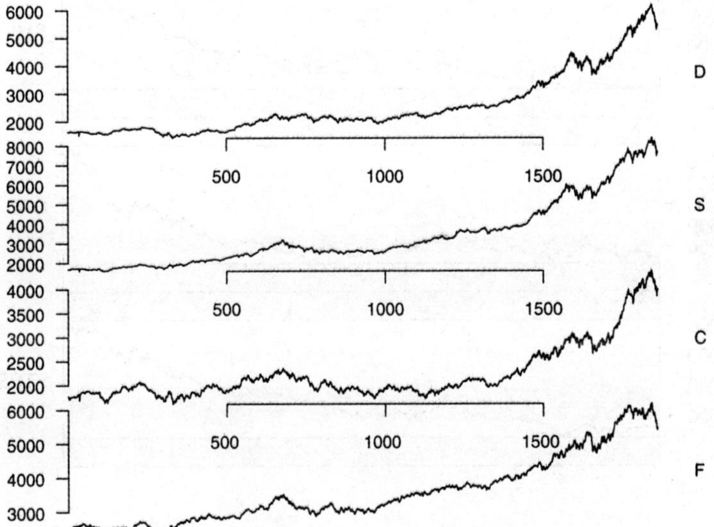

但如果我们想要走势图更好看，可以使用以下的代码。请到 http://rss.acs.unt.edu/Rdoc/library/YaleToolkit/html/sparklines.html 去看参数是如何精心设置的。或者可以用?*sparklines*。

```
> sparklines(EuStockMarkets2,
+ sub=c(names(EuStockMarkets2)),
```

```
+ outer.margin = unit(c(2,4,4,5), 'lines'),
+ outer.margin.pars = gpar(fill = 'lightblue'),
+ buffer = unit(1,"lines"),
+ frame.pars = gpar(fill = 'lightyellow'),
+ buffer.pars = gpar(fill = 'lightgreen'),
+ yaxis = TRUE, xaxis=FALSE,
+ IQR = gpar(fill = 'grey', col = 'grey'),
+ main = 'EuStockMarkets')
```

P.133

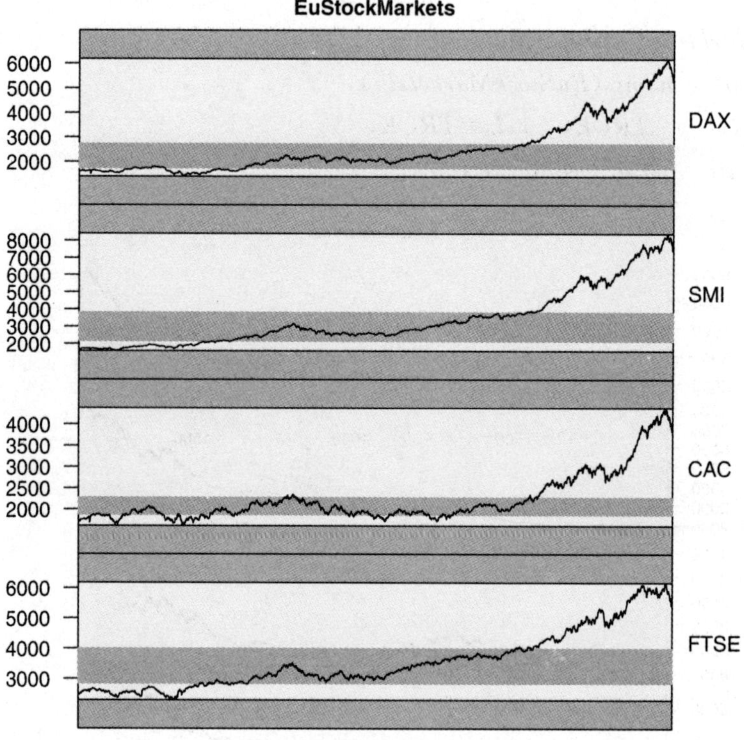

5.4.3.7 射线图

射线图要求使用 plotrix 程序包。这里讨论下列图示：

- 射线图
  —极地图
  —环形图

—时钟图

—风向图

射线图家族(radial. plot family)都是用来说明循环数据的，如风向和风速(两个都可参见 oz. windrose)，一天中不同时段的活动，等等。oz. windrose 展示了一个风向图，是澳大利亚气象局使用的那种样式。

参见 http://rss. acs. unt. edu/Rdoc/library/plotrix/html/00Index. html。

```
> library(plotrix)                                        P.134
> testlen<-c(rnorm(36) * 2+5)
> testpos<-seq(0,350,by=10)
> polar.plot(testlen,testpos,main="Test Polar Plot",lwd=3,line.col=
4)
> radial.plot(testlen,testpos,rp.type ="p",main="Test Radial Plot",
line.col="blue")
> clock24.plot(testlen,testpos,main="Test Clock24 (lines)",show.grid=
FALSE, line.col="green",lwd=3)
```

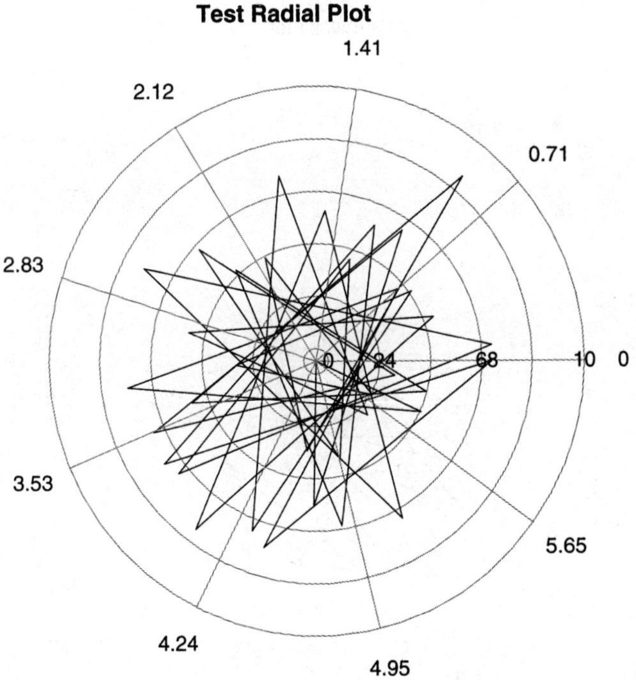

P.135

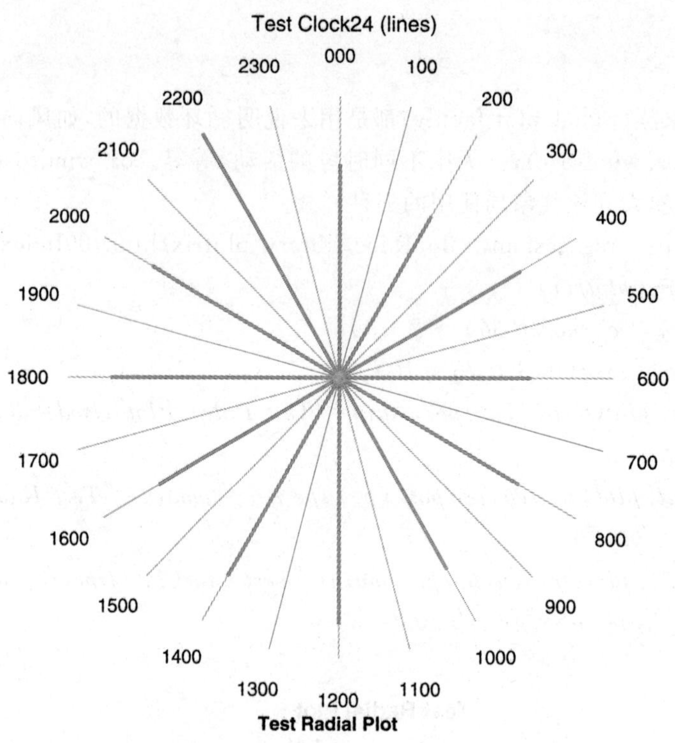
Test Clock24 (lines)
000
100
200
300
400
500
600
700
800
900
1000
1100
1200
1300
1400
1500
1600
1700
1800
1900
2000
2100
2200
2300

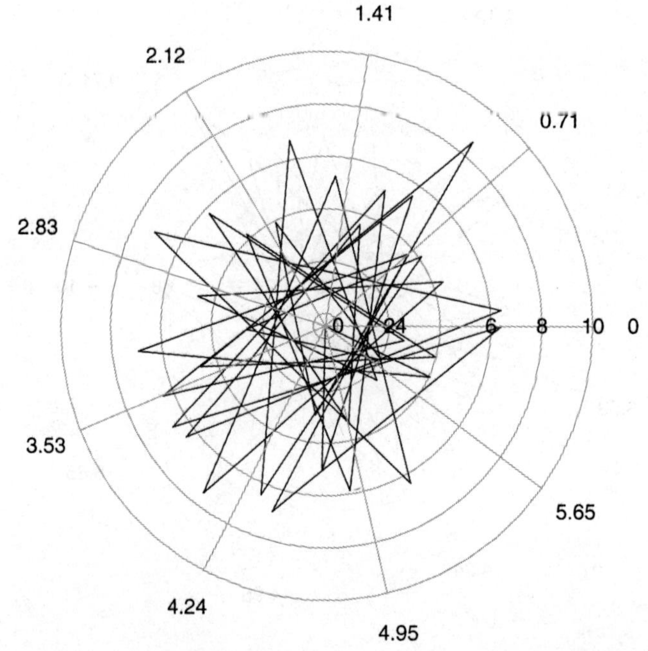
Test Radial Plot
1.41
0.71
0
2.12
2.83
3.53
4.24
4.95
5.65
0
2
4
6
8
10

>#注意：我们在这里也展示了矩阵数据结构的使用。 P.136

```
> windagg<-matrix(c(8,0,0,0,0,0,0,0,4,6,2,1,6,3,0,4,2,8,
5,3,5,2,1,1,5,5,2,4,1,4,1,2,1,2,4,0,3, 1,3,1), nrow=5,
byrow= TRUE)
> windagg
[,1] [,2] [,3] [,4] [,5] [,6] [,7] [,8]
[1,]8 0 0 0 0 0 0 0
[2,]4 6 2 1 6 3 0 4
[3,12 8 5 3 5 2 1 1
[4,]5 5 2 4 1 4 1 2
[5,]1 2 4 0 3 1 3 1
>oz.windrose(windagg)
```

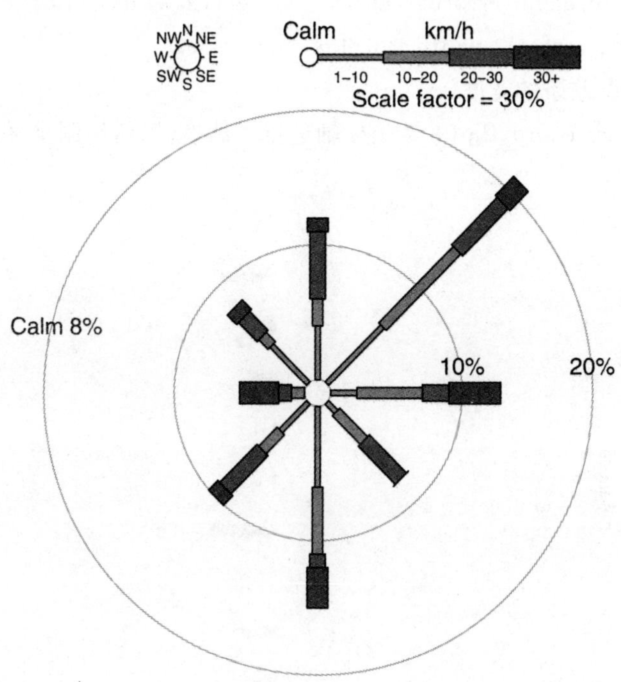

5.4.3.8　子弹 Charts

Stephen Few 提出了子弹图。他们可以在 R 中使用 ggplot2 数据包(第 5.5 节)创建。基本上，ggplot 使用一系列的层来在 R 中创建数据可视化的对象。

来源:http://www. perceptualedge. com/blog/? p=217

P.137 > fake. data2 <-data. frame(measure=letters[15:24], value=round +(rnorm(10,5,3)), mean=round(rnorm(10,4,4)),target=round +(rnorm(10,12, 32)))

> p <-ggplot(fake. data, aes(measure, value)) #注意:measure 在 x 轴上,value 在 y 轴上。

> p <-p + geom_bar(fill="grey", width=0. 5) #测量用的是条形图,而绘图是用的宽灰条。

> p <-p + geom_bar(aes(measure, mean), width=0. 2)

measure (x)用条形图表示,mean (y)是窄黑条。

> p <-p + geom_point(aes(measure, target), colour="red")

#这为 target (y)标记了红点,而 measure 是 x。

> p <-p + geom_errorbar(aes(y = target,x = measure, ymin = target, ymax + = target), width =0. 45)

#目标的误差条的宽度。

> p <-p + coord_flip() #坐标轴进行了调换,以便绘制水平的条形图。

>p

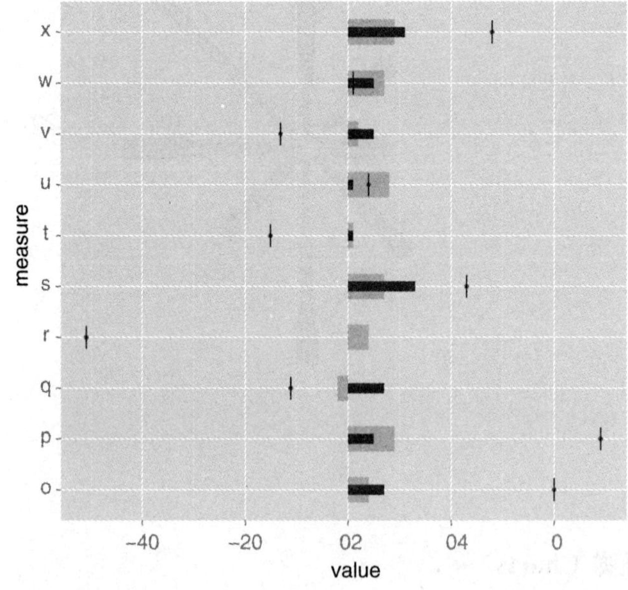

5.4.3.9 词云

一个词云代表单词在一个文档发生的频率，字号的大小与每个词的频率成正比。因此较频繁发生的词字号看起来会更大，这可以帮助长文本的可视化。

我们将奥巴马总统的"Yes We Can"的演讲复制并粘贴到一个文本文档中，并读取进 R。要创建一个词云，我们需要一个两列的数据框，一个是单词，另一个是频数。我们从 http://politics. nuvvo. com/lesson/4678-transcript-of-obamas-speech-yes-we-can 读取文本并粘贴于本地目录的文件：C:/Users/KUs/Desktop/new。

注意 tm 是一个功能强大的软件包，能够读取特定文件夹的所有的文本文件。 P.138

```
> library(tm)
>library(wordcloud)
> txt2 ="C:/Users/KUs/Desktop/new"
> b=Corpus(DirSource(txt2), readerControl = list(language ="eng"))
> b<-tm_map(b, tolower) #将文字变为小写
> b<-tm_map(b, stripWhitespace) #删除空白(格)
> b<-tm_map(b, removePunctuation) #删除标点
> tdm<-TermDocumentMatrix(b)
> ml<-as.matrix(tdm)
> vl<-sort(rowSums(ml),decreasing=TRUE)
> dl<-data.frame(word = names(vl),freq=vl)
> wordcloud(dl$word,dl$freq)
```

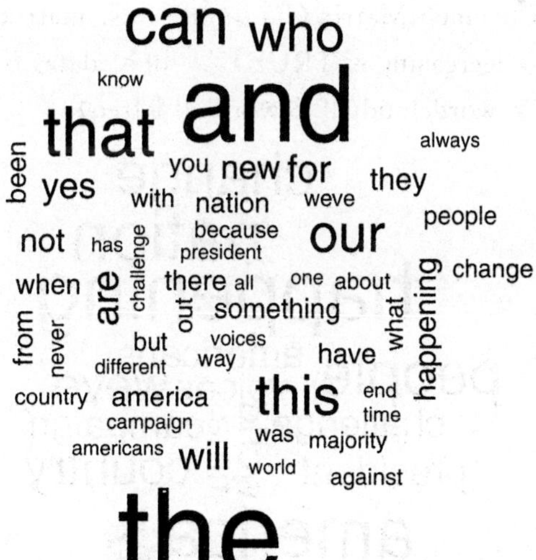

我们需要删除一些常见的词汇，如"the"以及"and"。我们在英语中不使用标准的停止词(tm 程序包会提供，见第 13 章)因为"we"和"can"也包括在内。

```
> b <-tm_map(b, remove Words, c.("and","the")) # 移除"and"和"the"
> tdm <-TermDocumentMatrix(b)
> ml <-as.matrix(tdm)
> vl <-sort(rowSums(ml),decreasing=TRUE)
> dl <-data.frame(word = names(vl),freq=vl)
> wordcloud(dl$word,dl$freq)
```

P.139

president
challenge
who
nation
campaign
time
what
are
out
people
can
about
americans
all
was
our
from
majority
you
weve
america
end
never
country
world
when
has
different
happening
they
voices
wayone
will
know
but
always
new
yes
there
been
have
for
change
not
because
something
with
that
against
this

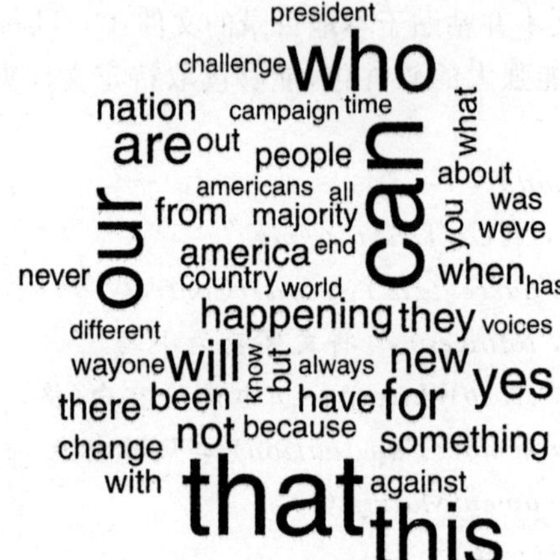

但如果我们删除所有英语停止词，让我们来看看这个词云会如何变化。

> b <-tm_map(b, removeWords, stopwords("english")) # 删除停用词，然后返回代码：

>tdm <-TermDocumentMatrix(b) > ml <-as.matrix(tdm) > vl <-sort(rowSums(ml), decreasing = TRUE) > dl <-data.frame(word = names(vl),freq=vl) > wordcloud(dl $ word,dl $ freq)

change
nation
happening
americans
people
voices
weve
challenge
campaign
president
world
time
country
america
majoityr

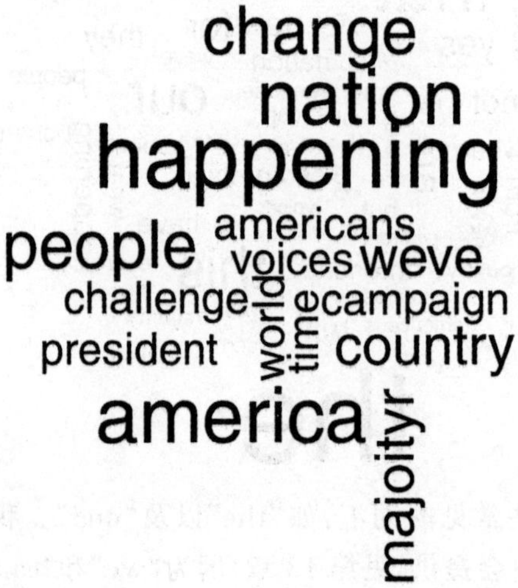

你可以基于自己的政治偏好从这个著名的演讲内容得到自己的结论！

5.4.4　更多的图示 P.140

一些之前没有提到过的、专门领域的特定图示添加在本节。

5.4.4.1　金融图

专业金融图示参阅 quantmod 程序包，特别是 http://www.quantmod.com/examples/charting/。

```
library(quantmod)
getSymbols("AAPL")
chartSeries(AAPL)
```

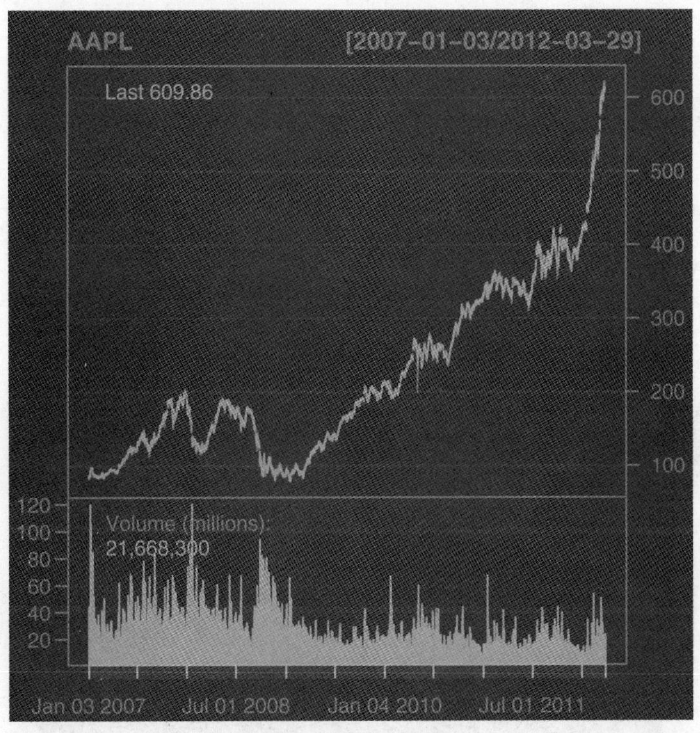


```
barChart(AAPL,theme='white.mono')
```
P.141

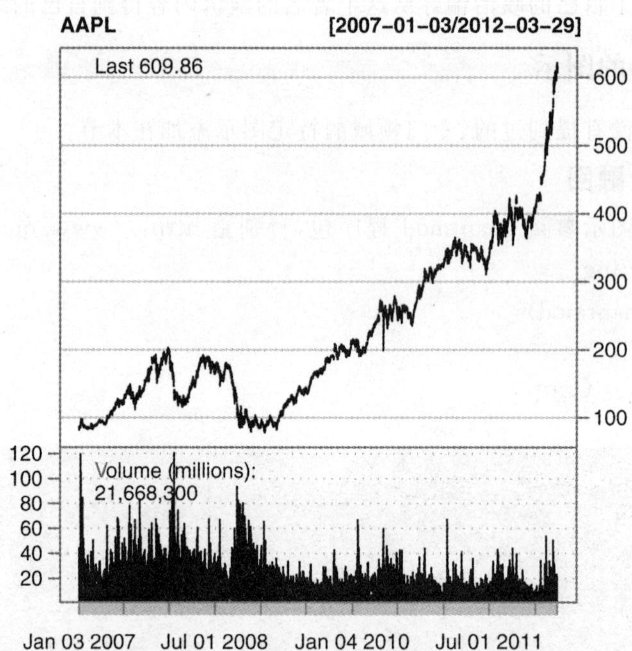

candleChart(AAPL)

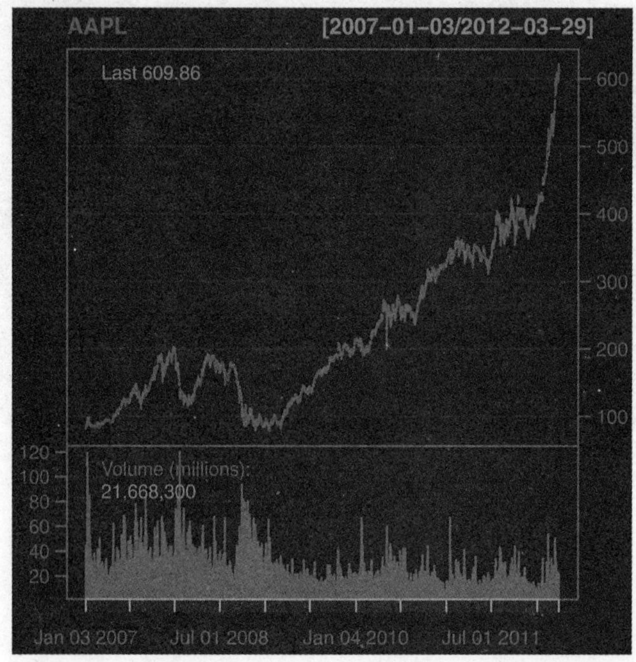

lineChart(AAPL) P.142

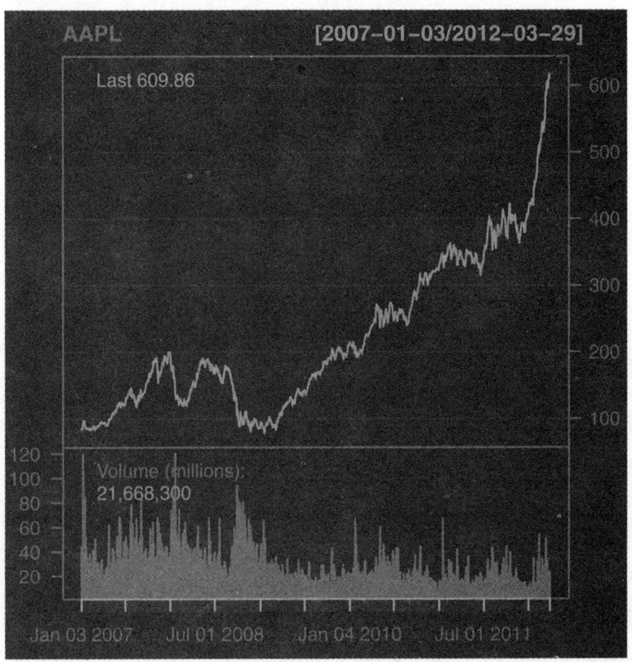

5.4.4.2　顾问图

顾问图基本上是由条形图沿着环形辐射轴展开的。它被认为是比标准的条形图更紧凑的图。注意，顾问图在视觉上几乎类似于弗洛伦斯·南丁格尔(Florence Nightingale)的鸡冠花图(19 世纪)。

```
library(ggplot2)
# In ggplot2, barcharts are made by geom_bar, polar coordinates are made by coord_polar
#aes is used for the x-and y-axis parameters
ajay <-data.frame(variable= 1:20, value = sample(10,replace= T))
#random values
p=ggplot(ajay,aes(factor(variable),value))+coord_polar()+geom_bar() p
```

P.143

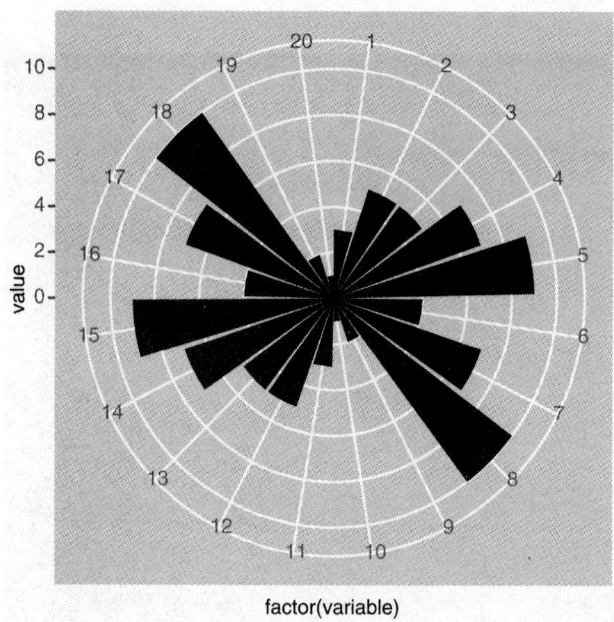

#注意:我们正在努力通过改变填充参数的一个因素来展示在 ggplot 中色彩的运用效果。

p=ggplot(ajay,aes(factor(variable), value,fill= factor(variable)))+ coord_polar()+geom,_bar()

p

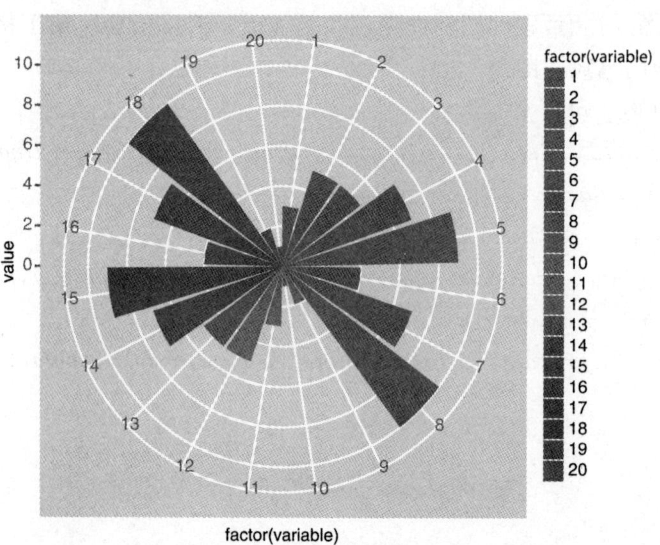

5.4.4.3　阶梯图或瀑布图

P.144

为显示一个序列中引入的各种度量值的效果，我们可以使用阶梯图或瀑布图，也称为 McKinsey 图，是按著名的咨询公司命名的。该图显示这些按照顺序引进的值的累积效果，特别是正值和负值的影响。它们使用 R 的 waterfall 程序包。

```
library(waterfall)
data(jaquith)
waterfallchart(jaquith$factor~jaquith$score, jaquith)
```

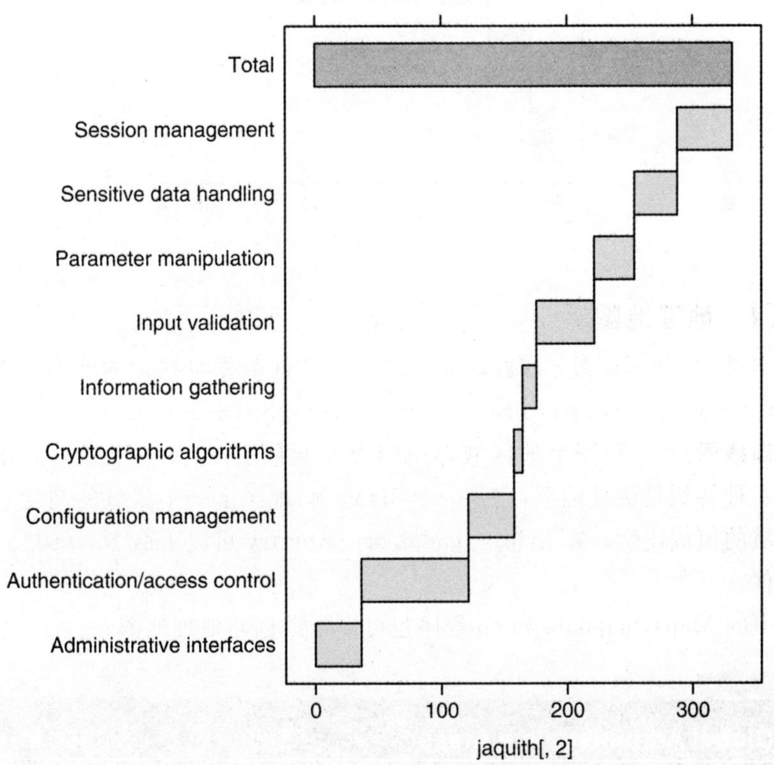

和

```
library(waterfall)
data(rasiel)
b=rasiel
waterfallchart(b[,1 ]~b[,2], b,col=terrain.colors(3))
#注意，我们使用方括号来引用第一和第二列。
```

P.145

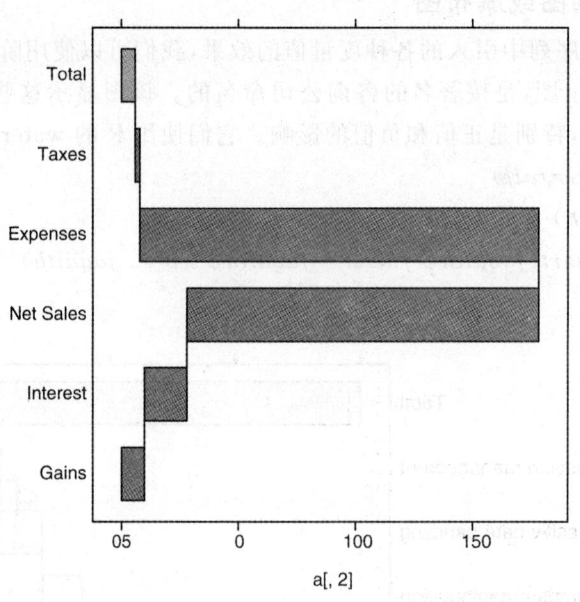

5.4.4.4 地理地图

在R中,空间视图显示了用来创建地图和空间数据可视化的许多可用的程序包:http://www. cran. r-project. org/web/views/Spatial. html。

等高线图:是一种图上的区域都用阴影或颜色表示、和一个变量成比例的地图。其一种特例是棱柱地图,它是一个3D地图,地图上一个区域的高度和该变量在该区域的值成比例。在http://gadm. org/country可以下载Rdata格式的地理形状文件。

R中的Maps,mapdata和sp程序包可以帮助创建地理地图。

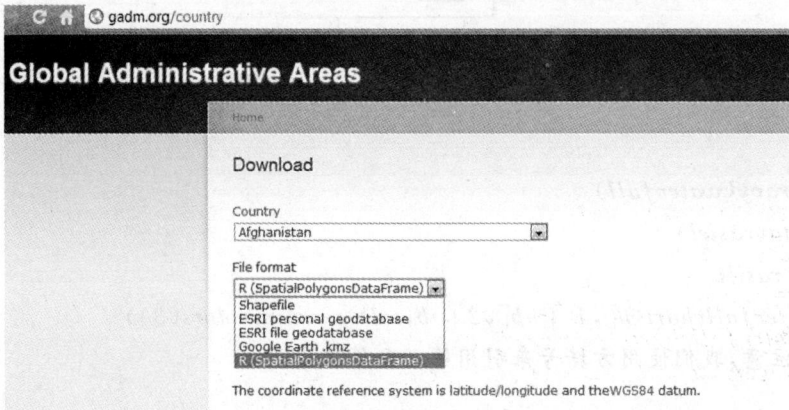

P.146

gadm.org/country
Global Administrative Areas
Home
Download
Country
Afghanistan
File format
R (SpatialPolygonsDataFrame)
Shapefile
ESRI personal geodatabase
ESRI file geodatabase
Google Earth .kmz
R (SpatialPolygonsDataFrame)
The coordinate reference system is latitude/longitude and theWGS84 datum.

GADM 是世界的行政边界位置的空间数据库。R 对象可以直接用 spplot 函数(sp 程序包中的)进行绘图,也可以先下载到一个本地文件,然后在 R 中加载。

```
> library(sp)
> con <-url("http://gadm.org/data/rda/IND_adml.RData")
> print(load(con))
[1]"gadm"
> close(con)
> spplot(gadm[1])
```

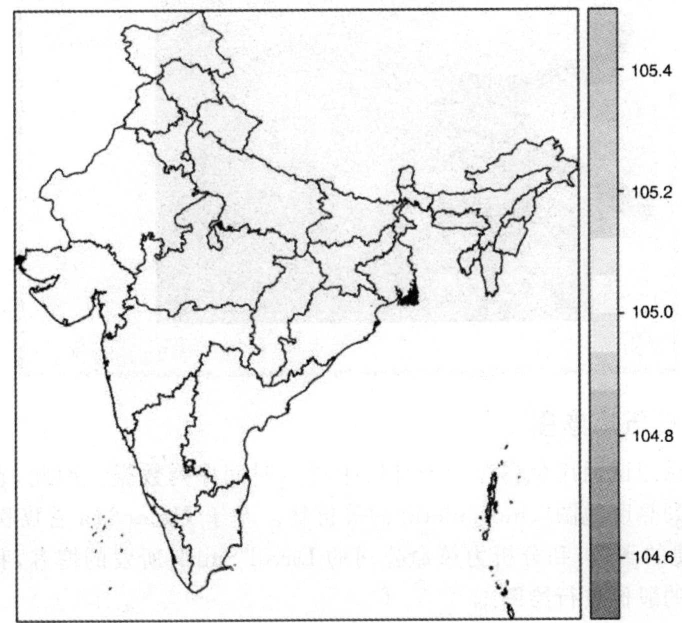

mapdata 是 R 程序包中一个额外的地图数据库,它是 maps 程序包的一个补 P.147
充,提供一个更大的或更高分辨率的数据库。

- **统计地图**用来产生空间图,区域的界限可以转换或变换,和密度/数目/人口数成比例。可以在 http://www.omegahat.org/Rcartogram/找到一个 R 程序包,但它并不更新。统计地图在 R 语言尚未有一个专用的程序包,最好是使用 Scape Toad 的软件工具,在 http://scapetoad.choros.ch/。
- **等高线地图**也可以在 R 中创建。他们是三维对象的二维表现(如地图上山脉的高度)。在下面网页参见例子:http://addicteditor.free.fr/graphiques/RGraphGallery.php? graph=11。
- 在 http://r-spatial.sourceforge.net/gallery/有一个空间图示馆。
- 你可以使用一个基于 GUI 的 **Deducer 的空间插件**解决地图问题。关于这个非常易于使用的解决方案的更多细节，请访问：http://www.deducer.org/pmwiki/index.php?n=Main.SpatialPlotBuilder（见下图）。

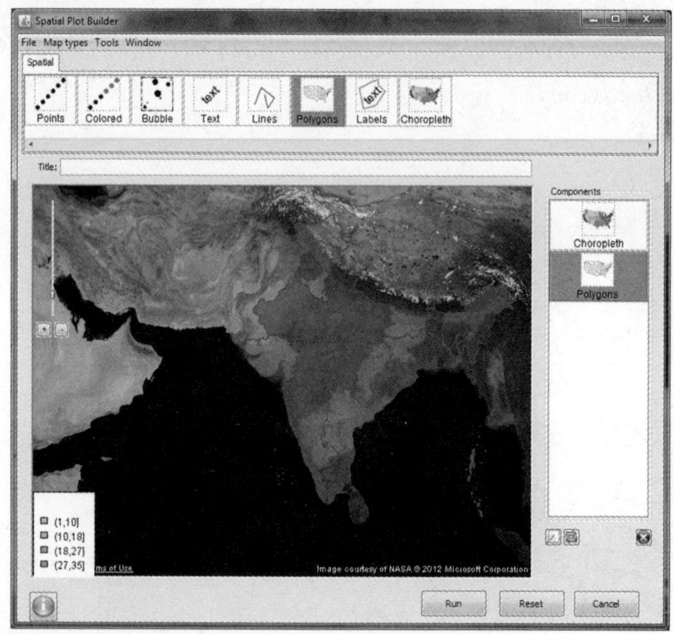

P.148 **5.4.4.5 日历热感图**

日历热感图试图用色彩在一个日历中展示时间序列数据。因此，它们可以被视为时间序列热度地图(chloropleth)的等价物。基于 Humedica 首席医疗官 Paul Bleicher 创建的函数，和分析力革命公司的 David Smith 所发的博客，我们对苹果在过去几年的股价进行绘图。

```
source("http://blog.revolution-computing.com/downloads/calendar Heat.R")
stock <-"AAPL"
start.date <-"2010-01-01"
end.date <-Sys.Date()
quote <-paste("http://ichart.finance.yahoo.com/table.csv?s=", stock,
"&a=", substr(start.date,6,7),
"&b=", substr(start.date, 9, 10),
"&c=", substr(start.date, 1,4),
"&d=", substr(end.date,6,7),
"&e=", substr(end.date, 9, 10),
"&f=", substr(end.date, 1,4),
```

```
"&g=d&ignore=.csv", sep=" ")
stock.data <-read.csv(quote, as.is=TRUE)
calendarHeat(stock.data$Date, stock.data$Adj.Close, varname="Apple
Price")
```

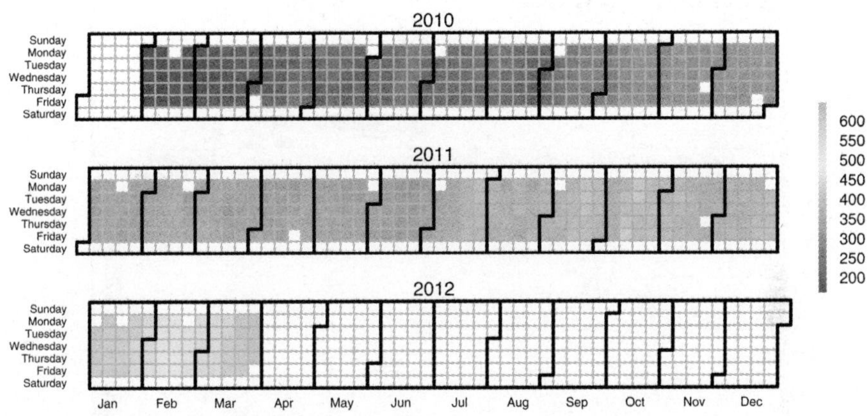

5.4.4.6 R 中的质量管理图

你可以使用 qcc 程序包绘制特定的质量管理图，包括帕累托图、因果关系图和控制图。在 http://stat.unipg.it/~luca/Rnews_2004-1-pag11-17.pdf 你可以查看用 qcc 程序包创建的质量管理图的实例，也可阅读到更多的关于 qcc 程序包的内容。 P.149

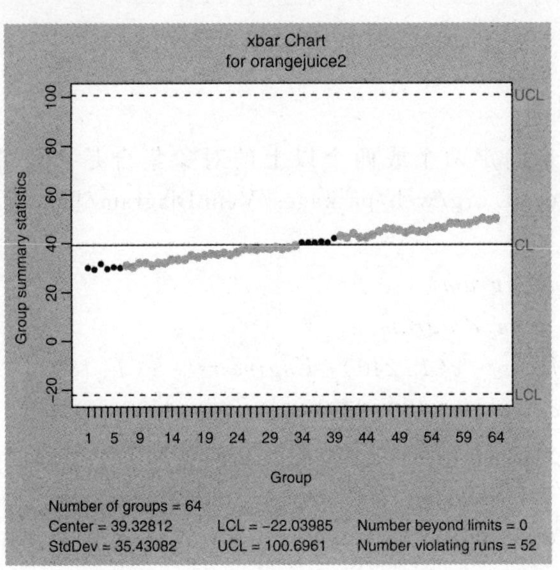

R Commander 有一个插件可用于 qcc，所以如果你需要进行质量管理方面的工作，在 R 中你有一个 GUI 可用。

P.150

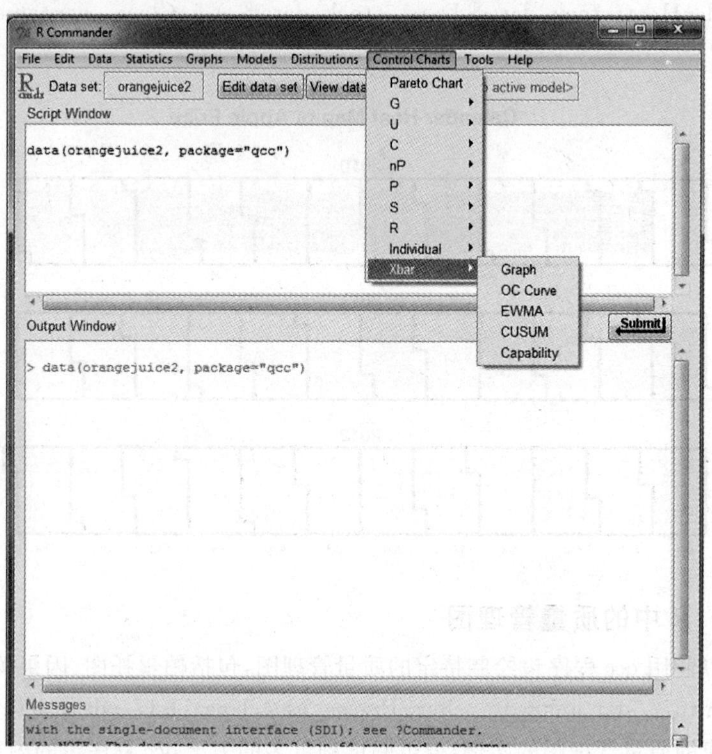

5.4.4.7 维恩图

维恩图是用来确定两个或两个以上的对象集合是否重叠。在 R 中使用 http://cran.r-project.org/web/packages/VennDiagram/里的维恩图程序包很容易画出维恩图。

```
library(VennDiagram)
venn.plot<-venn.diagram
(x = list(MBAs= c(1:240), Engineers= c(1:180), Doctors=c(238:
240), Humanities=c(180:238)),
fill=c("grey","red","blue","green"),
filename = NULL);
grid.draw(venn.plot);
```

P.151

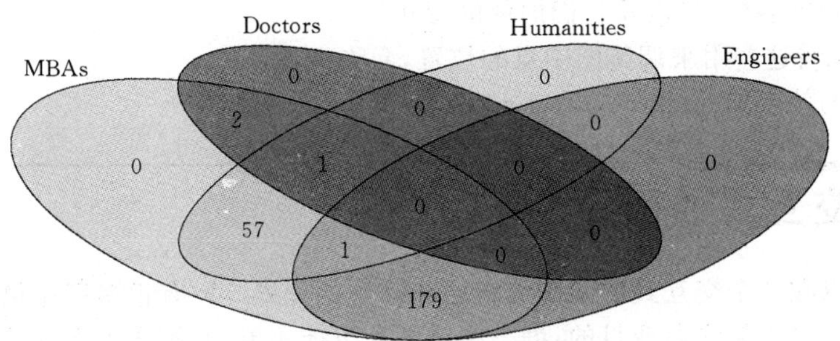

更好的例子见/library/VennDiagram/html/venn. diagram. html，在命令终端使用?? *venn*。

5.5　使用 ggplot2 画更好的图

ggplot2 程序包有两个基本的绘图功能，qplot 和 ggplot。建议你用 Deducer GUI 作为商务分析使用 ggplot 的起点。幸运的是，尽管 ggplot 对于初学者可能有点复杂，但是它在 http://had. co. nz/ggplot2/网站有一个极佳的文献，它详细描述了下面做图的例子中使用的术语。

以下是一个基本的 ggplot 对象的实例代表。

ggplot(dataset_name, mapping) + layer(stat =" ", geom =" ", position =" ")
这里 mapping = *aes(x = dataset_name$VarX, y =dataset_name$VarY)*，其中 var*X* 和 var*Y* 分别是 *x* 轴和 *y* 轴的变量。

ggplot 中的绘图功能在各层有以下参数：

- geoms，简称几何对象，描述图的类型。
  最常用的是 geom_point、geom_histogram、geom_bar 和 geom_line。
- stat_：这些是在作图之前将数据进行转换的统计函数。
- scale_：这些是在美学角度控制如何将数据映射到图上。
  最常用的是 scale_size 和 scale_gradient。
- coord_：这些将图的坐标系统变化到计算机屏幕的二维平面上。

虽然 coord_cartesian 是默认选项，所使用的其他 coord_选项中 coord_flip 是翻转坐标轴，而 coord_polar 代表极坐标。

- facet_：这些 faceting 函数允许不同子集的数据显示在不同的版块上，以强调或 P.152
  聚焦在数据或图的特定部分。

最常用的 facet 是 facet_grid，其典型的使用是 facet_grid(Var1～Var2)，在两

个变量间画出多个图(以及它们的值的变化)。

- position_:这些用来调整图中点的位置,允许微调。
  使用的效果如 dodging,jittering 和 stacking。

5.6 交互式的图

你可以在一个交互式的图中编辑层和其中的元素。R有很多程序包提供作图的交互性。对于某些商业目的,静态图或图片可能不够;其解决方案就是交互式的图。以下的R程序包提供交互性:

- Iplots:Iplots 制作R互动图:http://cran.r-project.org/web/packages/iplots/index.html。它有一个名为 Acinonyx 的新开发的版本,其主要的重点是速度和可量测性,支持大数据(它使用 OpenGL,优化本机代码,对象共享,允许对数以百万计的数据可视化):http://www.rforge.net/Acinonyx/。
- playwith:playwith 是一个R程序包,为编辑和与R图互动提供 GTK +GUI:http://code.google.com/p/playwith/。

P.153

```
library(playwith)
library(zoo)
playwith(xyplot(sunspots ~ yearmon(time(sunspots)), xlim = c(1900, 1930),
type ="l"), time.mode = TRUE)
```

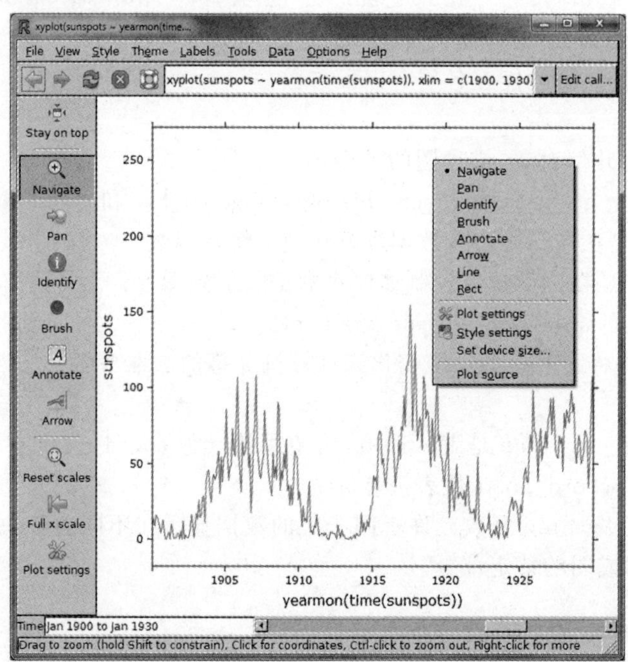

- rggobi：rggobi 程序包提供了一个连接到 GGobi 的命令行界面，GGobi 是一个互动和动态图形程序包。rggobi 是 GGobi 的 GUI 的补充，提供一种流畅的在分析和探索之间过渡的方式并使常见任务自动化：http://www.ggobi.org/rggobi/introduction.pdf。
- latticist：latticist R 是一个程序包，为探索性可视化提供了一个 GUI。它主要是 lattice 图形系统的一个接口，但也显示来自 vcd 程序包的分类数据：http://code.google.com/p/latticist/。

rggobi 和 latticist 在 Rattle GUI 中都有。

注意：用 R 创建动画，你可以使用 RPackage 动画。这个程序包包含各种统计动画功能。包括以各种格式保存动画的好多方法：http://cran.r-project.org/ P.154
web/packages/animation/index.html。

可参考一个例子：http://robjhyndman.com/researchtips/animations/。

5.7 GrapheR：绘制简单图的 R GUI

这是一个基本的 GUI，可绘制 6 种不同的图。它非常容易使用和理解，如下面截图可以看到的那样。

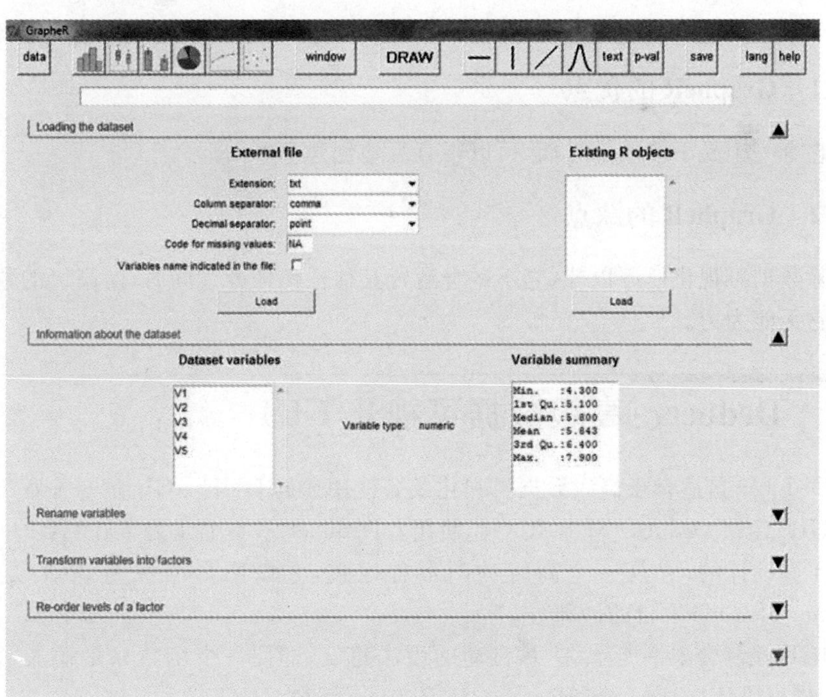

P.155

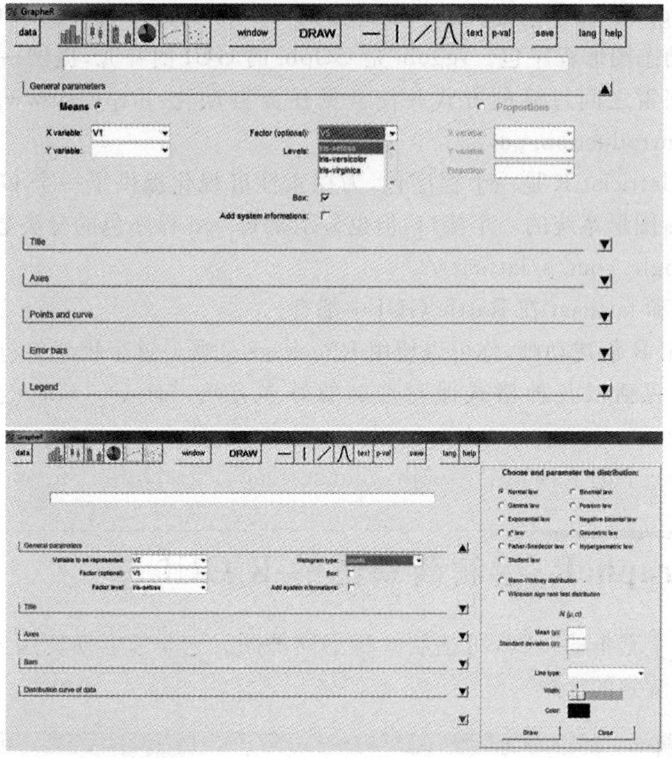

5.7.1 GrapheR 的优点

它有一个易于使用的界面，可以很直观地创建基本图形。

5.7.2 GrapheR 的缺点

除数据可视化任务以外，它不适合运行其他任何任务。同时，对高级的数据可视化它无能为力。

P.156

5.8 Deducer：高级数据可视化 GUI

Deducer 是适合于高级数据可视化及其他用途的 GUI。JGR 是一种基于 java 的 GUI。建议 Deducer 与 JGR 一起使用。Deducer 基本上是为了在 GUI 中实现 ggplot 而设计的；它是一个高级的图形程序包，它以图形语法为基础，是谷歌 Summer of Code 项目的一部分。

JGR 控制台如下所示(注意自动的语法建议，即便一个函数只是输入了一部分)。你可以从 https://rforge.net/JGR/files/下载 JGR。

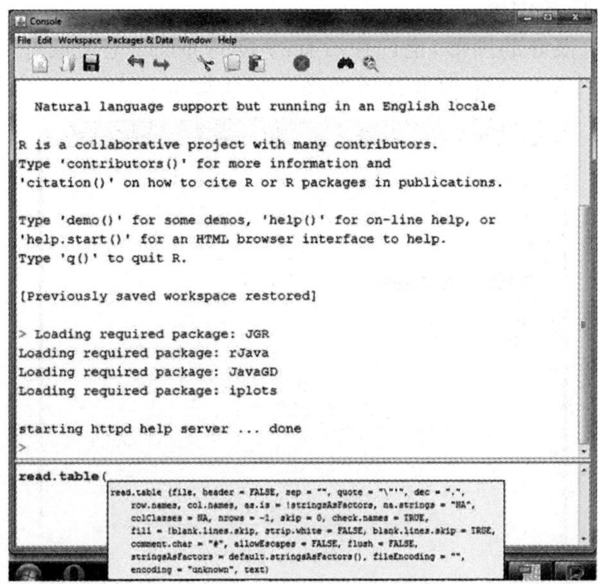
Console
File Edit Workspace Packages & Data Window Help
Natural language support but running in an English locale
R is a collaborative project with many contributors.
Type 'contributors()' for more information and
'citation()' on how to cite R or R packages in publications.
Type 'demo()' for some demos, 'help()' for on-line help, or
'help.start()' for an HTML browser interface to help.
Type 'q()' to quit R.
[Previously saved workspace restored]
> Loading required package: JGR
Loading required package: rJava
Loading required package: JavaGD
Loading required package: iplots
starting httpd help server ... done
>
read.table(

Deducer 首先要求你打开一个已存在的数据集或加载一个新的数据集，只用两个图标。它有两个初始数据查看器视图：一个数据视图和一个变量视图，这和 SPSS 的基础模块非常类似。Deducer 的其他选项可在 JGR 控制台内加载。加载 Deducer 后请注意菜单选项卡的变化。

Deducer 可以从 http://www.deducer.org/manual.html 下载。

P.157

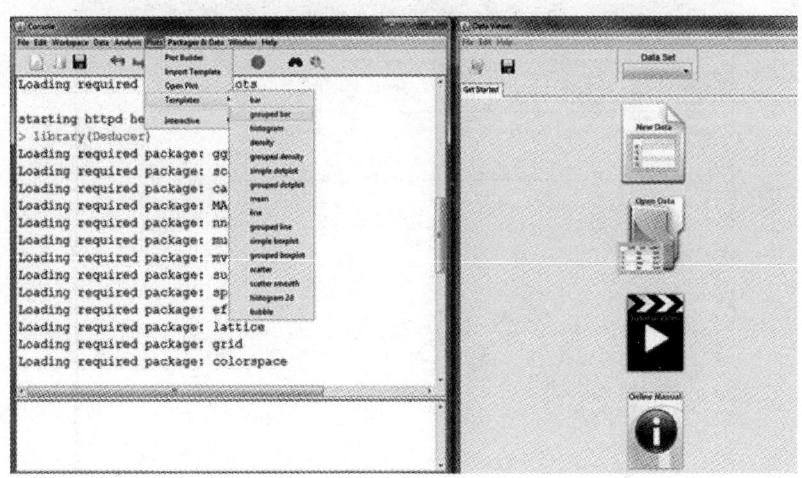
Loading required
starting httpd he
> library(Deducer)
Loading required package: lattice
Loading required package: grid
Loading required package: colorspace

5.8.1 JGR 和 Deducer 的优点

- Deducer 有因子选项，像可靠性分析一样，这在其他 GUIs 里是没有的，比如 R

Commander 和 Rattle。

- 绘图器会产生很好的图形，也许在所有的 R 的 GUIs 里是最好的。这包括一个 color-by 选项，允许你根据变量值选择阴影的颜色。

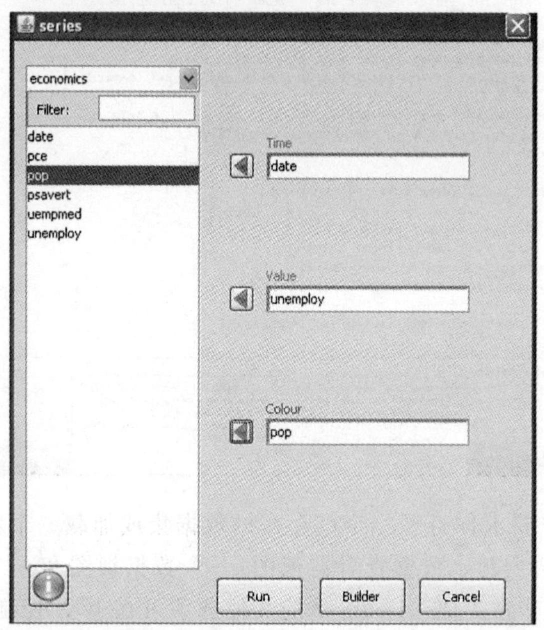

P.158 • 一个额外的创新是模板的形式，甚至不熟悉数据可视化的用户可以在各种图形之间点击选择并把它们拖到绘图区域。

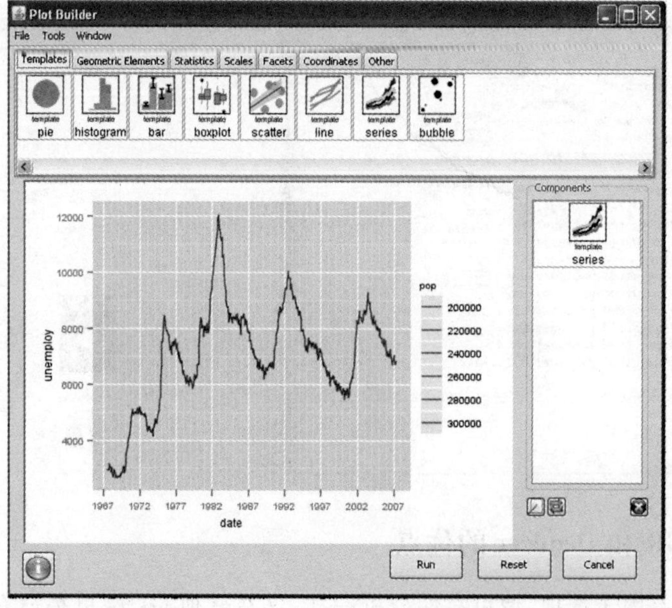

- 另外，你可以使用几何图形、统计数据、尺度、切面、坐标和其他参数绘制图形的各个方面。

P.159

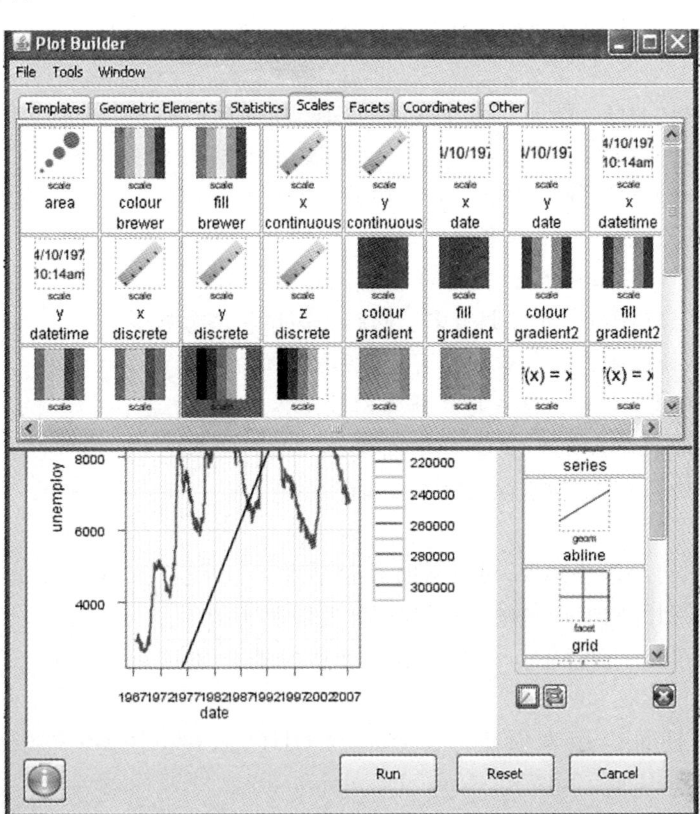

- 你可以为 R(JGR)菜单设置 Java GUI，以便在默认情况下使用一个简单的复选框列表自动加载一些程序包。
- Deducer 提供了一种途径，使用 Java 窗口小部件创建其他的 R GUIs。
- 总体的感觉是和 SPSS(Base GUI)类似；SPSS 用户应该更适合使用这个。

P.160

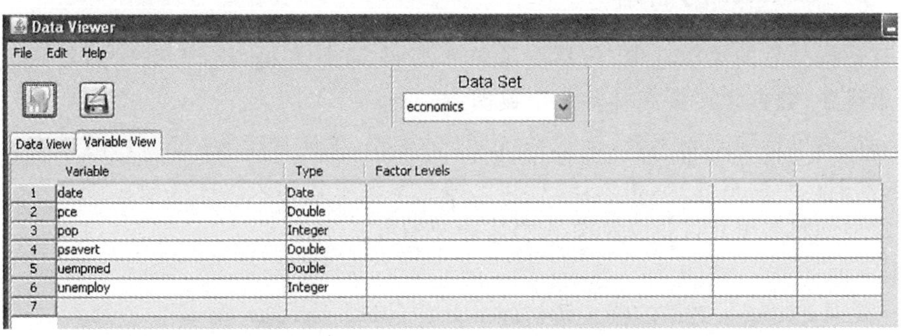

- 使用下拉列表很容易在两个或两个以上的数据集之间移动。
- 它是使用一个共同的变量合并两个数据集最方便的 GUI。
- Deducer 有很多插件作为额外的附加程序包添加额外的功能。

  —DeducerExtras：是一个插件程序包，其中包含各种各样的额外的分析对话框。这些包括分布分位数、单个或多个样本的比例检验、配对 t 检验、Wilcoxon 符号秩检验、Levene 检验、Bartlett 检验、k-means 聚类、层次聚类、因子分析和多维标度。
  —DeducerPlugInScaling：允许可靠性和因子分析。
  —DeducerMMR：能允许调节多元回归和简单斜率分析。
  —DeducerSpatial：一个空间数据分析和可视化的 GUI。
  —gMCP（试验阶段）：多项序贯排除检验过程的图形方法。
  —RGG（试验阶段）：一个 GUI 生成器。
  —DeducerText（试验阶段）：文本挖掘。

- JGR 提供自动语法建议，可以帮助 R 初学者。
- 它有一个很好的专用网站，包括视频教程以及实例。
- 总之，由于易用性，Deducer GUI 是一个极好地将 R 和 ggplot 引入商务分析领域的途径。
- Deducer 还可以用来创建一个定制的 GUI（见 http://www.deducer.org/pmwiki/pmwiki.php?n=Main.Development）。

5.8.2 Deducer 的缺点

- 与 R Commander 和 Rattle 不同，没有从附加的程序包中读取数据的菜单选项。
- 不适合数据挖掘。

P.161 5.8.3 Deducer 的描述

- 有数据处理的菜单选项，包括变量重新编码、变量变换（组合、数学运算）、数据集排序、数据集转置和合并两个数据集。
- 分析菜单选项有频率表、描述性统计、交叉表、单样本检验（带图）、两样本检验（带图）、k 样本检验、相关、线性和逻辑斯蒂模型和广义线性模型。
- 图形创建菜单允许以互动方式创建各种图形。

关于 Deducer 更多的阅读请访问 http://blog.fellstat.com/。

5.9　调色板

如果你不能决定蓝色还是棕色更适合你的图，R 的调色板会有很大的帮助，能提供审美上可接受的方案。使用相同的图形，我们选择调色板的五个主要类型；使用它们很简单，只要在 Base Graphs 的图示中指定 col=参数即可。我修改了要使用的各种颜色的参数 *n*；你可以根据所需的梯度或色差指定更多或更少。

后面是一个例子，每个图都有适当的标记。注意在下面的第二行我们使用了标准的 mfrow 在同一屏幕上制作两行三列的网格图以节省空间。

```
data(VADeaths)
par(mfrow=c(2,3))
hist(VADeaths,col=rainbow(3),main="rainbow 3 colors")
hist(VADeaths,col=rainbow(7),main="rainbow")
hist(VADeaths,col=cm.colors(7),main="cm")
hist(VADeaths,col=topo.colors(7),main="topo")
hist(VADeaths,col=heat.colors(7),main="heat")
hist(VADeaths,col=terrain.colors(7),main="terrain")
```

P.162

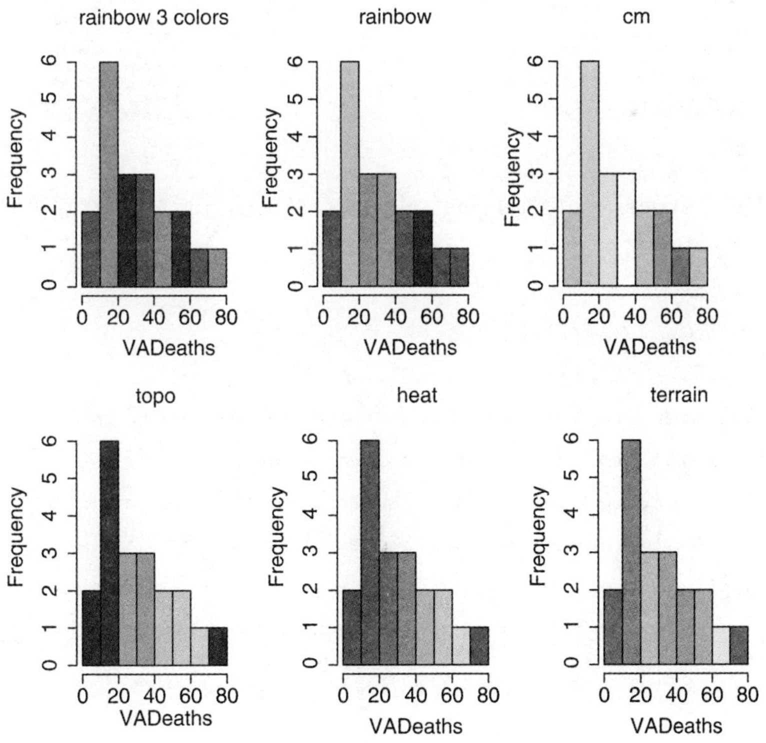

在R中使用RColorBrewer程序包,除默认的调色板之外,我们还可以使用更多的调色板。

P.163 *library(RColorBrewer)*

display.brewer.all() #这将显示在R中使用Color Brewer时所有可用的新调色板。

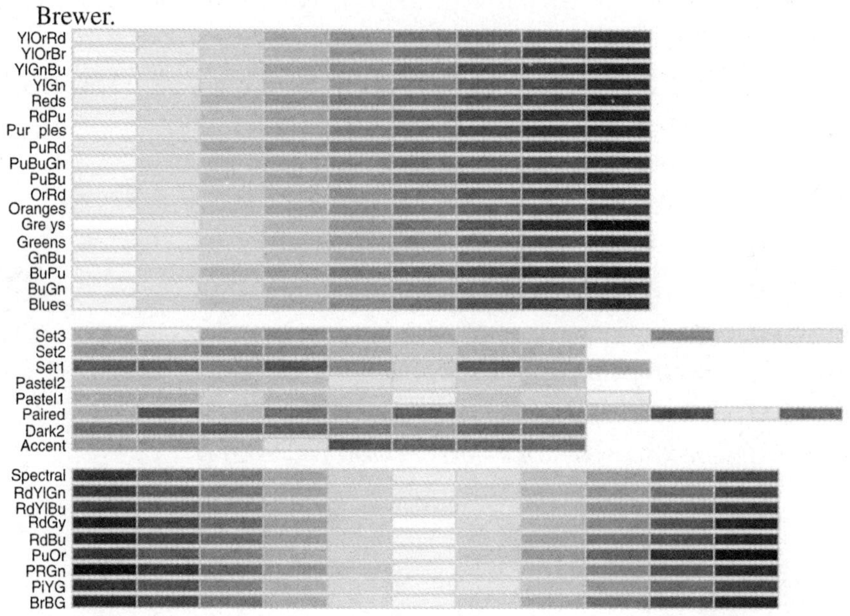

我们使用brewer.pal(N,“name”)作为新颜色的调色板参数,在那里我们可以看到上面列表中的名称。

```
data(VADeaths)
library(RColorBrewer)
par(mfrow=c(2,3))
hist(VADeaths,col=brewer.pal(3,"Set3"),main="Set3 3 colors")
hist(VADeaths,col=brewer.pal(3,"Set2"),main="Set2 3 colors")
hist(VADeaths,col=brewer.pal(3,"Set1"),main="Set1 3 colors")
hist(VADeaths,col=brewer.pal(8,"Set3"),main="Set3 8 colors")
hist(VADeaths,col=brewer.pal(8,"Greys"),main="Greys 8 colors")
hist(VADeaths,col=brewer.pal(8,"Greens"),main="Greens 8 colors")
```

P.164

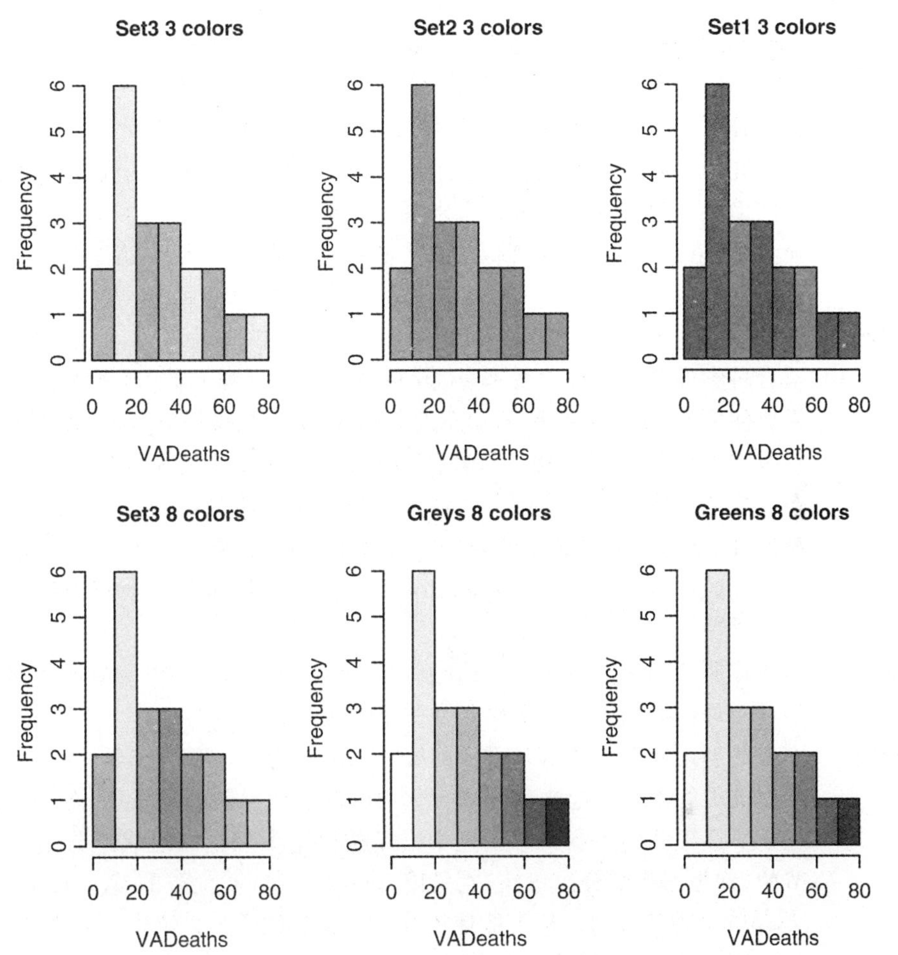

你也可以访问 http://www.colorbrewer.org 了解调色板的更多细节。

5.10　访谈:哈德利·威克姆(Hadley Wickham),*ggplot 2: Elegant Graphics for Data Analysis* 的作者

Ajay:　依据您的网站 http://had.co.nz/,您已经创建了几乎 10 个 R 程序包。您认为有没有出现 R 软件数据可视化的商业版本呢? 您对当前商业化的 R 程序包有什么看法?

Hadley:　我认为有很多机会基于 R 开发人性化的数据可视化工具。这对于新手或不常用的人简直太好了,将复杂的命令行打包成为容易接近的 GUI——见 Jeroen Oom 的网站 http://yeroon.net/ggplot2 上的实例。

P.165 开发这些工具不是我的研究事业的一部分。我这个人坚信计算思想的力量和编程的优势(而不是用鼠标指指点点)。用代码创建可视化极大地便利了再现性、自动化和交流——这些对于科学都很重要。商业程序包填补了R生态系统上的一个空白。他们把R做得让企业客户更容易使用并提供有担保的支持,他们也提供了使一些货币回流到R生态系统的途径。我对这些努力的未来持乐观态度。

Ajay: 显然,凭借您对图形的兴趣,您似乎喜欢视觉解决方案。您也觉得R项目可能受益于更好的R GUIs或者特定的程序包的GUIs吗?

Hadley: 参见上述,GUIs对于新手和偶尔用一次的用户来说有用,但他们并不适合科学的要求。在我看来,R需要更好的教程和文档,这样人们就不需要使用GUIs。我被新的动态的html帮助系统搞得很兴奋,我认为它更有潜力使R变得容易。与其他编程语言相比,目前R缺乏良好的对新用户的在线(免费)介绍。我认为这是因为许多R开发人员属于学者型的,缺乏制作免费文档的激励。就我个人而言,我愿意在一个有创造性的共同许可下公开(例如)ggplot2的书,但这样做我不会获得任何学术信誉。

Ajay: 描述你所著的书 *ggplot 2: Elegant Graphics for Data Analysis* 的三至五个最高原则。这本书中其他的重要主题是什么?

Hadley: 书中的理论帮助你理解几乎任何统计图形的构建。有这个理论在手中,你便被更好地装备起来创建适合你面临的确切问题的可视化,而不必依赖于一组罐装的预制图形。这本书是按照这个理论的组成部分划分章节的,称为图形的分层语法,它是以Lee Wilkinson优秀的 *Grammar of Graphics* 为基础的。很可能使用ggplot2并不需要了解这些组件,但是你理解得越好,批判和改进图形的能力就越强。

5.11 本章用过的命令小结

5.11.1 程序包

- wordcloud
- waterfall
- histdata
- maps
- tm

P.166
- scatter3D

- rattle
- mapdata
- sp
- SparkTable
- Rcolorbrewer
- quantmod
- qcc
- R Commander and plugins
- JGR
- Deducer and plugins
- GrapheR
- ggplot2
- RGGobi
- lattice
- playwith
- Iplots
- VennDiagram
- YaleToolkit
- tabplot
- tabplotGTK
- Plotrix
- Hexbin
- VioPlot
- vcd
- BeanPlot

5.11.2 函数

- colors()
- hist()
- stem()
- plot()
- boxplot()
- barplot()
- pie()
- symbols()

- sunflowerplot()
- par(bg= "")
- par(mfrow=" ")
- heatmap()
- mosaicplot()
- cloud(lattice)

P.167
- wireframe(lattice)
- hexbin(hexbin)
- tableGUI(tabplotGTK)
- ggplot(ggplot2)
- coord_polar (ggplot2)
- geom_bar(ggplot2)
- geom_point(ggplot2)
- qplot(ggplot2)
- coord_flip(ggplot2)
- brewer. pal(RColorBrewer)
- display. brewer. all(RColorBrewer)
- calenderHeat()
- corpus(tm)
- tdm(tm)
- wordcloud(wordcloud)
- venn. diagram(VennDiagram)
- grid. draw(VennDiagram)
- spplot(sp)
- waterfallchart(waterfall)
- getSymbols(quantmod)
- barChart(quantmod)
- candleChart(quantmod)
- lineChart(quantmod)
- chartSeries(quantmod)

引用和参考文献

- Color Palettes in R. http://decisionstats.com/using-color-palettes-in-r/.
- Jeffrey A. Ryan (2011). quantmod: Quantitative Financial Modelling

Framework. R package version 0. 3-17. http://CRAN. R-project. org/package =quantmod.

- Colors from http://www. ColorBrewer. org by Cynthia A. Brewer, Geography, Pennsylvania State University.
- Erich Neuwirth (2011). RColorBrewer: ColorBrewer palettes. R package version 1. 0-5. http://CRAN. R-project. org/package=RColorBrewer
  —Note: ColorBrewer is Copyright (c) 2002 Cynthia Brewer, Mark Harrower, and The Pennsylvania State University. All rights reserved. The ColorBrewer palettes have been included in the R package with permission of the copyright holder.
- Felix Andrews (2010). playwith: A GUI for interactive plots using GTK+. R package version 0. 9-53. http://CRAN. R-project. org/package=playwith.
- Scrucca, L. (2004). qcc: an R package for quality control charting and statistical process control. R News 4/1, 11-17.
- On creating Slopegraphs in R: https://github. com/bobthecat/codebox/blob/ P.168
  master/table. graph.
- On creating Voronoi diagrams: http://rgm2. lab. nig. ac. jp/RGM2/func. php? rd_id=alphahull:plot. delvor.
- Hanbo Chen (2012) VennDiagram: Generate high-resolution Venn and Euler plots. R package versionl. 1. 3. http://CRAN. R-project. org/package = VennDiagram.
- Fox, J. (2005). The R Commander: A Basic Statistics Graphical User Interface to R. Journal of Statistical Software, 14(9): 1-42.
- John W. Emerson and Walton A. Green (2012). YaleToolkit: Data exploration tools fromYale University. R package version 4. 1. http://CRAN. R-project. org/package=YaleToolkit.
- Alexander Kowarik, Bernhard Meindl and Matthias Templ (2012). sparkTable: Sparklines and graphical tables fortex and html. R package version 0. 9. 3. http://CRAN. R-project. org/package=sparkTable.
- Sarkar, Deepayan (2008) Lattice: Multivariate Data Visualization with R. Springer,New York. ISBN 978-0-387-75968-5.
- Martijn Tennekes and Edwin de Jonge (2011). tabplot: Tableplot, a visualization of large datasets. R package version 0. 11-1. http://CRAN. R-project. org/package=tabplot.
- James P. Howard, II,Waterfall Charts in R.

- William D. Dupont * and W. Dale Plummer Jr. Vanderbilt University School of Medicine. Density Distribution Sunflower Plots. Journal of Statistical Software http://www. jstatsoft. org/v08/i03/paper.
- Peter Kampstra (2008). Beanplot: A Boxplot Alternative for Visual Comparison of Distributions. Journal of Statistical Software, Code Snippets 28(1): 1-9. URL http://www. jstatsoft. org/v28/c01/.
- Daniel Adler (2005) vioplot: Violin plot. R package version 0. 2. http://wsopuppenkiste. wiso. uni-goettingen. de/～dadler.
- Friendly, Michael (2001) Gallery of Data Visualization. Electronic document: http://www. datavis. ca/gallery/. Accessed: 03/13/2012 17:40:28.
- Lemon, J. (2006) Plotrix: a package in the red light district of R. R-News, 6 (4): 8-12.
- Ian Fellows (2012) wordcloud: Word Clouds. R package version 2. 0. http://CRAN. R-project. org/package=wordcloud.
- Dan Carr, ported by Nicholas Lewin-Koh and Martin Maechler (2011). hexbin: Hexagonal Binning Routines. R package version1. 26. 0. http://CRAN. R-project. org/package=hexbin.
- H. Wickham. A layered grammar of graphics. Journal of Computational and Graphical Statistics, 19(1): 3-28, 2010. [http://books. google. co. in/books? id=F_hwtlzPXBcC&lpg=PA3&ots=FsATdmyYoH&dq=A%20Layered%20Grammar% 20of% 20Graphics&pg = PA10 # v = onepage&q = A%20Layered%20Grammar%20of%20Graphics&f=false].
- Some URLs used for researching this chapter:

P.169 —http://www. ats. ucla. edu/stat/r/gbe/histogram. htm

—http://www. ats. ucla. edu/stat/R/dae/logit. htm

—http://maths. anu. edu. au/～johnm/r/rgraphics. pdf

—http://www. gardenersown. co. uk/Education/Lectures/R/graphs2. htm# pie

—http://chem-eng. utoronto. ca/～datamining/dmc/data_mining_map. htm

—http://www. infovis. net/printMag. php? num=179&lang=2

—http://www. statmethods. net/graphs/creating. html

—http://daphne. palomar. edu/design/gestalt. html

—http://hci. stanford. edu/jheer/files/2010-MTurk-CHI. pdf

第 6 章

构建回归模型

统计软件最常见的用途之一就是建模，特别是在商品和服务的营销倾向上的 P.171
逻辑斯蒂回归模型。在 R 项目中，回归程序包在计量经济学角度 http://cran.cnr.berkeley.edu/web/views/Econometrics.html 和金融角度都有说明文件。所有用于回归建模的 R 函数的基本总结在 http://cran.r-project.org/doc/contrib/Ricci-refcard-regression.pdf 上可以看到。由 Julian J. Faraway 所著的 *Practical Regression and Anova Using R* 是一部以回归分析为基础的很好的教科书，可免费在 http://cran.r-project.org/doc/contrib/Faraway-PRA.pdf 下载。

6.1 线性回归

阅读这一章的读者需要掌握线性回归的基本理论。在任何情况下，本书都力求成为在商务分析中使用 R 的一部实用的手册。

关于线性回归的更多面向网络的讨论，读者请参阅一篇非常好的文章，在 http://en.wikipedia.org/wiki/Linear-regression。

以下是官方的计量经济学关于回归建模的观点：

来自 http://cran.r-project.org/web/views/Econometrics.html：

1. 线性模型可以（通过 OLS）用 lm()（stats 中的）拟合，而模型比较的标准检验在各种方法中都可以找到，比如 summary() 和 anova()。
2. 类似的函数还支持近似检验（z 检验而非 t 检验，卡方检验而非 F 检验），以及插入其他协方差矩阵，比如 lmtest 中的 coeftest() 和 waldtest()。
3. 检验更一般的线性假设是通过 linear.hypothesis() 实现的。可以插入这些函数 P.172
   的 HC 和 HAC 协方差矩阵可以在 sandwich 中找到。
4. 诊断检查：程序包 car 和 lmtest 提供大量的回归诊断[sic]和诊断检验。
5. 辅助变量回归（两阶最小二乘法）由 AER 中的 ivreg() 提供，另一个实现方法是程序包 sem 中的 tsls()。

6.2 逻辑斯蒂回归

回归模型仍是商务分析中最常用的建模技术，而且虽然经常被指责太简单，逻辑斯蒂模型仍将会继续作为商务分析师的工具箱中的重要部分。这是因为商务活动公开处理许多二值型的结果——有销售/无销售、点击/不点击、付款/不付款。对于逻辑斯蒂回归的基本内容的简要阐述可以仔细阅读 http://en.wikipedia.org/wiki /Logistic_regression。

6.3 风险模型

对风险建模比对营销倾向建模更复杂也更敏感。这取决于一个糟糕的(风险)模型对企业盈利能力带来的不良价值与一个糟糕的(市场营销)模型带来的机会收入损失的比较。有必要检查一下回归在建模上的确切用途和适用性;不是每个二值的结果都可以用回归方法建模。

6.4 评分卡

在建模领域一个常用的术语是评分卡，它是一种简单的类似于矩阵的东西，表示个人分数(或概率)是怎样分类的，因此评分卡在决策管理上很有用，它帮助将一个线性指标(倾向或概率)转成到一个分类指标(决策/无决策)。

评分卡可作如下使用。

P.173 6.4.1 信用评分卡

一个使用 R 来构建信用评分模型的指导原则在 http://cran.r-project.org/doc/contrib/Sharma_CreditScoring.pdf 可以找到。它对于创建信用使用的积分模型来说是一个有用的指南。

6.4.2 欺诈模型

欺诈模型的特征是与整个人口数量相比，欺诈的案件数非常低。因此回归模型只是众多技术中的一种;其他技术包括决策树、人工神经网络(ANNs)。建议读者对于 ANNs 和决策树都使用 Rattle GUI。

6.4.3 营销倾向模型

营销倾向模型是回归模型的主要用户。它们被用于多个领域包括网络分析、电信、直接营销和营销活动。

6.5 在 R 中构建回归模型的一些有用的函数

使用下面的 R 命令，我们可以比用其他任何类似的统计软件更容易地构建回归模型。简化方法的主要意图是为用户和读者在经常容易混淆和吓人的各种可用程序包之间导航，使他们放松地进入到 R 分析平台所要求的学习环境。

语法

• 模型方程。

```
library(car)
    outp=lm(y~xl +x2+xn,data=dataset)
```

• 模型概括。

```
summary(outp)
    par(mfrow=c(2,2)) +
    plot(outp) #Model graphs
```

• 多重共线性。

什么是多重共线性？

多重共线性是指解释变量之间的相关性。VIF 代表方差膨胀因子。一个特定 P.174
的解释变量 VIF 值越大，它引入模型的标准误差就越多。多重共线性一般通过替换回归模型中 VIF 值高的变量来解决。

```
vif(outp)
```

• 使用 GVLMA 程序包处理异方差性。

什么是异方差性？

异方差性是指变量内部方差变化的问题。如果各个总体的变异程度都不同，该变量就是异方差的。这可以用 *gvlma* 程序包发现。

```
library(gvlma)
gvlma(outp)
```

对数据采取 logarithms 可以消除异方差性。

注意 CAR 程序包中的 *hccm*()也可以帮助处理异方差性。

• 模型的异常值。

```
outlierTest (outp)
```

• 给数据集赋分。

outp$fitted

6.6 使用 R Cmdr 建立回归模型

• 步骤 1：加载数据。

这以前讲过。这里我们从 car 程序包加载数据集 Anscombe。

• 步骤 2：数据探索。

图形分析

一个简单的图形分析需要使用 Graphs>Scatterplot Matrix。

这里有多个选项。

P.175

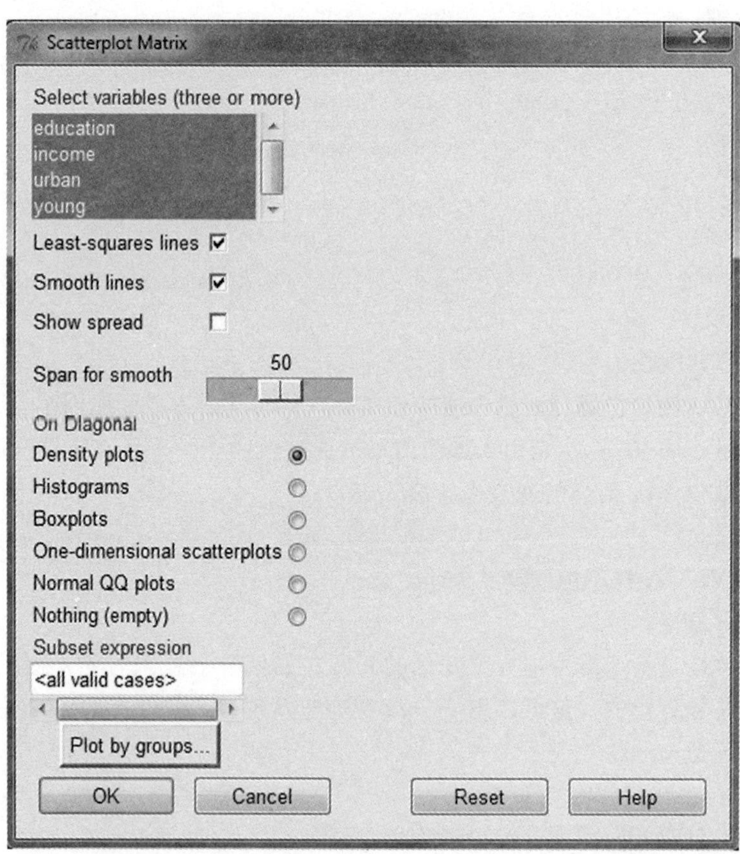

输出结果对所有数据进行了很好的概括。

P.176

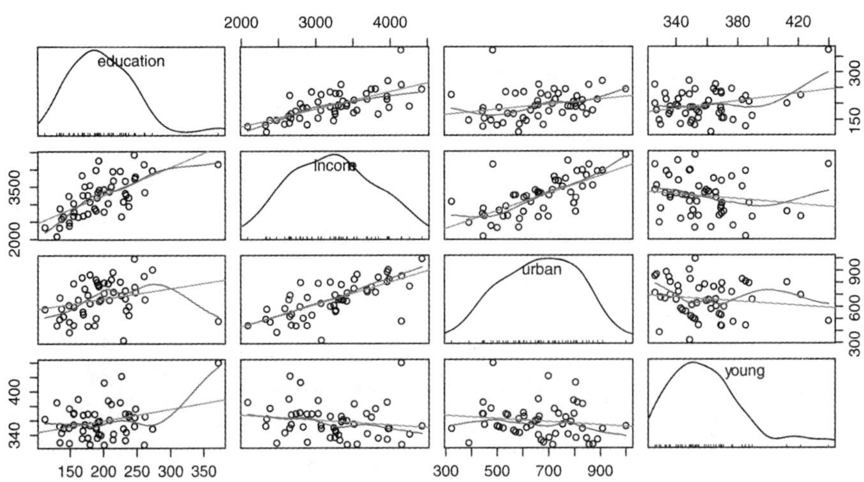

至于更详细的图形选项，请参考第 5 章和与 R Commander 对应的图形菜单。 P.177

数据的统计量

从菜单 Statistics>Summaries 评估数值概括（以及缺失值，作为一个质量检查）。

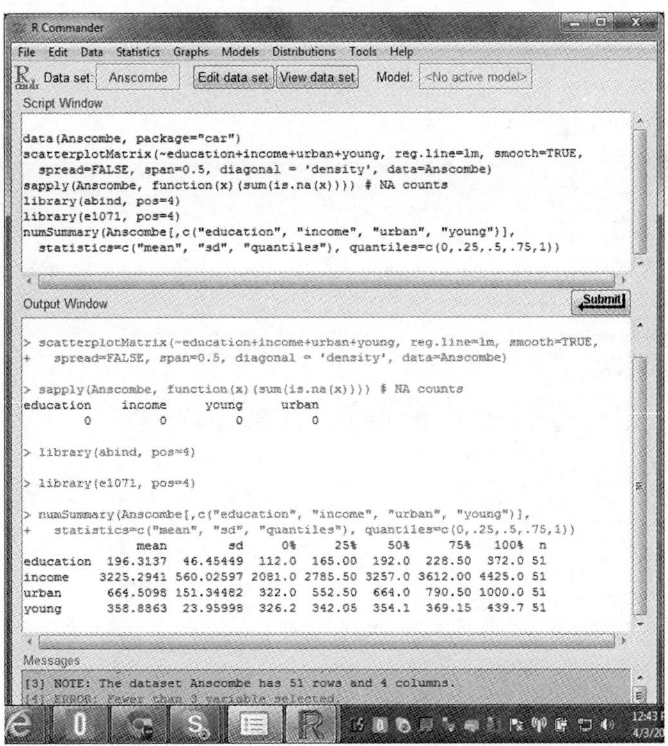

变量之间的相关。

1. 导航到 Statistics>Summaries>Correlation Matrix 菜单。

P.178 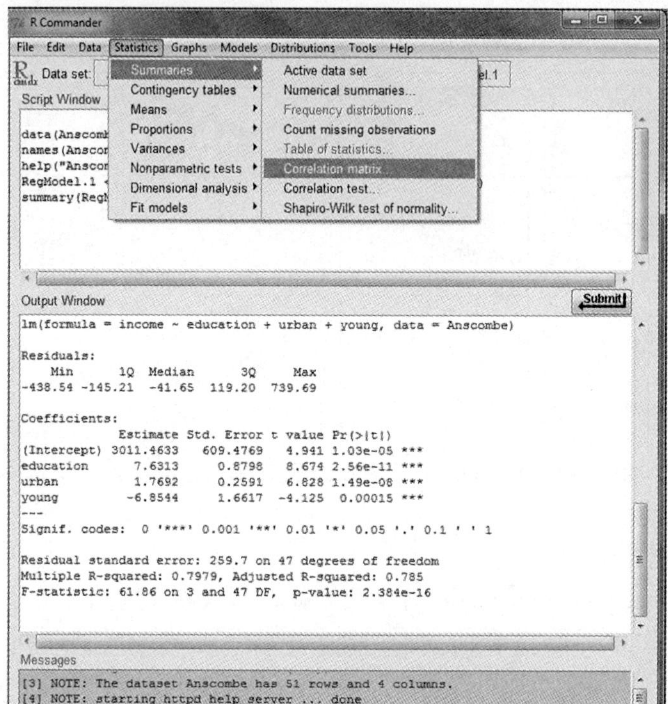

2. 选择进行相关分析的变量。

P.179 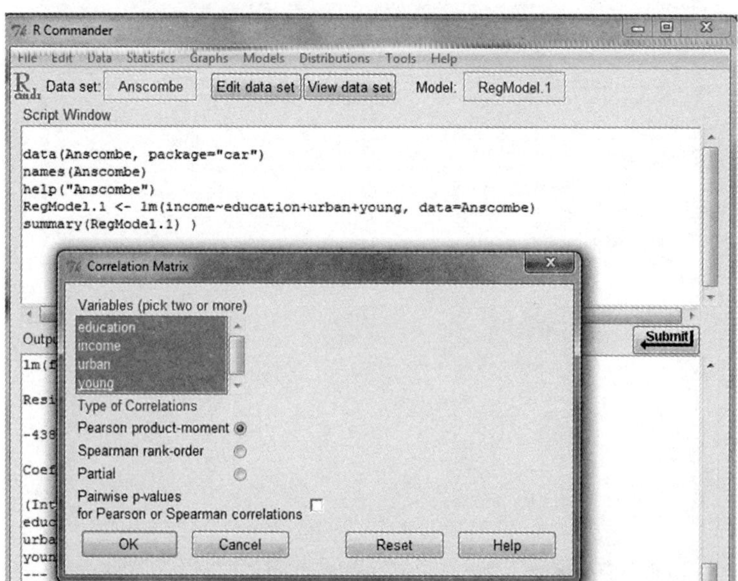

3. 评估相关矩阵。

P.180

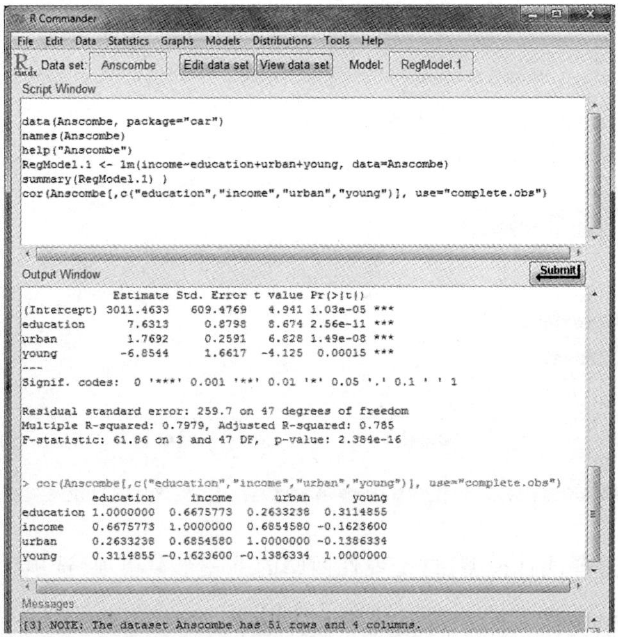

- 步骤 3:运行一个回归模型和模型概括。

1. 导航到 Statistics>Fit Models> Linear Regression。

P.181

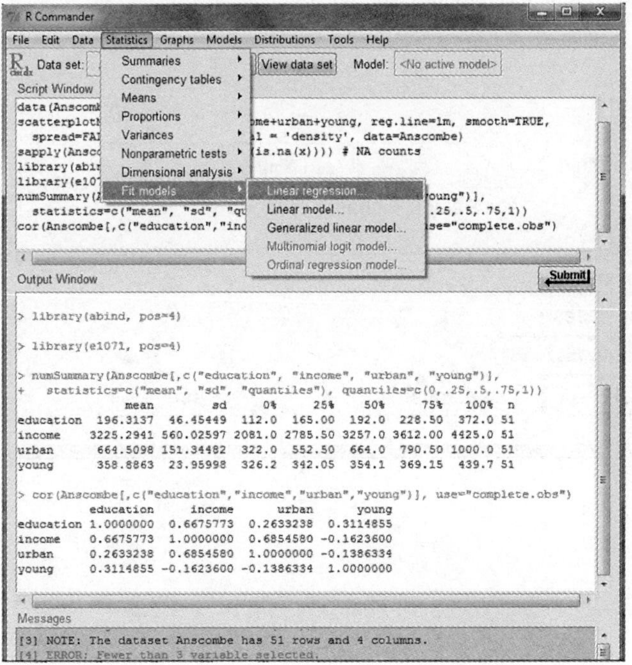

2. 选择响应变量(变化的值,也称为因变量)和解释性变量(也称为自变量)。

P.182

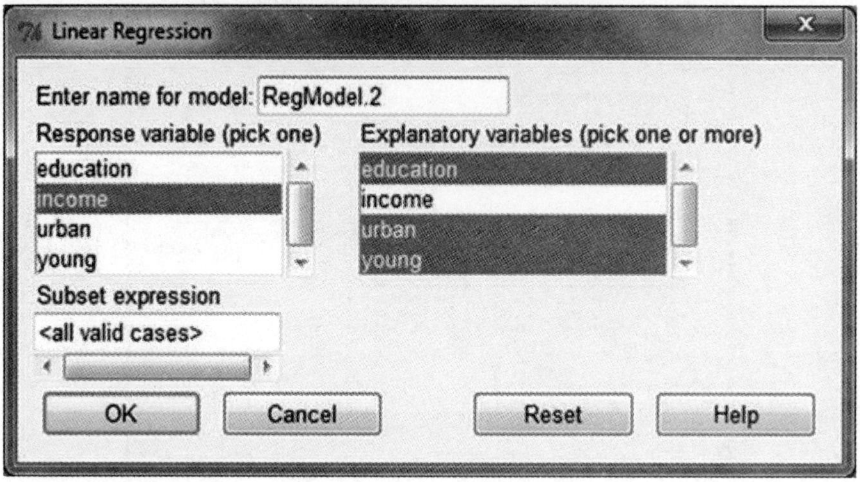

你也可以选择线性模型(这是线性回归的下一个菜单项)选项。

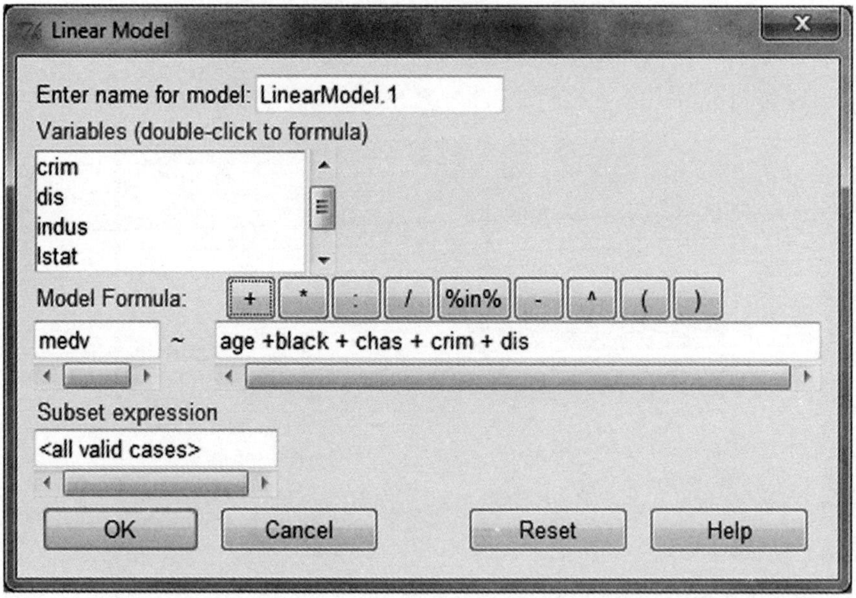

3. 回归输出和模型概括显示在 R Commander 的输出窗口。注意 R Commander 的脚本窗口自动生成与 GUI 的点击相应的语法。

P.183

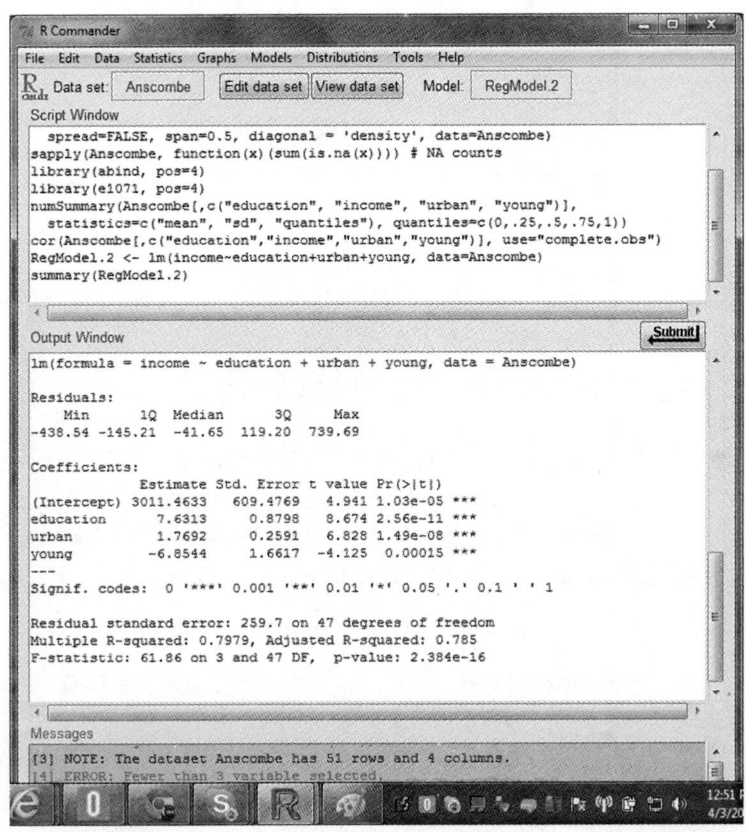

- 步骤 4：模型分析。

导航到 Models 选项卡。

我们想知道方差膨胀因子和离群值。这些都在数值诊断选项卡上。

注意一个介于 2.5～3 之间的 VIF 值被认为不利于添加该变量到模型中。删除 VIF 值高的变量并重新运行前面的模型方程。

P.184

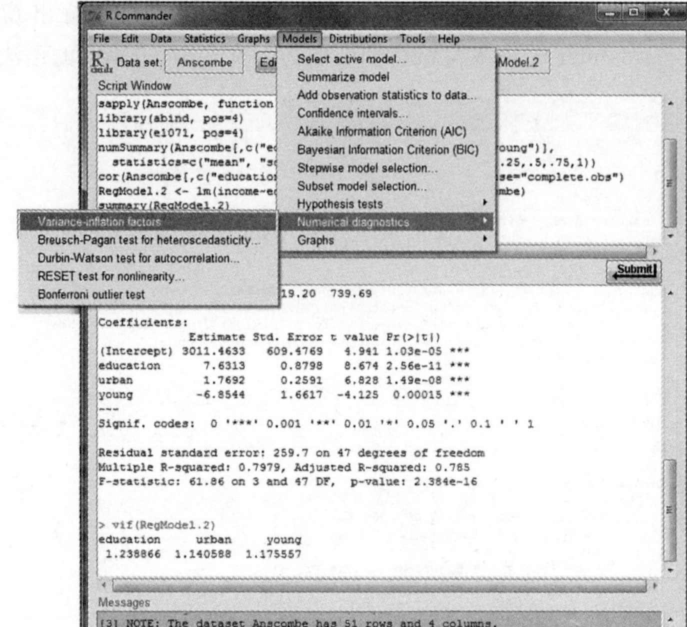

最后，导航到 Models>Graphs>Basic Diagnostic Graphs。

P.185

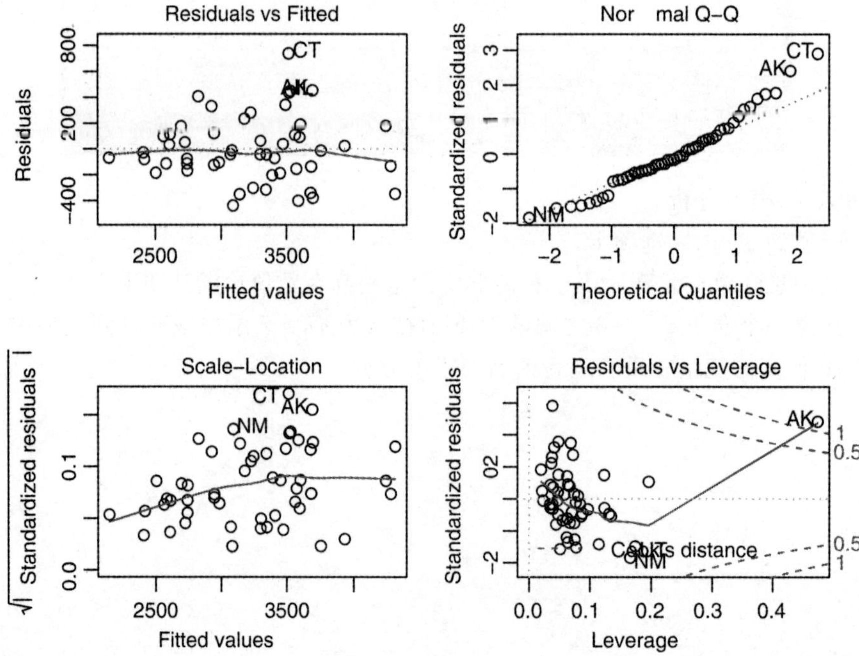

这些将会帮助你找出与实际数据相应的模型的表现。你也可以在这里探索其他的图表。

注意："残差"是指实际值与估计值之间的差值。

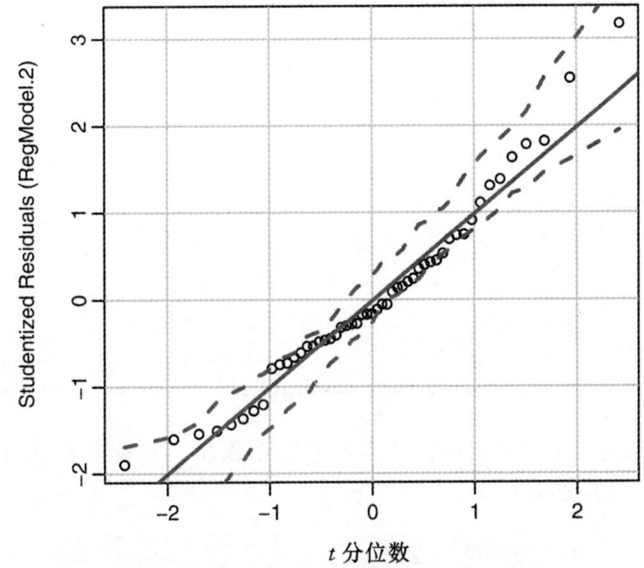

如果你有大量的解释变量，那么你可以选择逐步模型。

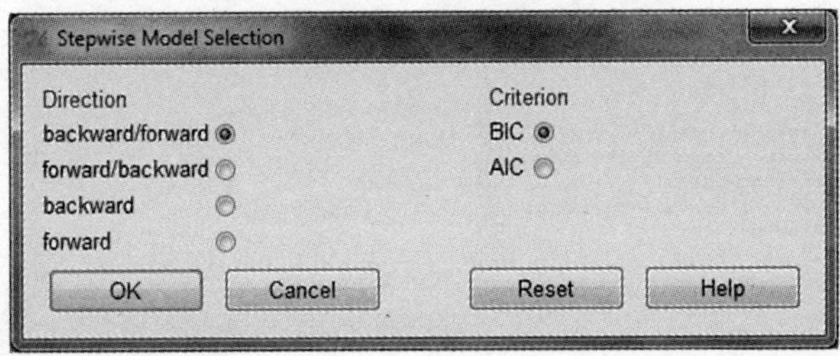

给模型评分

你可以使用 R Commander 的 Models 选项卡上第三个菜单添加预测值。在数据中添加观测的统计量。

P.187

Summary by...

Name for resulting data frame (leave blank to just print):

Variables to compute statistics on
(leave blank for all numerical)

age
black
chas
crim

Group by
(leave blank for no grouping)

age
black
chas
crim

Statistic

Mean
Median
Mode
Variance
Other (specify)

OK   Cancel   Help

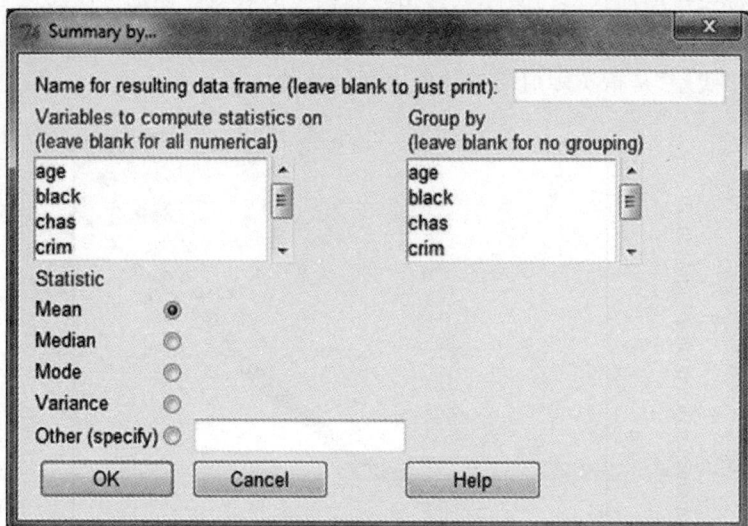

你还可以通过点击 Models 选项卡来回变换模型。当我们要构建和部署大量的模型时,这一点特别有用。

P.188

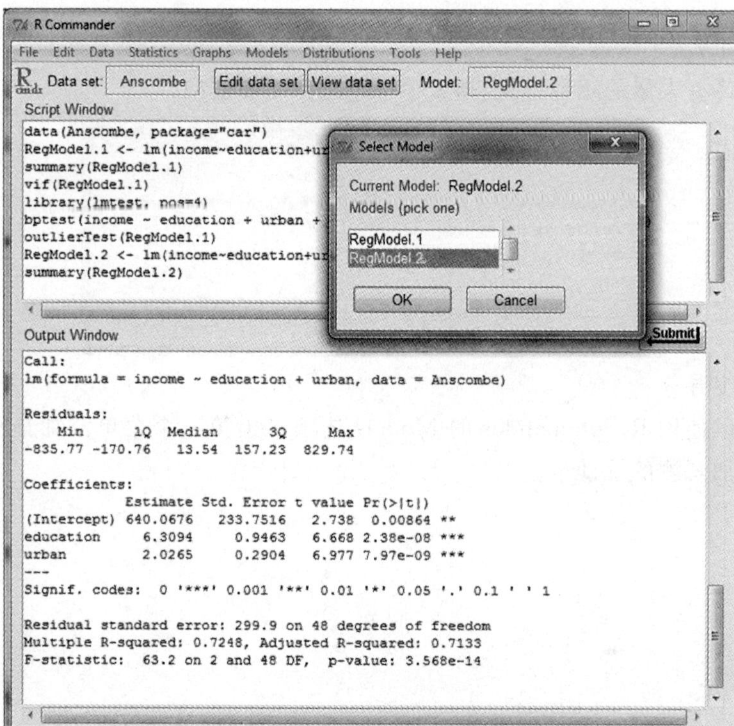

6.7 回归模型的其他程序包

6.7.1 为性能曲线设计的 ROCR

我们可以使用 R 程序包 ROCR 为逻辑斯蒂回归模型绘制性能曲线。尽管在理论上对他们的有效性和稳健性有争议，ROC 曲线仍然被广泛用于回归模型。

6.7.2 rms 程序包

FrankHarell 教授的 rms 程序包可以做回归建模、检验、估计、验证、图形、预测，并通过拟合中增强型的存储模型设计属性进行排版。这在统计上不容易被一般的商务分析师所理解，但它关于回归模型却是相当全面而且细致的。

使用 RMS 程序包拟合 OLS 模型的一个例如下。 P.189

```
data(Boston, package="MASS")
library(rms)
ddBoston=datadist(Boston)
summary(ddBoston)
options(datadist="ddBoston")
LinearModel.2=ols(medv ~ age +black + chas + crim + dis, data=
Boston)
summary(LinearModel.2)
p=Predict(LinearModel.2)
plot(p)
```

6.8 PMML

在你创建了回归模型后，当有新数据到来时你希望对他们评分。这通常是为营销倾向和风险模型做的。你可以使用预测模型标记语言(PMML)导出模型。

PMML 为展示数据挖掘模型提供了一个开放的标准。

PMML 模型是一种与应用独立的方式使用 XML 展示模型的语言。这样的模型可以与其他支持 PMML 的应用程序共享(http://www.dmg.org/products.html)。通用 pmml()函数(来自 pmml 程序包)以一个 R 模型作为它的参数，并返回相应的 PMML。目前支持导出的模型包括线性回归模型(lm 和 glm)，支持向量机(ksvm)，决策树(rpart)，神经网络(nnet，multinom)，关联规则(arules)，生存模型(coxph，survreg)，随机生存森林(random Survival Forest)和聚类(kmeans， hclust)。

更多关于 PMML 的内容见 http://www.dmg.org/v4-1/General Structure.html。

6.8.1 Zementis:Amazon EC2 的评分程序包

Zementis 公司帮助创建了将 R 数据挖掘模型(包括回归和其他模型)导出为 PMML 格式的 PMML 程序包,这样他们也可以被用于其他分析程序包的数据。此外,公司有一个依托 Amazon EC2,叫做 ADAPA 的托管解决方案,它可以用来为具有大量数据的模型评分。

以下是对 Zementis 公司 CEO 迈克尔·泽勒(Michael Zeller)博士的访谈摘录。

Ajay: Zementis,ADAPA 和 PMML 互相适应吗?

Mike: Zementis 一直是 PMML 标准的一个热心支持者,在标准的开发中一直非
P.190 常积极。我们促成了 PMML 程序包开源 R 项目。还有,我们创建了一个免费的 PMML 转换工具,帮助用户来验证和纠正各种经销商提供的 PMML 文件,并将传统的 PMML 文件转换为最新版本的标准。最显著的是 Zementis 结合 ADAPA 在 Amazon EC2 云推出了首个云计算评分引擎。ADAPA 是一个基于 PMML 预测模型的高度可扩展的部署、集成和执行平台。它不仅给用户带来使用完全基于标准的 PMML 和 Web 服务的好处,它还利用云来实现可伸缩性和成本效益。通过在 Amazon EC2 上的"软件即服务"(SaaS)应用程序,ADAPA 显示出了极端的灵活性,从一个月只需几美元的偶尔使用到大容量关键任务的企业决策管理,用户都可以无缝地在美国或欧洲的数据中心完成。

Ajay: 你有 PMML 帮助公司省钱的例子吗?

Mike: 对于任何专注于为客户建立预测分析模型的咨询公司,PMML 都提供了巨大的利益,既包括客户也包括服务提供商。在 PMML 的规范中,它定义了一个明确的、可交付的 PMML 模型,客户可以立即部署。对于具体的开发和部署并没有固定的要求选择具体的工具,唯一重要的是模型要符合 PMML 模型标准,它已成为商业伙伴之间的常见接口。这就消除了误解,从而降低整个项目成本。另一个例子是一个公司利用移动模型的能力瞬间实现了从开发到运营部署。它可以让他们基于市场条件快速更新模型,比如在风险管理和欺诈检测领域,或推出新的营销活动。就我个人而言,由于越来越多的企业接受经营预测分析,我认为最大的机会仍在前面。PMML 的真正价值是促进一个实时决策环境,那里我们在每一个业务流

程、在每一个客户接触点根据需求，利用预测模型将价值最大化。

6.9　本章用过的命令小结

6.9.1　程序包

- rms
- car
- ROCR
- RCommander
- gvlma

6.9.2　函数

P.191

- ols(rms)：使用 RMS 构建 OLS 模型
- plot(predict(rms))-
- fitted(car)
- lm
- vif(car)
- outlierTest(car)
- gvlma(gvlma)
- hccm(car)

引用和参考文献

- Edsel A. Pena and Elizabeth H. Slate (2010). gvlma：Global Validation of Linear Models Assumptions. R package version l. 0. 0. 1. http://CRAN. R-project. org/package=gvlma.
- John Fox and Sanford Weisberg (2011). An {R} Companion to Applied Regression, Second Edition. Thousand Oaks, CA：Sage. URL：http://socserv. socsci. mcmaster. ca/jfox/Books/Companion.
- Graham Williams, Michael Hahsler, Zementis Inc., Hemant Ishwaran, Udaya B. Kogalur and Rajarshi Guha (2012). pmml：Generate PMML for various models. R package version 1. 2. 29. http://CRAN. R-project. org/package=pmml.
- PMML：An Open Standard for Sharing Models by Alex Guazzelli, Michael

Zeller, Wen-Ching Lin and Graham Williams. R Journal http://journal.r-project.org/2009-1/RJournal_2009-1_Guazzelli+et+al.pdf.

- Tobias Sing, Oliver Sander, Niko Beerenwinkel, Thomas Lengauer. ROCR: visualizing classifier performance in R. Bioinformatics 21(20): 3940-3941 (2005).
- Frank E Harrell Jr (2012). rms: Regression Modeling Strategies. R package version 3.5-0. http://CRAN.R-project.org/package=rms.

第 7 章

使用 R 进行数据挖掘

数据挖掘是一个常用术语，和商务分析可以互换使用，但并不完全相同。 P.193

7.1 定义

数据挖掘的一个定义如下：

研究大型数据库以便产生新信息的实践活动。

直到 20 世纪许多统计理论和文献都是关于数据不足或稀少的实际应用，在 21 世纪，我们的情况和过去相比有所变化，数据收集往往是通过在机器中的自动化数据的采集软件完成，与早期相比数据变得巨大。第 6 章是关于回归模型的，单独对它进行了讨论，因为在商务界它们经常被用到。第 8 章讨论聚类，是数据挖掘不可或缺的一部分，因为它是一个广泛流行的技术，所以对它进行了单独的讨论。因此，在这里我们将讨论其余的一小部分数据挖掘过程。

数据挖掘所涉及的各种统计方法和在线数据地图也有漂亮演示，网址是 http://chem-eng. utoronto. ca/～datamining/dmc/data_mining_map. htm，它有一些相关章节可以点击，以进行深入学习。

正如美国政府问责办公室（原美国审计总署）（GAO）所定义的，数据挖掘是“应用数据库技术和方法——如统计分析和建模——以发现数据中隐藏的模式和微妙的关系，并推断出允许预测未来结果的规则。”

7.1.1 信息阶梯 P.194

下面的信息阶梯显示了将数据转换成信息的各个阶段。由诺曼 · 朗沃思（Norman Longworth）制作。

数据→

——信息→

————————知识→

————————————理解→

————————————————洞悉→

————————————————————智慧

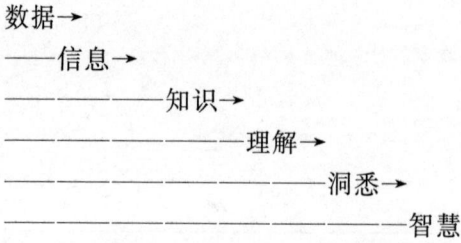

而前两个步骤可以科学地、准确地定义，后面的部分则属于心理学和哲学范畴。

使用数据挖掘的过程和实际方法可以使用三个一次产业类型进行定义——数据库的知识发现（KDD）数据库、数据挖掘的跨行业标准过程（CRISP-DM）和SEMMA。

7.1.2 KDD

KDD过程通常被定义为以下阶段：

- 选择
- 预处理
- 转换
- 数据挖掘
- 解释/评价

KDD，

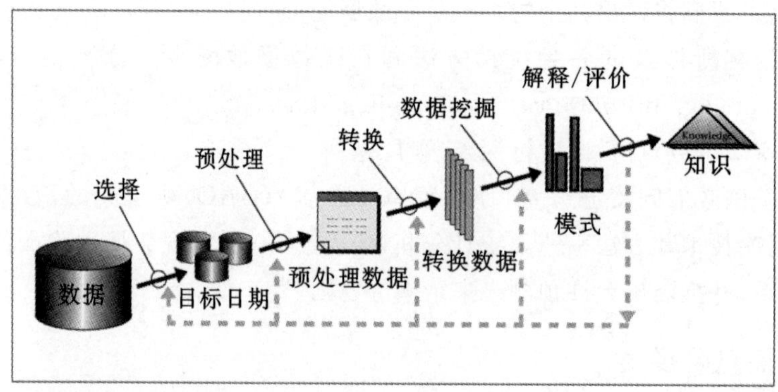

P.195 ### 7.1.3 CRISP-DM

CRISP-DM 有 6 个部分：

- 业务理解
- 数据理解
- 数据准备
- 建模
- 评价
- 部署

CRISP-DM：

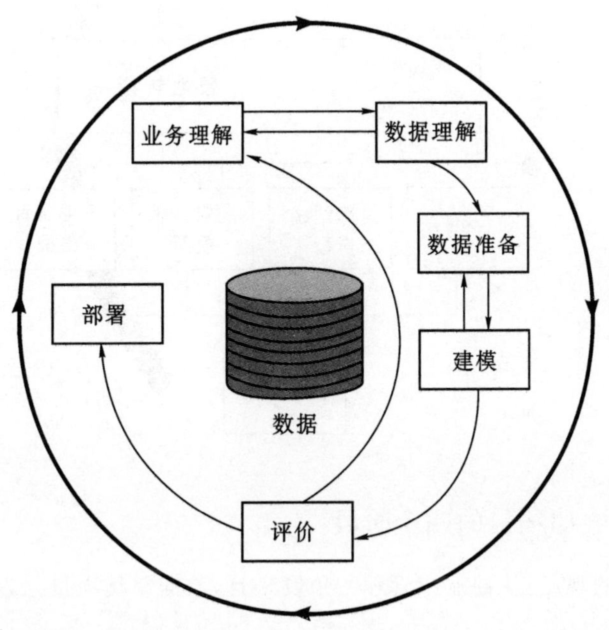

7.1.4 SEMMA P.196

SEMMA 是一个数据挖掘过程，有五个部分：

- 样本
- 探索
- 修改
- 模型
- 评估

KDD、CRISP-DM 和 SEMMA 的可视化表示：

http://www.decisionstats.com/visual-guides-to-crisp-dm-kdd-and-semma/。

SEMMA

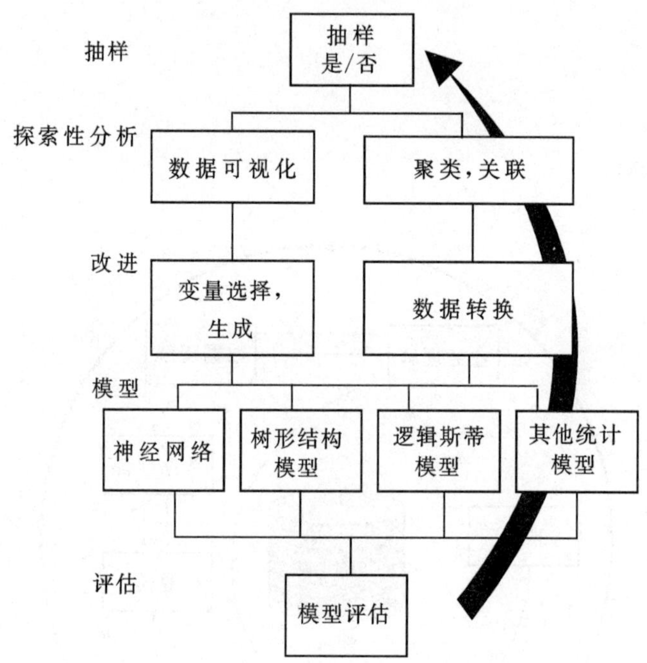

P.197 7.1.5 数据驱动项目的四个阶段

根据作者的观点，从商业或管理的角度来看，数据驱动项目分为这四个广泛的阶段。

7.1.5.1 业务问题阶段：需要做什么？

- 增加收入。
- 削减成本。
- 调查不寻常的事件。
- 项目时限。

7.1.5.2 技术问题阶段：项目执行中的技术问题

- 数据可用性/数据质量/数据增大的成本。
- 统计（基于技术的方法），假设形成、抽样、迭代。
- 编程（基于工具的方法），分析平台编码（输入、格式、处理）。

7.1.5.3　技术解决方案阶段:使用可用的工具和技能解决问题

- 数据清洗/异常值处理/缺失值插补。
- 统计(基于技术的方法),误差极小化、模型验证、置信水平。
- 编程(基于工具的方法),分析平台编码(输出、显示、图示)。

7.1.5.4　业务解决方案阶段:把所有结果汇总在一个 Word、演示文稿或电子表格文档中

- 在现有流程完成预测、模型和数据策略的改进。
- 执行后,控制和监测分析结果。
- 依法律和承诺指南予以执行(内部或外部)。
- 客户满意度和期望管理的受众。
- 建立在最终可交付成果的报告的基础上的、为广泛的受众所提供的反馈。

7.1.5.5　一个数据驱动项目的四个阶段的可视化表示形式 P.198

商业问题—— 增加收益/缩减成本/研究例外事件
技术问题—— 数据可行性/数据质量 统计学——(以技术为基础的方法)假设构想, 抽样,迭代 编程——(以工具为基础的方法)分析平台编码(输入, 数据形式,数据处理)
技术解决方案 数据清理/离群值处理/数据缺失值分析 统计学——(以技术为基础的方法)错误最小化,模 型确认,置信水平 编程——(以工具为基础的方法)分析平台编码(输 出,显示,图表)
商业解决方案—— 预测/改进/分析结果实施控制和监督/合法和遵守

7.1.6　数据挖掘方法

主要的数据挖掘方法如下:

- 分类。
- 回归。
- 聚类。

- 概括。
- 关联建模。
- 变化和偏差检测。

P.199 来源：Usama Fayyad，Gregory Piatetsky-Shapiro 和 Padhraic Smyth。

从数据挖掘到 KDD：http://www.kdnuggets.com/gpspubs/aimag-kdd-overview-1996-Fayyad.pdf。

7.2 Rattle：R 中的一个数据挖掘 GUI

Rattle，或 R Analytical Tool 为了更容易使用，是一种比 R Commander 更高级的用户界面，虽然在学术界并不是备受欢迎。这可能是由于在学术界假设检验与数据挖掘相比是更加传统的统计思维的选项。它是明确地为数据挖掘设计的，也有一个商业版本出售。

Rattle 为用户图形界面设计了一个 Tab 和 Radio 按钮/复选框，而不是一个下拉式的菜单。同时，在勾选了某些选项后必须单击 Execute 按钮，就像在编写完代码后点击提交按钮一样。这不同于点击下拉菜单，从而最大限度地减小垃圾分析和无意点击的风险。Rattle 可以从 http://rattle.togaware.com/下载。

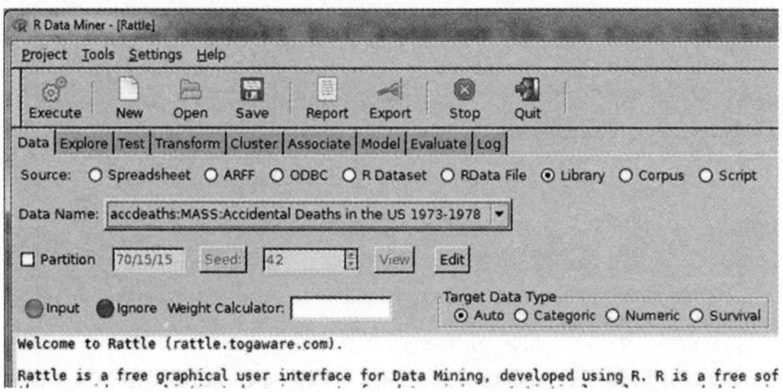

7.2.1 Rattle 的优点

- 有助于初学者在 R 语言环境中建模、聚类和数据挖掘。
- 有单独的数据输入、汇总、可视化、建模、聚类、关联和评价标签。设计直观，容易理解，即使对那些没有统计背景的人也一样，因为当每个标签或按钮被点击
P.200 就会有方便的帮助说明。同时，标签按照非常连续和合乎逻辑的顺序排列。它使用许多其他 R 程序包来构建一个全面的分析平台。非常适合相关图形、聚类和决策树。

- 对于首次接触的用户也有易于理解的接口。
- R 代码日志自动生成并加注了时间标记。
- 建模的完整解决方案。随机对数据集进行分块以便对建模进行检验、验证，评估 LIFT 和 ROC 曲线，并导出模型的 PMML 输出以计算得分。
- 有完备的在线帮助以及植入式的帮助文件。帮助文件甚至对非统计专业用户解释术语，这对于商务用户是非常有用的。

例如：在 Rattle 中对假设检验有易于理解的描述。

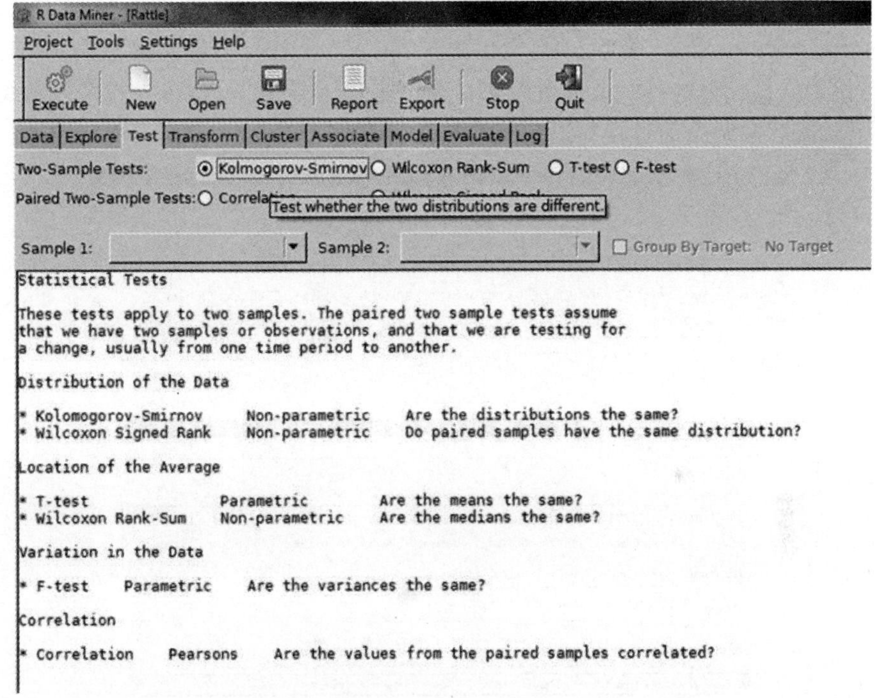

R Commander 可能被纯粹的统计学家所偏爱，而 Rattle 展示了更方便的帮助，从而设计能够更好地被商业用户所接受。

7.2.2 使用 Rattle 的相对劣势 P.201

- 它基本上是针对数据挖掘的。因此它更多的是一种数据挖掘的 GUI，而不是一个分析的 GUI。因此除了数据框格式它很难加载数据。
- 从商务分析师的观点来看，它创建不同类型的图表或可视化的能力有限。数值型变量可以绘制箱线图、直方图、累积图和本福德图。尽管可以互动地使用 ggobi 和 latticist，图示选项的数量仍然比其他的 GUI 少。
- 它不适合那些涉及到多重图示分析和没有建模及数据挖掘的项目。例如，可以从聚类标签获得数据图,但不能通过一般的探索选项卡获得。

- 尽管事实上它是为数据挖掘者设计的,但不支持 biglm 程序包,对于大型的数据集在 GUI 中也没有并行编程可用,尽管这些可以通过 R 命令行与 Rattle 的 GUI 相结合来完成。数据挖掘通常是在更大的数据集上完成。
- 因为它依赖于 GTK 并有很多依赖它的程序包,它在安装上可能会有一些问题。

7.2.3 Rattle 的描述

顶端——这里有 Execute 按钮(显示为两个齿轮),键盘快捷键为 F2。它用来执行选项卡上的选项,和 Submit Code 按钮是等价的。其他按钮包括 New Projects,Save 和 Load 项目,项目文件的扩展名为.Rattle,它存储来自于 Rattle 的所有相关信息。它也有一个按钮用来在当前选项卡导出信息,作为一个开放的办公文档,还有中断当前过程和退出 Rattle 的按钮。

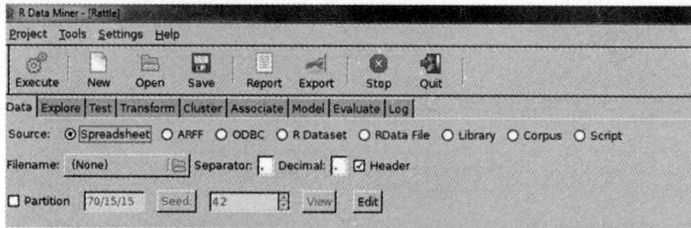

P.202

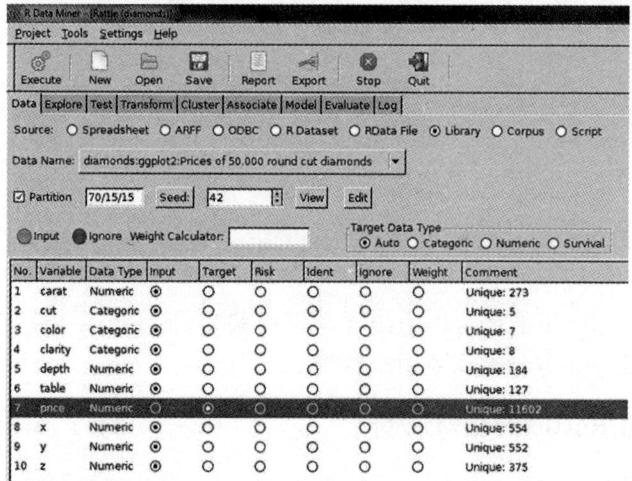

数据菜单有以下选项:

Data type:这些都是单选按钮,在下列文件格式中选择:电子表格(及逗号分隔的值),ARFF 文件(Weka),ODBC(用于数据库连接),库(来自程序包的数据集),R 数据集或数据文件,语料库(用于文本挖掘)和通过代码生成数据的脚本。

Rattle 中数据选项卡的**第二行**是关于 Data Type 的 Detail,它的外观根据在前面的步骤中单选按钮所选择的数据类型而变化。对于电子表格，它会显示 Path of File，Delimiters 和 Header Row，对于 ODBC 它将显示 DSN，Tables 和 Rows，而对于 Library 便会显示下拉的、安装在本地的所有 R 程序包中的数据集。

第三行是一个分区的场地，用于将数据集分割成训练、测试和验证集，它显示的是百分比。它还指定了一个随机种子，可以为自定义随机分区进行设置，分区结果可以重复。这是非常有用的，因为建模需要所建立的模型在全部数据集的随机子集上通过检验。

第四行是用来指定输入数据的变量类型。

变量类型如下：

Input：用于建模中的自变量。

Target：建模输出或因变量。对于分类来说目标是类别变量，对于回归来说目标 P.203
是数值型变量，对于生存分析，则时间和状态都需要定义。

Risk：一个用于风险图的变量。

Ident：数据集中每个观测值有一个标识符，比如 Account Id 或客户 Customer Id。

Ignore：要忽略的变量。

此外，权数计算器可以用来对某些变量执行数学运算以及识别某些比其他变量更重要的变量。

Explore 选项卡，Summary 次级选项卡有 Summary 选项，对变量进行简要的概括，Describe 用来进行详细的概括，而 Kurtosis 和 Skewness 用来将变量与其他数值型变量进行比较。

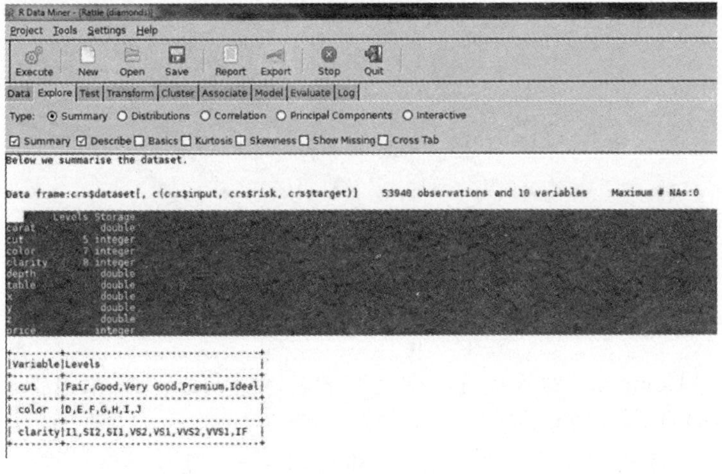

- Distributions 次级选项卡允许绘制直方图、箱线图，对于数值型变量绘制累积图，为分类变量绘制点图和条形图。它为数位概率分布的本福德定律准备了本福德图。

P.204

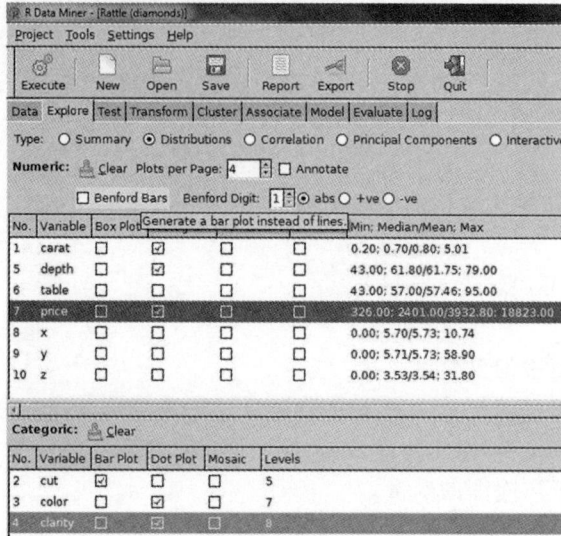

R Data Miner - [Rattle (diamonds)]

Project Tools Settings Help

Execute New Open Save Report Export Stop Quit

Data Explore Test Transform Cluster Associate Model Evaluate Log

Type: ○ Summary ⦿ Distributions ○ Correlation ○ Principal Components ○ Interactive

Numeric: Clear Plots per Page: 4 ☐ Annotate

☐ Benford Bars Benford Digit: 1 ⦿ abs ○ +ve ○ -ve

No.	Variable	Box Plot	Generate a bar plot instead of lines.			Min; Median/Mean; Max
1	carat	☐	☑	☐	☐	0.20; 0.70/0.80; 5.01
5	depth	☐	☑	☐	☐	43.00; 61.80/61.75; 79.00
6	table	☐	☐	☐	☐	43.00; 57.00/57.46; 95.00
7	price	☐	☑	☐	☐	326.00; 2401.00/3932.80; 18823.00
8	x	☐	☐	☐	☐	0.00; 5.70/5.73; 10.74
9	y	☐	☐	☐	☐	0.00; 5.71/5.73; 58.90
10	z	☐	☐	☐	☐	0.00; 3.53/3.54; 31.80

Categoric: Clear

No.	Variable	Bar Plot	Dot Plot	Mosaic	Levels
2	cut	☑	☐	☐	5
3	color	☐	☑	☐	7
4	clarity	☐	☑	☐	8

- Correlation 次级选项卡用表的格式显示变量间的相关性，同时绘制一个设计得不错的相关图。

使用皮尔逊相关性钻石

P.205

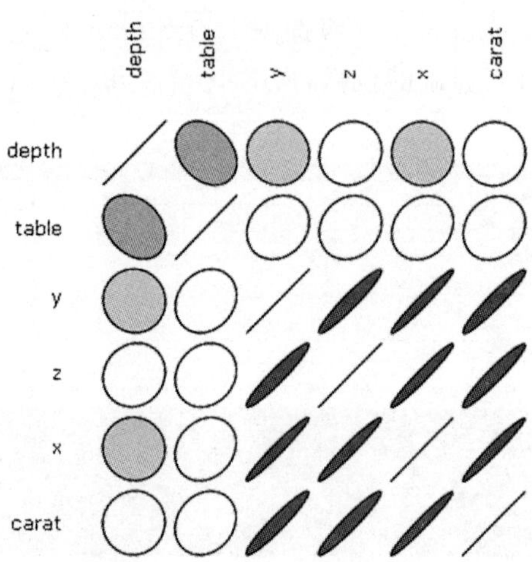

- Principal Components 次级选项卡是用来进行主成分分析的，包括奇异值分解计算(SVD)和特征根方法。
- Interactive 次级选项卡允许使用 GGobi 和 Lattice 软件进行交互式数据探索。它是一个功能强大的可视化工具。

P.206

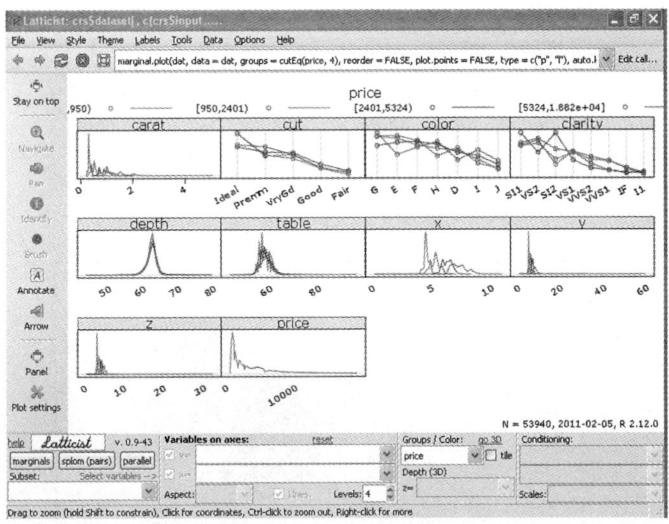

- Test 选项卡有两样本数据的假设检验选项(参见上述使用 Rattle 的优势)。
- Transform 选项卡有数据重新标度和缺失值处理选项,可删除无效的或缺失的值。
- Cluster 选项卡为 k 均值、层次和双聚类等聚类方法提供了自动绘图、绘图(包括系统树图、判别图和数据图)等选项,还有聚类的结果。

P.207

R Data Miner - [Rattle (diamonds)]

Project Tools Settings Help

Execute New Open Save Report Export Stop Quit

Data | Explore | Test | Transform | Cluster | Associate | Model | Evaluate | Log

Type: ⦿ KMeans ○ Clara ○ Hierarchical ○ BiCluster

Number of clusters: 6 Seed: 42 Runs: 1 Stats Data Plot Discri

☐ Use HClust Centers ☐ Iterate Clusters

```
Cluster sizes:

[1] "4392 6092 7159 11251 12646 12400"

Data means:

    carat      depth      table          x          y          z
0.7979397 61.7494049 57.4571839  5.7311572  5.7345260  3.5387338

Cluster centers:

      carat    depth    table        x        y        z
1 0.7504326 59.94110 61.88500 5.731890 5.722805 3.432343
2 1.3820272 60.43395 58.88670 7.130666 7.134368 4.306313
3 1.0884146 63.15545 58.92336 6.442151 6.430475 4.062236
4 1.1422834 62.19285 55.99818 6.622721 6.625035 4.120933
5 0.4266298 61.99085 55.19579 4.790105 4.804125 2.973152
6 0.4263476 61.57581 57.97017 4.783619 4.790016 2.945624

Within cluster sum of squares:

[1] 34703.04 27571.86 30634.73 37416.78 26415.84 33817.66

Time taken: 0.31 secs

Rattle timestamp: 2012-06-02 10:49:15 KUs
======================================================================
```

对于聚类项目强烈推荐 Cluster 选项卡，尤其是对那些精通聚类而不精通 R 的人而言。

- Associate 选项卡能帮助在分类变量之间构建关联规则，其形式是“if then”语句。

P.208

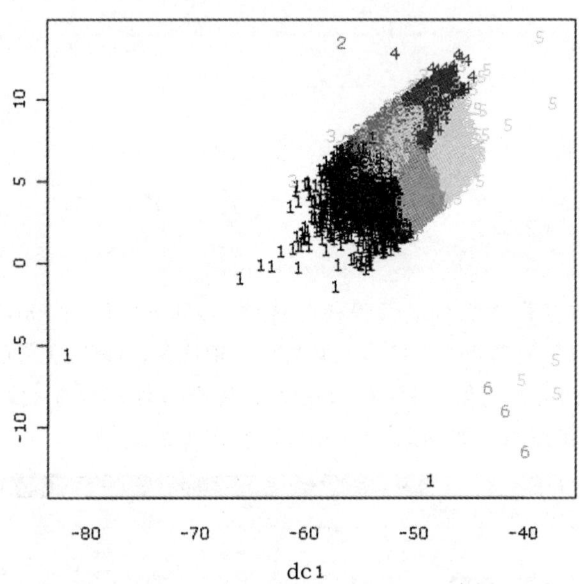

例如：如果某一天是星期四，有人买牛奶，她有 80%的可能会买尿布。这些概率是从观测到的频数得出的。

下面是一个示例，当你在 Rattle 运行关联规则（钻石数据集）时生成的代码：

```
#Rattle 时间标记:2011-02-05 20:06:32 i386-pc-mingw32
#载入一个 R 数据集。
data(list ="Adult", package ="arules")
crs$dataset <-Adult
names(crs$dataset) <-gsub("-",".", names(crs$dataset))
#===================================
#Rattle 时间标记:2011-02-05 20:07:16 i386-pc-mingw32
#载入一个 R 数据集。
data(list ="Agrawal", package ="arulesNBMiner")
crs$dataset <-Agrawal.pat
names (crs$dataset) <-gsub("_",".", names(crs$dataset))
```

```
#==================================
#Rattle 时间标记:2011-02-05 20:09:02 i386-pc-mingw32
#载入一个 R 数据集。
data(list ="diamonds", package ="ggplot2")
crs$dataset <-diamonds
names(crs$dataset) <-gsub("-",".", names(crs$dataset))
#==================================
#Rattle 时间标记:2011-02-05 20:09:12 i386-pc-mingw32
#注意用户的选择。
#构建训练/验证/测试数据集。
set.seed(crv$seed)
crs$nobs <-nrow(crs$dataset)
#53940 个观测。
crs$sample <-crs$train <-sample(nrow(crs$dataset), 0.7 * crs$nobs)
# 37758 个观测。
crs$validate <-sample(setdiff(seq_len(nrow(crs$dataset)), crs$train), 0.15 * crs$nobs)
# 8091 个观测。
crs$test<-setdiff(setdiff(seq_len(nrow(crs$dataset)), crs$train), crs$validate)
# 8091 个观测。
#以下变量选择已加注。
crs$input <-c("carat","cut","color","clarity","depth","table", 'price', "x","y","z")
crs$numeric <-c("carat","depth","table","price","x","y","z")
crs$categoric <-c("cut","color","clarity")
crs$target <-NULL crs$risk <-NULL crs$idtent <-NULL crs$ignore
<-NULL crs$weights <-NULL
#==================================
#Rattle 时间标记:2011-02-05 20:09:23 i386-pc-mingw32
#注意用户的选择。
#以下变量选择已加注。
crs$input <-c("carat","cut","color","clarity","depth","table","x","y","z")
```

P.209

```
crs$numeric <-c("carat","depth","table',"x","y","z")
crs$categoric <-c("cut',"color","clarity")
crs$target <-"price"
crs$risk <-NULL
crs$ident <-NULL
crs$ignore <-NULL
crs$weights <-NULL
#=====================================
#Rattle 时间标记:2011-02-05 20:09:36 i386-pc-mingw32
#关联规则。
#"arules"程序包提供了"arules"函数。
P.210 require(arules, quietly=TRUE)
#生成一个业务数据集。
crs$transactions <-as(crs$dataset[, crs$categoric],"transactions")
#生成关联规则。
crs$apriori <-apriori (crs $transactions, parameter = list (support =
0.100,confidence = 0.100))
#概括结果的规则集。
generateAprioriSummary(crs$apriori)
#实际时间:1.58 秒
#规则清单。
inspect(SORT(crs$apriori, by ="confidence"))
#=====================================
#Rattle 时间标记:2011-02-05 20:10:26 i386-pc-mingw32
#频率图。
#在"arules"程序包实现了关联规则。
require(arules, quietly=TRUE)
#生成一个业务数据集。
crs$transactions <-as(crs$dataset[,c(2:4)],"transactions")
#频率图。
item Frequency Plot(crs$transactions, support=0.1, cex = 0.8)
```

前面的代码看起来可能有点太多，甚至对于刚开始使用 R 的有经验的数据挖掘者来说也是如此，但实际上仅需点击 5 次鼠标即可生成结果，而代码是自动生成的！

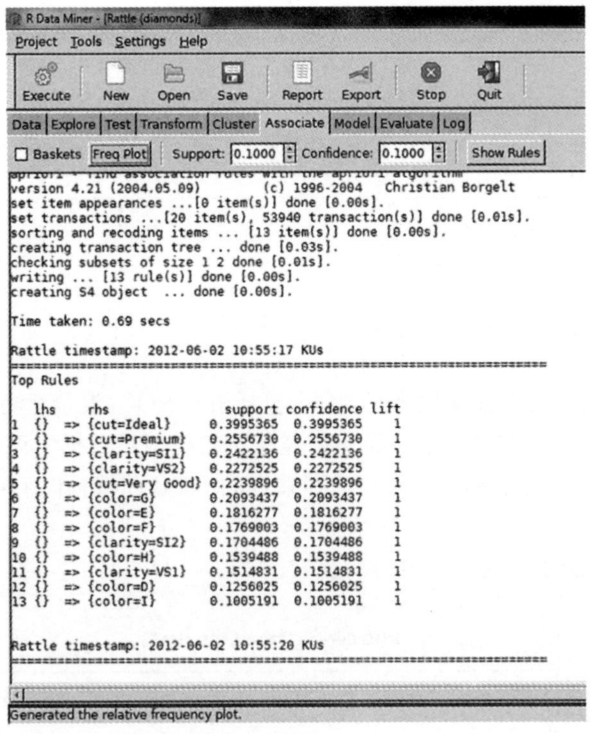

而频率选项卡仅由一次点击鼠标生成!

P.211

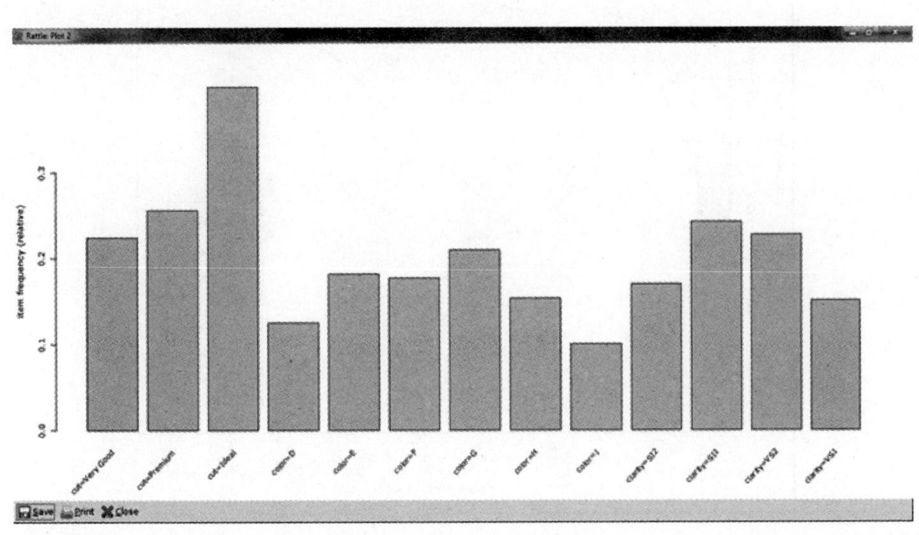

• 模型选项卡使 Rattle 成为最先进的数据挖掘工具之一,因为它包含了决策树(包括 boosting 模型和森林方法),线性和逻辑斯蒂回归、支持向量机、神经网络

和生存模式。

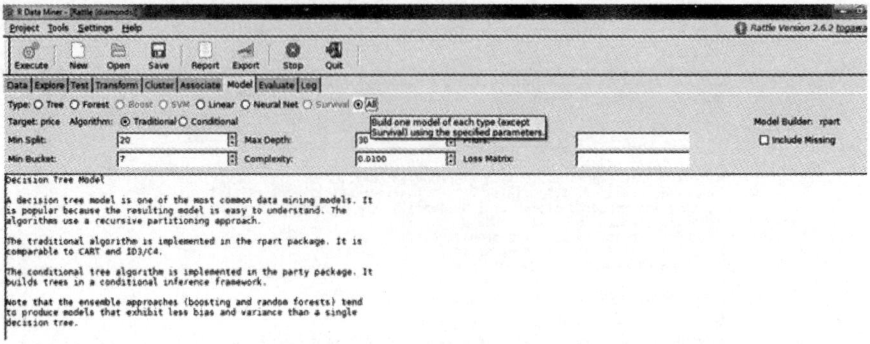

- Evaluate 选项卡具有评估模型的功能，包括 lift、ROC、混合矩阵、成本曲线、风险图、精度、特异性和灵敏度以及用已经建立的模型对数据集评分。例如：一个用 Rattle 生成的关于泰坦尼克号幸存乘客的 ROC 曲线（作为年龄、阶级、性别的函数）。

下面显示了所建立的各种模型的比较。

P.212

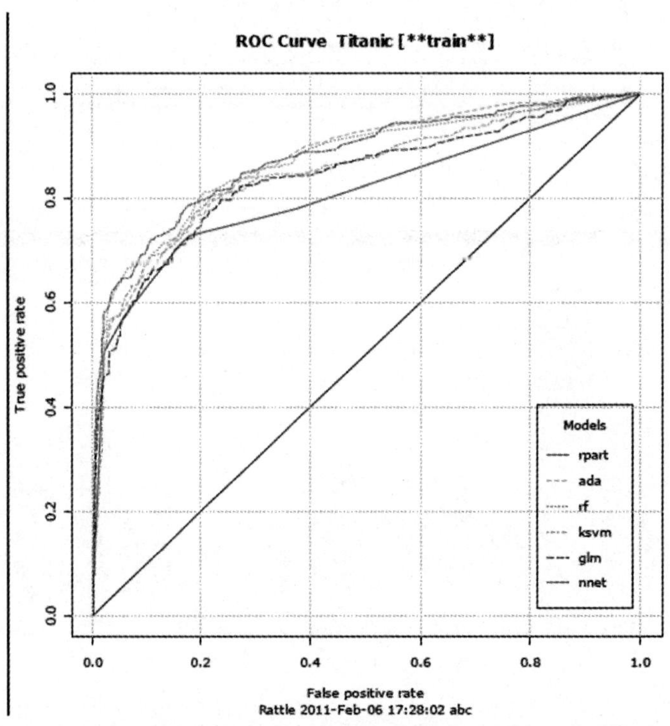

- 日志选项卡：当 Rattle 执行各种操作时，会自动生成 R 代码。它还会产生一个时间标记，有助于回顾错误以及为了代码优化对速度进行评估。

7.3　访谈：格雷厄姆·威廉姆斯（Graham Williams），*Data Mining with Rattle and R* 的作者

以下是对 Rattle 的创造者 Graham 博士的访谈摘录。

Ajay：　**是什么让你介入了 R？相对于正常的 R 而言，使用 Rattle 有什么优势？**

Graham：　我曾经使用 Clementine 和 SAS Enterprise Miner 多年（和 IBM 的原始的 Intelligent Miner 和思考机器公司（Thinking Machines）的 Darwin，以及许多其他出现在早期的数据挖掘工具）。商业软件供应商经常反反复复（即使像 IBM 这样的大企业，就他们支持的产品而言）。锁定商业工具是一个大问题。另一个原因是，许多供应商不会把资源投入新算法，直到它们被广泛地接受。因为开源 R 很健康、可靠，并提供了对最先进的统计方法的访问。许多做研究的统计人员在 R 上发布他们的新算法。但最重要的是源代码总是可以获得的。不是每个人都有钻研源代码的技能，但至少我们有机会这样做。我们也知道，有一个高素质的开发人员团队，他们的工作向同行公开并接受评议。如果我愿意，我可以监督他们的编码变更。这有助于确保质量和完整性。然而，将 R 扩展到数据分析社区是富有挑战的。因为它本质上是一个统计语言，我们需要学会用这种语言说话，即我们需要通过语言而非通过图片（或一个
GUI）沟通。当然，画图更容易，照片就更有局限性。我相信书面语言能 P.213
使我们更好、更正式地表达和交流思想。但它需要坚持这样的信条，即我们是在与和我们相同的人类进行思想交流，而不仅是为计算机执行计算而编写代码。尽管如此，对于执行简单的任务以及对于学习如何执行某一具体任务来说，作为记忆辅助，GUI 也还是不错的。Rattle 的目标是建立标准的数据挖掘的步骤，同时也展示实际上对于 R 命令的克隆，设计日志的目的是运行 R 脚本并教会用户 R 命令。

Ajay：　**相对于 SAS 和 SPSS，使用 Rattle 的优势是什么？缺点是什么？**

Graham：　因为免费和开放源码，Rattle（和 R）可以方便地用于数据挖掘的教学。在商业领域，最初，它对于那些想要体验数据挖掘的人们，它没有商业软件那样的、有时是相当巨大的前期成本。对于实际的数据挖掘，Rattle 和 R 提供了商业软件供应商所能提供的所有的数据挖掘算法，而且更多。相比 SPSS 的 Clementine 或者 SAS 的 Enterprise Miner，Rattle 提供了一个简单的、基于选项卡的用户界面。

只用 4 次点击你就可以建立你的第一个数据挖掘模型。

常被引用的 R 的劣势（因此也是 Rattle 的劣势 ）在于处理大型数据集，SAS 和 SPSS 可以处理超出内存的数据集，虽然当这样做时他们确实也

会慢下来。R是基于内存的，所以要处理大数据集往往需要一个64位的平台。一个非常粗略的经验法则是，一般的32位的处理器，如果内存限制在2～3 GB，可以处理高达约50 000行100列（或100 000行10列，等等）的数据集，这取决于你的算法部署。作为一个强大的然而价格低廉的数据挖掘机器，我一般推荐，在一个AMD 64处理器上，运行Debian GNU / Linux操作系统，只要你能负担的起，内存尽可能大（例如，4～32 GB，尽管现今一些机器可能达到128GB，但越接近顶峰内存越昂贵）。

Ajay： **Rattle是免费下载和使用的，然而你肯定花了一些时间来构建它。支持你所花费的时间和精力的收入来源有哪些呢？**

Graham： 是的，Rattle是免费软件：任何人都可以免费使用，免费检查代码，免费扩展代码，免费为任何目的使用它。几年来我一直在开发Rattle，还有许多来自其他用户的贡献。当然，Rattle从R获得它的全部力量。R社区共同努力，互相帮助，也帮助其他人，以所有人的利益为出发点。Rattle和R可以成为提供分析的知识发现工作者的基本工具包。在全世界范围，我认识一些数据挖掘咨询顾问，他们使用Rattle来支撑他们的日常咨询工作。作为一个公司，Togaware提供用户支持，提供R和Rattle的安装，并提供Rattle的使用培训和数据挖掘的培训。它还为客户提供数据挖掘项目。Togaware还提供将Rattle与其他产品对接的支持（如，为Information Builders提供的RStat）。

P.214

7.4 使用R进行文本挖掘分析

语料库是文本挖掘中的一组文档。一个术语文档矩阵只给出该文档中所有单词/术语的频数分布。我们使用R程序包tm进行文本挖掘。

7.4.1 对一个当地文档进行文本挖掘

在这个例子中，文件夹C:/Users/KUs/Desktop/test包含所有的文档。在这里，我手动复制并粘贴第1章的文字到一个文本文件中，这作为一个简单的例子。

```
library(tm)
getReaders() #列出读者清单
getSources() #列出资源清单
txt2="C:/Users/KUs/Desktop/test"#确定文件路径
b = Corpus(DirSource(txt2),readerControl = list(language ="eng"))
#注意Dir Source用作语料库的一个参数
# inspect(b)将打印整个文本文档
#如果你想在一个小的示例文档上测试你的文本挖掘代码，这对于质量控制
```

是有帮助的

```
summary(b) #这给出我们创建的新的语料库的信息
b<-tm_map(b, tolower) #将字母改为小写
b<-tm_map(b, stripWhitespace) #删除空格
b <-tm_map(b, removeWords, stopwords("english")) #删除停止词
b <-tm_map(b, removePunctuation) #删除标点
tdm <-TermDocumentMatrix(b)
#或 dtm <-DocumentTermMatrix(b),不同的是术语在行还是在列
ml <-as.matrix(tdm)
vl<-sort(rowSums(ml),decreasing = TRUE)
dl<-data.frame(word = names(vl),freq = vl)
> d3 = subset(dl, freq>20)
```

对 d3 做图,我们可获得这部书中第 1 章中最频繁出现的词的词频!

P.215

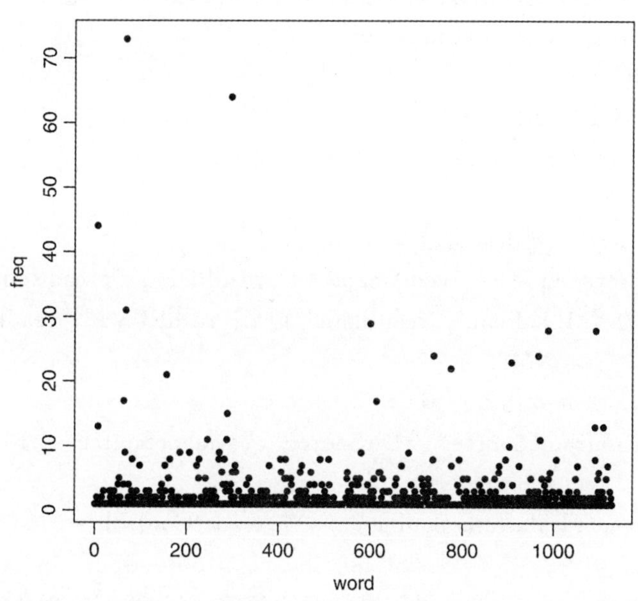

练习 1:如果你有一本在线电子书,请试重复本案例研究,并猜测在第 1 章中哪个词最常出现。

练习 2:试找出哪些命令或图的类型可以重做上图。

答案 1:我们使用第 5 章中的词云图来找出出现频数最高的词。注意,词云中词的大小与其频数是有联系的。

```
>library(wordcloud)
>wordcloud(dl$word,dl$freq)
```

7.4.2 对网络和清洁文本数据进行挖掘

在这种情况下我们从互联网下载数据并对其进行清理。

注意如果我们只需要检索网页上的链接，我们可以用 string 程序包。

```
P.216 url=("http://www.nytimes.com")
html<-paste(readLines(url), collapse ="\n")
library(stringr)
matched <-str_match_all(html,"<a href = \"(.*?)\" ")
links <-matched[[1]][,2]
```

假定我们想读取《纽约时报》的头版到 R 中。

在 R 中下载

```
con <-url(http://www.nytimes.com,"r")
x <-readLines(con)#我们可以使用 readLines 函数读取 html
#或者我们可以使用函数 R 程序包 RCurl 中的 getURL 包
url=("http://www.nytimes.com")
library(RCurl)
ans <-getURL(url)
ans<-as.data.frame(ans)
library(tm)
getReaders() #列出读者清单
#[1]" readDOC" " readGmane" " readPDF" " readReut21578XML" "readReut21578XMLasPlain" "readPlain" #[7]"readRCV1" "readRCVlasPlain" "readTabular" "readXML"
getSources() #列出资源清单
#[1]" DataframeSource" " DirSource" " GmaneSource" " ReutersSource" "URISource" "VectorSource"
b = Corpus(DataframeSource(ans), readerControl = list(language = "eng"))
```

#注意 DataFrameSource 用作语料库的参数，因为我们特指在这里创建的数据框。如果我们在语料库函数中将 sources 选项改变为 URISource，那么我们可以免去在早些时候使用 readLines。

```
library(tm)
url=("http://www.nytimes.com")
b = Corpus(URISource(url), readerControl = list(language ="eng"))
```

现在我们来到文本挖掘阶段。

inspect(b)将打印出整个文本文档

```
getTransformations()#给出 tm_map 的转换后的清单
#[1]"as.PlainTextDocument" "removeNumbers" "removePunctuation"
#[4]"removewords" "stemDocument" "stripWhitespace"
b<-tm_map(b,stripwhitespace) #删除空格
b<-tm_map(b, tolower) #将字母改为小写
b<-tm_map(b, removeWords,stopwords("english")) #删除停止词
b<-tm_map(b, removePunctuation) #删除标点
tdm<-TermDocumentMatrix(b)
#或 dtm <-DocumentTermMatrix(b),区别在于术语在行中还是列中
ml<-as.matrix(tdm)
vl<-sort(rowSums(ml),decreasing = TRUE)
d1<-data.frame(word = names(vl),freq = vl)          P.217
d2<-subset(d1,d1$freq<6)
```

对词云进行可视化可以使用 wordcloud 程序包中的 wordcloud 函数。为获得最经常使用的代码，我们可以对数据框 dl 而不是 d2 运行词云，但我们会看到很多没用的 HTML 值。

```
library(wordcloud)
wordcloud(d2$word,d2$freq)
```

这不是《纽约时报》说的！我们需要清理 html 以便只见英语单词不见 html。我们可以通过修改停止词达此目的。

```
#修改停止词
#通过将"r"从停止词中移除来保留它，通过将 href 添加到停止词删除它。
myStopwords <-c(stopwords('english'),"available","via","href")
idx <-which(myStopwords = ="r")#注意创建新数据的条件是
myStopwords <-myStopwords[-idx]
#注意按照一个条件删除一个特定数据时所用的负号
b <-tm_map(b,removeWords, myStopwords)
```

在这一步之后我们用前面的代码重做分析。

P.218 一个更简单的方法是将 Web 页面作为一个文本文档保存，然后通过将 tm 程序包中的 Corpus 函数的来源选项改为 DirSource 对其进行读取。

然而，这会带来出错消息：

```
In readLines(y, encoding=x$Encoding):incomplete final line found on 'C:/Users/KUs/Desktop/test/nytimes2. txt'
```

所以，我们用不很优雅的方式，使用选择所有(CtrI + A)复制(CtrI + C)网页，并将其粘贴(CtrI + V)到一个文本文件中。然后我们用 read. table 读取粘贴过来的数据：

```
P.219 ans<-read.table("C:/Users/KUs/Desktop/nytimes2.txt",header=F,sep"\t",
na.strings="NA", dec=".", strip.white= TRUE)
library(tm)
b = Corpus(DataframeSource(ans), readerControl = list(language
="eng"))
b<-tm_map(b, stripWhitespace) #删除空格
b<-tm_map(b, tolower) #将字母变为小写
b<-tm_map(b, removeWords, stopwords("english")) #删除停止词
b<-tm_map(b, removePunctuation) #删除标点
tdm <-TermDocumentMatrix(b)
#或 dtm <-DocumentTermMatrix(b),区别是术语在行中还是列中
m1 <-as.matrix(tdm)
v1<-sort(rowSums(m1),decreasing=TRUE)
d1<-data.frame(word = names(v1)freq=v1)
head(d1)
library(wordcloud)
wordcloud(d1$word,d1$freq)
```

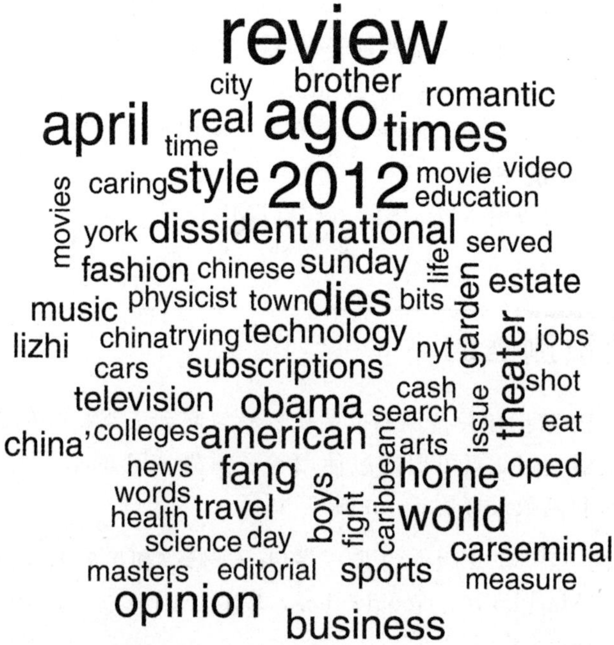

但是我们可以使用调色板使单词更醒目一点。 P.220

wordcloud(dl $ word ,dl $ freq ,col=terrain. colors(8))

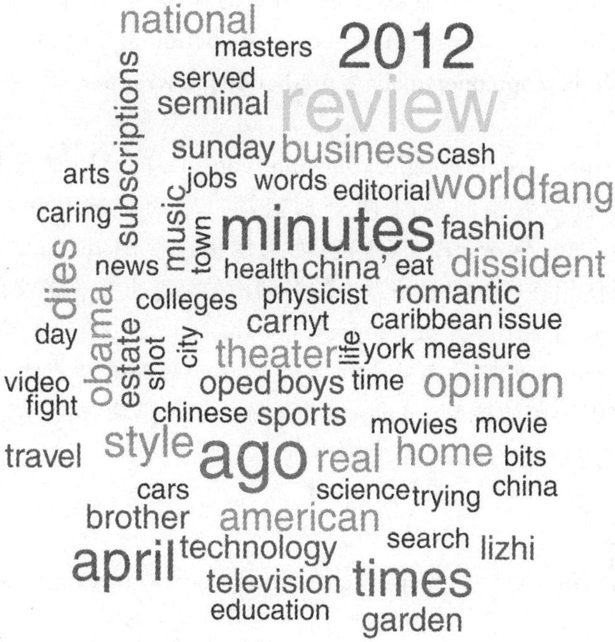

请注意,RcolorBrewer 程序包是 wordcloud 程序包的附件。

所以我们也可以使用第 5 章的例子尝试一些新的调色板。

注意这个网址 http://www. stanford. edu/~ cengel/cgi-bin/anthrospace/scraping-new-york-times-articles-with-r,有一个使用 R 程序包 RJSONIO 对《纽约时报》进行 API 分析的例子。

我们还可以尝试使用 XML 中的 readHTMLTable 和 XMLTreeParse 函数读取表格。

7.5 谷歌预测 API

谷歌预测 API 帮助用户使用谷歌的机器学习库和云来构建他们的预测模型。基于云计算的机器学习工具可以通过使用谷歌预测 API 的 R 程序包访问。请注意这两个程序包和函数最好用于 Linux 环境。

- 实现谷歌预测 API v1.2 版本的 R 程序包——修改和扩展的"谷歌预测 API 的 R 客户端库"(Markko Ko,Google Inc. , 2010),http://code. google. com/p/r-google-prediction-api-v12/。
- 谷歌预测 API 的 R 客户端库:http://code. google. com/p/google-prediction-api-r-client/。

P.221 一个老的(更简单的)谷歌预测 API 的版本可在 http://onertipaday. blogspot. in/2010 /11/r-wrapper-for-google-prediction-api. html 下载。包装码可在 https://github. com/onertipaday/predictionapirwrapper 下载。来源:Paolo Sonego。

注意,在 https://code. google. com/apis/console/的 API 面板上,我们需要将谷歌存储 API 和谷歌预测 API 两个都启动。启动谷歌存储,要到 https://sandbox. google. com/storage/。(注意:如果你正在使用 Internet Explorer 浏览器,那么你可以使用谷歌框架。)注意你的存储槽的名字并把你的文件上传到这里。这里我们上传来自 https://developers. google. com/prediction/docs/language_id. txt 的 language_id 到谷歌存储中的名为 saysay 的存储槽。此外,我们使用源方法读取代码(因为用的是 Windows 操作系统),而不是从源代码安装程序包。这种方法也可以用于不在 CRAN 中的程序包。

```
library(RCurl)
library(rjson)
download. file ( url =  http://curl. haxx. se/ca/cacert. pem  , destfile =
"cacert. pem")
curl <-getCurlHandle()
```

options(RCurlOptions = list(capath = system. file("CurlSSL","cacert. pem", package ="RCurl"), ssl. verifypeer = FALSE))

curlSetOpt(. opts = list(proxy = 'proxyserver:port'), curl = curl)

#

source("C:/Users/KUs/Desktop/CANADA/googlepredictionapi/GetAuth-Token. R")

source (" C:/Users/KUs/Desktop/CANADA/googlepredictionapi/Google-Predict. R")

source (" C:/Users/KUs/Desktop/CANADA/googlepredictionapi/Google-TrainCheck. R")

source (" C:/Users/KUs/Desktop/CANADA/googlepredictionapi/Google-Train. R")

source (" C:/Users/KUs/Desktop/CANADA/googlepredictionapi/Delete-Trained Model. R")

token= GetAuthToken (email = " user @ gmail. com", passwd = " mypass-word")

GoogleTrain(auth_token= token $ Auth, mybucket= " saysay", mydata= "language_id. txt")

GoogleTrainCheck (auth _ token = token $ Auth, mybucket = " saysay ", mydata= "language_id. txt")

GooglePredict(auth_token= token $ Auth, mybucket= " saysay", mydata = "language_id. txt",myinput= "I'm appelle Ajay")

>GooglePredict(auth_token= token $ Auth, mybucket= " saysay", mydata = "language_id. txt",myinput= "Vous etes")

$ data $ data $ kind

[1]"prediction # output"

$ data $ outputLabel

[1]"English"

$ data $ outputMulti

$ data $ outputMulti[[1]]

$ data $ outputMulti[[1]] $ label P.222

[1]"English"

$ data $ outputMulti[[1]] $ score

[1] 0. 3333333

$ data $ outputMulti[[2]]

```
$ data $ outputMulti[[2]] $ label
[1]"French"
$ data $ outputMulti[[2]] $ score
[1] 0.3333333
$ data $ outputMulti[[3]]
$ data $ outputMulti[[3]] $ label
[1]"Spanish"
$ data $ outputMulti[[3]] $ score
[1] 0.3333333
```

7.6 数据挖掘者的数据隐私

在数据被收集之前个人应该了解以下信息:数据收集和任何数据挖掘项目的目的、数据将被如何使用、谁将挖掘数据并使用他们、数据访问环境的安全性,此外,收集到的数据如何更新。

数据挖掘者可在一个合理的价格上希望最大的数据,而数据隐私主义者希望收集和使用最小量的数据。在数据收集、数据存储时适当的加密,就关于数据隐私方面将要施行的指导方针进行足够的沟通,可以帮助避免这个严重的问题破坏数据挖掘在一个行业中的发展。

7.7 本章用过的命令小结

7.7.1 程序包

- Rattle GUI 及其附件
- Google 预测 API 包
- tm
- RCurl
- rjson
- wordcloud

P.223 7.7.2 函数

- readLines()
- as. matrix()
- Rattle ()

- tdm(tm)
- Corpus(tm)
- tm_map(tm)
- wordcloud(wordcloud)

引用和参考文献

- http://www. nascio. org/publications/documents/NASCIO-dataMining. pdf.
- Data Mining Reference Card: http://cran. r-project. org/doc/contrib/YanchangZhao-refcard-data-mining. pdf.
- Longworth, Norman and Davies, W. Keith. Lifelong Learning. London: Kogan Page, 1996; p. 93.
- Tutorial: Data Mining in R: http://www2. isye. gatech. edu/～shan/ISyE7406/Introduction_to_Data_Mining. pdf.
- http://cran. cnr. berkeley. edu/web/views/MachineLearning. html.
- Williams, G. J. (2011) Data Mining with Rattle and R: The Art of ExcavatingData for Knowledge Discovery, Use R! Springer, Berlin Heidelberg New York.
- Ingo Feinerer (2012) tm: Text Mining Package. R package version 0. 5-7. 1. Ingo Feinerer, Kurt Hornik, and David Meyer (2008). Text Mining Infrastructure in R. Journal of Statistical Software 25/5. URL: http://www. jstatsoft. org/v25/i05/.
- Duncan Temple Lang (2012) RCurl: General network (HTTP/FTP/...) client interface for R. R package version 1. 91-l. l. http://CRAN. R-project. org/\penalty-\@ Mpackage= RCurl.
- Alex Couture-Beil (2012) rjson: JSON for R. R package version 0. 2. 8. http://CRAN. R-project. org/package=rjson.
- Ian Fellows (2012) wordcloud: Word Cloucls. R package version 2. 0. http://CRAN. R-project. org/package=wordcloud.
- Michael Hahsler, Bettina Gruen and Kurt Hornik (2011) arules: Mining Association Rules and Frequent Itemsets. R package version 1. 0-7. Michael Hahsler, Bettina Gruen and Kurt Hornik (2005) arules—A Computational Environment for Mining Association Rules and Frequent Item Sets. Journal of Statistical Software 14/15. http://www. jstatsoft. org/v14/i15/.

第 8 章

聚类和数据分割

P.225 8.1 什么时候使用数据分割和聚类

聚类分析基本上是一个数据还原技术，用来减少大量的对象，即同一组里或类中的对象互相比较接近，而不同组或类中的对象区别更明显。商务分析中聚类分析用来识别作为近似产品的目标群体的消费者群体，了解产品和市场，基本上是要为可以执行的策略减少数据，尤其是当数据不够清洁、不很详尽还需要创建预测模型的情况下。

8.2 R 对聚类的支持

R 在聚类方面有广泛的程序包和文献。R 中有近 67 个聚类程序包，而且像 mclust 有一年一度的使用许可费，除了学术性的使用都需要达成许可协议。大量的程序包经常会使商务分析用户感到困惑，他们更加关心商务问题，而对于理解所有算法之间的区别则不够懂行。（对于那些新手们，在维基百科有近 30 个算法，网址是：http://en.wikipedia.org/wiki/Category:Data_clustering_algorithms）。

8.2.1 聚类视图

在 R 中有一个聚类的专用视图。它对 R 中大量的聚类程序包进行区别并分为 5 类：

- 层次聚类
- 分区聚类
- P.226 基于模型的聚类
  —极大似然估计

—贝叶斯估计

- 其他聚类算法
- 逐类回归

你可以在 http://cran.r-project.org/web/views/Cluster.html 上阅读更多。

8.2.2 基于 GUI 的聚类方法

R 中数据挖掘的 GUI 就是 Rattle 程序包。它的最新版本支持以下 5 类聚类方法。

- *k* -均值聚类法：旨在将数据点分成 *k* 组，从数据点到类中心的距离的平方和被最小化。至少所有类的中心都在它们的 Voronoi 集的均值处(最靠近类中心的数据点集)。
- Clara 聚类法：相比其他分块方法，它可以处理更大的数据集。在内部，这是通过考虑固定大小的子数据集(样本容量)来完成的，这样从时间上和存储需求上依照 *n* 表现为线性而非二次型。
- Ewkm 聚类法：一个通过熵加权的子空间 *k* -均值聚类算法。
- 层次聚类法：对 *n* 个被聚类的对象使用一组不相似性。最初，每个对象都被分配到单独的一类，然后用该算法进行迭代计算，在每一个阶段将最相似的两类合成一类，继续下去直到最后只剩下一类。
- Bicluster 聚类法：考虑一个双向的数据集。biclustering 的目标是找到尽可能相互接近的行、列子集，并尽可能多地与别的行、列子集不同。

可以在 http://eric.univ-lyon2.fr/~ricco/tanagra/fichiers/en_Tanagra_Rattle_Package_for_R.pdf 找到一个好的 Rattle 教程。作为一个进行数据挖掘的商务分析师，你尤其应该阅读 *R Journal on Rattle* 期刊上的文章，网址是：http://journal.r-project.org/archive/2009-2/RJournal2009-2_Williams.pdf。

8.3 使用 RevoScaleR 进行循环分析

进行运行分析的 RevoScaleR 程序包使用 xdf 文件格式，支持大数据集的分析。你可以使用运行分析软件的预置和自动建议功能，轻松地创建类。RevoScaleR 支持大数据集的 *k* -均值聚类。它声称能够在低于 6 分钟的时间内、在一个多于 1.23 亿行的航空公司数据集中找到两个类(共 7 个变量)。一个详细 P.227
的关于运行分析的 *k* -均值聚类分析，可以参考以下网址的案例研究：http://blog.revolutionanalytics.com/2011/06 /kmeans-big-data.html。

k-均值函数,rxKmeans,被按照一个外部存储算法来实现,一次计算一大块数据。由于*k*-均值算法"高度并行",rxKmeans每次读取一大块数据(行/观测),并对每一个数据块用劳埃德算法进行迭代运算。一旦所有的块都完成了处理,均值就被最后一次更新从而输出最终的结果。

如你所见,使用预置功能意味着,通过循环分析对大数据做你自己的聚类分析只需要三次点击而已。

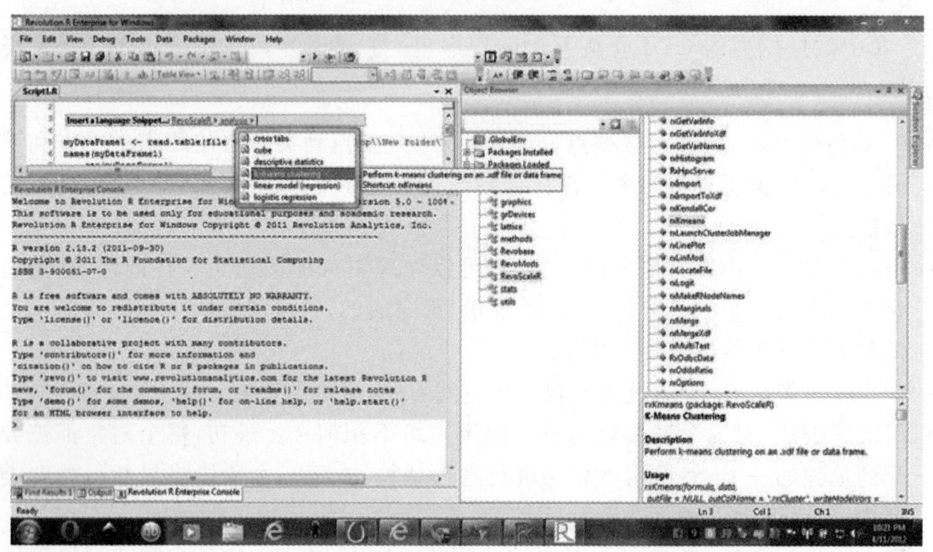

8.4 一个称为 Playwith 的 GUI

Playwith 是另一个 GUI,可用于交互式的数据可视化。它也有一个聚类的应用程序,可用于简单的聚类。

让我们测试一个在 playwith 中的聚类应用程序,称为 clusterApp。这提供了一个不错的玩聚类的互动方式。

clusterApp:一个迷你的聚类应用程序(是 playwith 的一个工具栏)。可以选择聚类和距离计算方法。"Cut Tree"按钮允许对类进行定义。这些按钮可以打开连接的图(边际分布、平行图或 MDS 图)显示聚类。

http://code.google.com/p/playwith/wiki/ClusterApp

P.228 library(playwith)

demo(clusterApp)

clusterApp(iris)

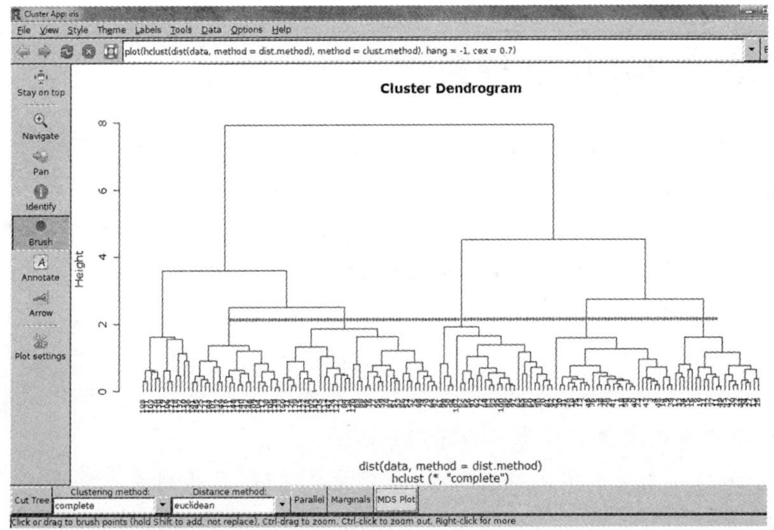

而输出可以被保存为 PDF 格式文件。

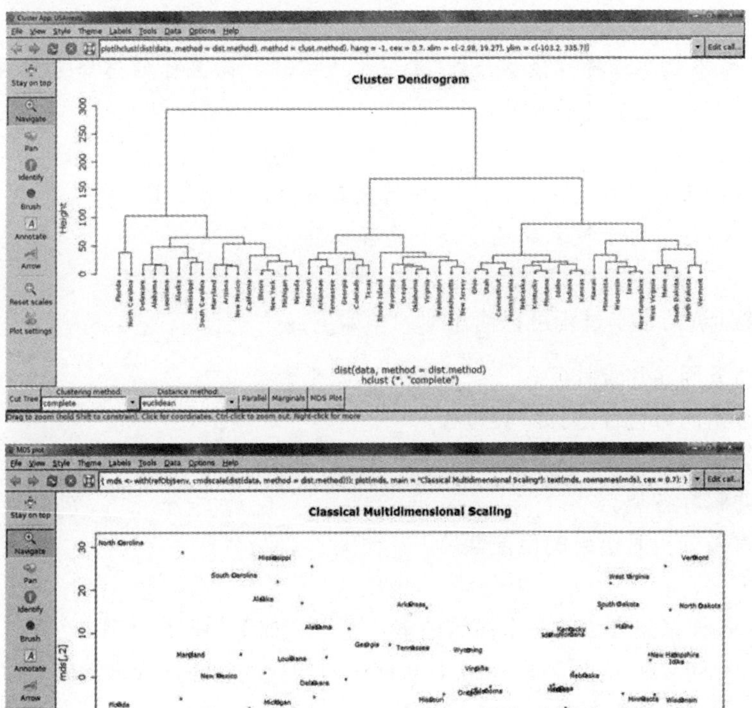

P.229

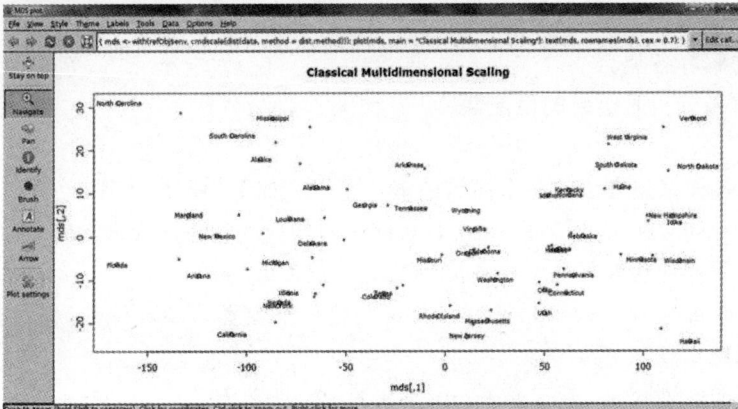

8.5 使用 Rattle 进行聚类分析

让我们用 Rattle 做一个测试性的聚类分析案例。在使用软件之前，让我们评估一下聚类的流程：

出自 http://faculty.ucr.edu/～hanneman/soc203b/examples/cluster.htm。

形形色色的聚类分析的主要差异表现在：

1. 观测值是否要标准化。
2. 分析是“聚集型的”还是“分散型的”(是以每个观测为一类开始逐步合并，还是开始将所有观测视为一类然后逐渐分解?)。
3. 相似性的测量或不同观测之间(或变量之间)距离的测量。
4. 一个观测是否被允许存在于多个组(分层或重叠聚类)。
5. 我们如何决定哪些观测在下一步被合并进类里(或被从类里分出)。

因为所有这些选择，“聚类分析”是一个大家族。而且你的选择常常确实事关重大。以下做法通常是明智的：

1. 为手头的问题选择一个在理论上有正当理由的方法且
2. 观察结果对于技术的适度调整是否稳健。

聚类分析的基本过程可以简单地列举如下：

- 阐明商务问题和统计问题——你为什么需要聚类？
- P.230 基于数据的可得性选择聚类过程。
- 决定类的数量(可以是迭代的)。
- 画图并解释各类。
- 检查重做分析时结果的稳定性。

关于各种聚类方法的一个简洁的解释可以在如下的网址找到：

http://stat.ethz.ch/R-manual/R-patched/library/cluster/html/agnes.html。

聚类分析将数据集中比较相似的观测值分成组(类)。

分层方法例如 agnes，diana 和 mona 构建一个各类的层次结构，类的数量从 1 到观测的数目。

分块方法像 pam，clara 和 fanny 要求用户给出类数。

你必须选择如何评估最终要构建多少类。其解决途径是通过树形图和直观的图。

这里是对采用 R 中的 Rattle GUI 进行聚类分析的一个简短的解释。请注意我们不编码，而仅仅使用 GUI，假定用户有关于 R 和聚类的基础知识。

1. 我们使用汽车数据包里的戴维斯数据集来演示并用 Data 标签输入数据。

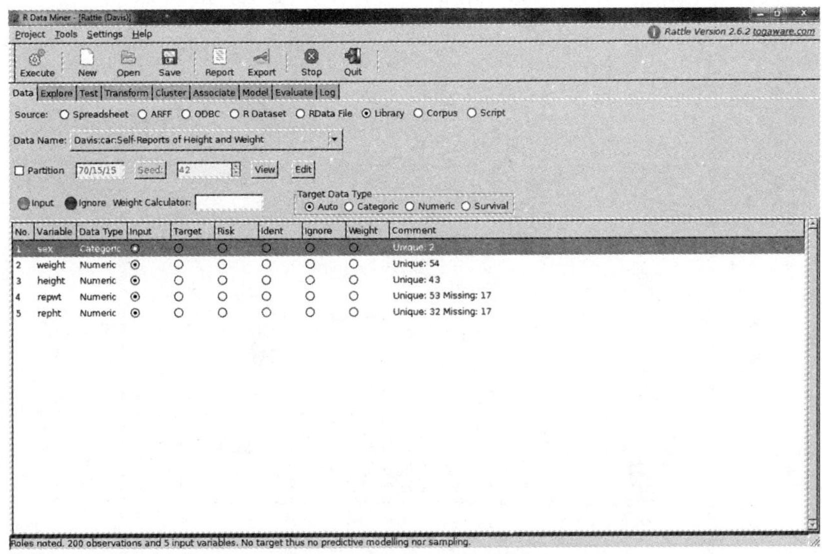

2. 我们使用 Cluster 图标，如图所示，采用 k -均值算法构建类。注意由于我们正在使用 Rattle 2.6.2 的版本，所以在聚类中没有出现 ewkm 图标。注意其产生的类统计量，包括类的大小和类中心。 P.231

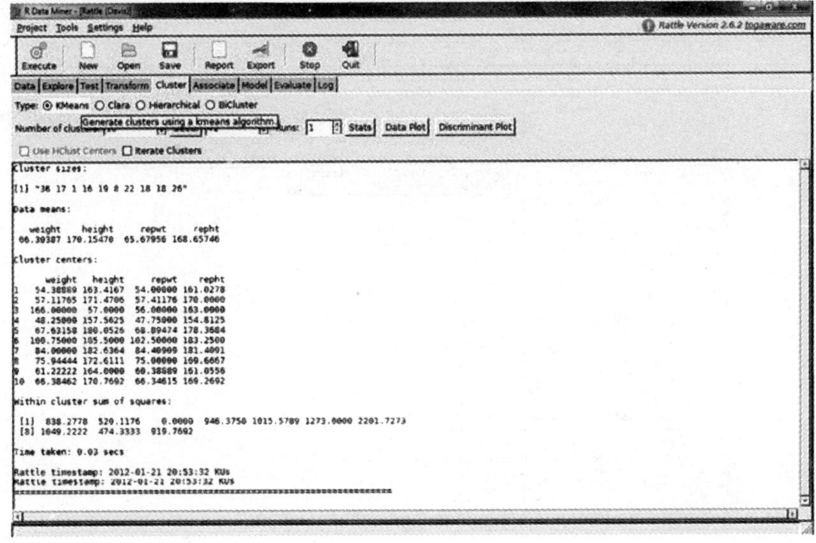

3. 使用数据图的特性，我们看到数据集的图形：

P.232 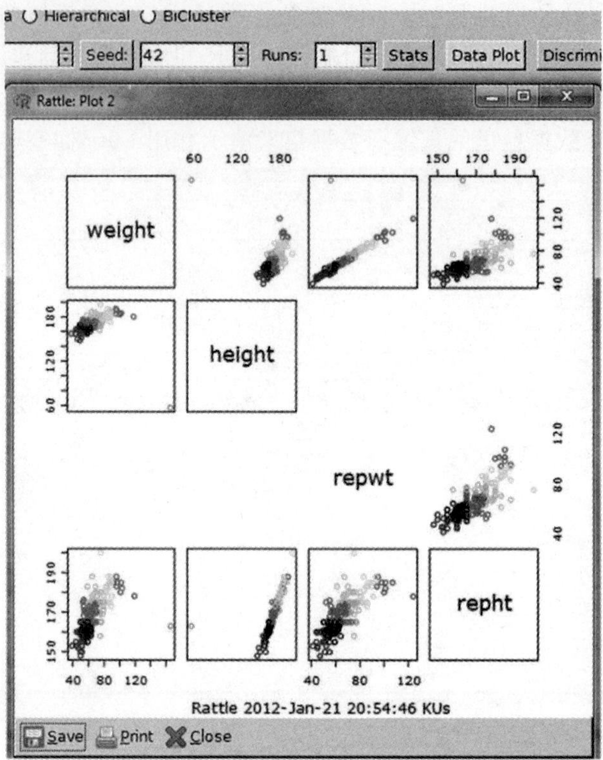

4. 注意我们可以在 Rattle 中使用类的迭代特性以便进行迭代，并找到类的数目：

P.233 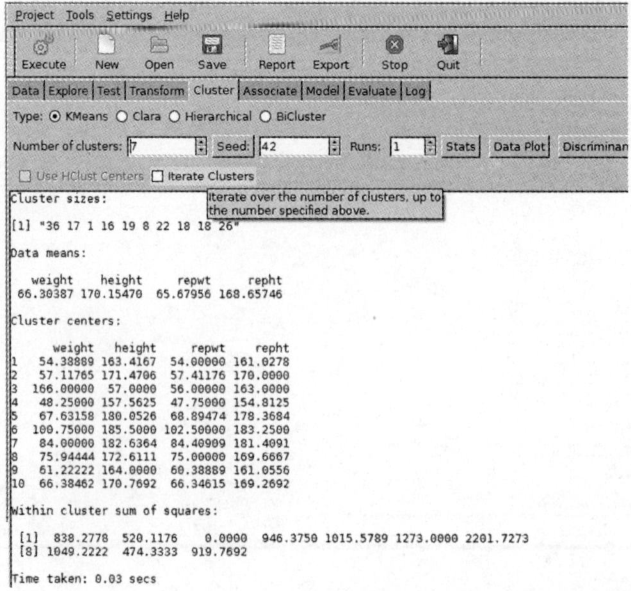

5. 根据不同的平方和(sum of squares)的差异,迭代特性表明要决定的适当的分组数。注意 4 类和 5 类之间存在的较大的平方和差异:

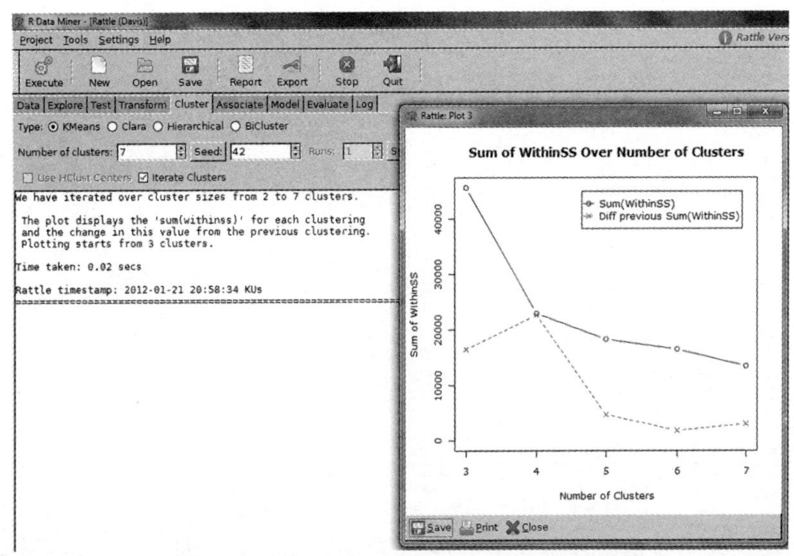

6. 我们转而说说层次聚类算法。Rattle 支持 7 种不同的聚集方法,关于这些方法 P.234
之间差异的详细描述请见:http://stat.ethz.ch/R-manual/R-devel/library/stats/html/hclust.html:对于 n 个对象使用一组不相似性测量进行了层次聚类分析。起初,每个对象都自己作为一类,接着展开迭代算法,在每个阶段都将两个最相似的类合并,继续进行直到只剩下一个类。在每个阶段,类之间的距离都通过与具体的聚类方法相一致的 Lance-Williams 的更新公式重新计算。Ward 的最小方差方法旨在发现紧凑的、球形的类。完全连接方法旨在发现相似的类。单一连接方法(它与最小跨度树方法密切相关)采取的是"朋友拉朋友"的聚类策略。其他方法的类介于完全连接方法和单一连接方法之间。然而,要注意,"中位数"和"矩心"方法不会产生同样的距离测量,或者,等价地说,其结果的树形图有可能产生所谓的反转(这很难解释)。

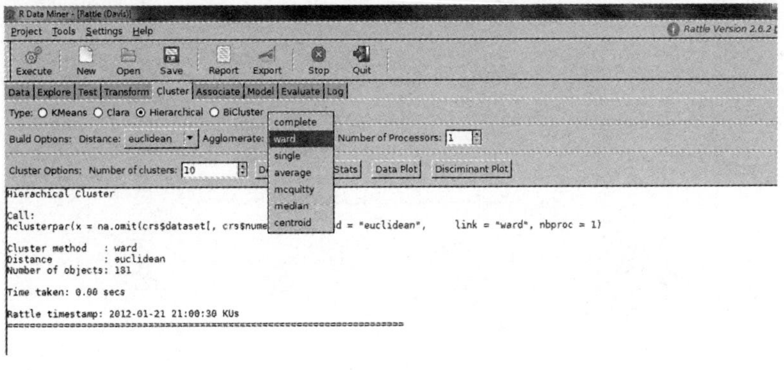

7. 有八种距离指标确定类矩心之间的距离。这里给一个例子：在一个二维空间，点(1,0)和原点(0,0)之间的距离根据通常的规范总是1，但是点(1,0)和原点(0,0)之间的距离可在曼哈坦距离、欧式距离和最大距离的规范下分别是2，2的平方根和1。

P.235

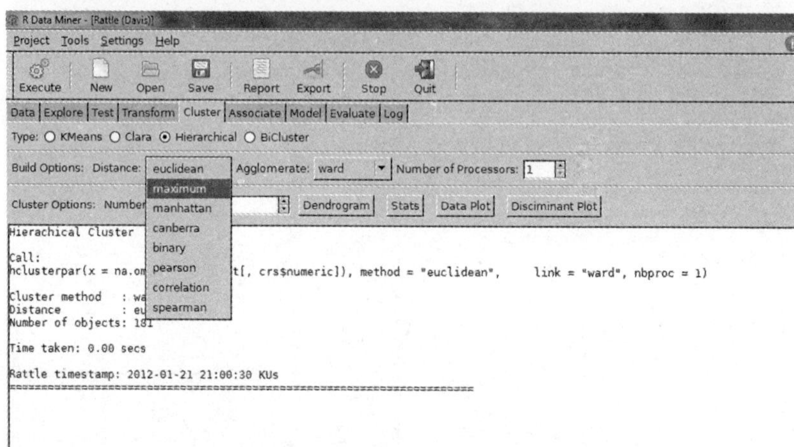

8. 系统树图产生在聚类分析结束以后，可以通过点击 Dendrogram 图标显示：

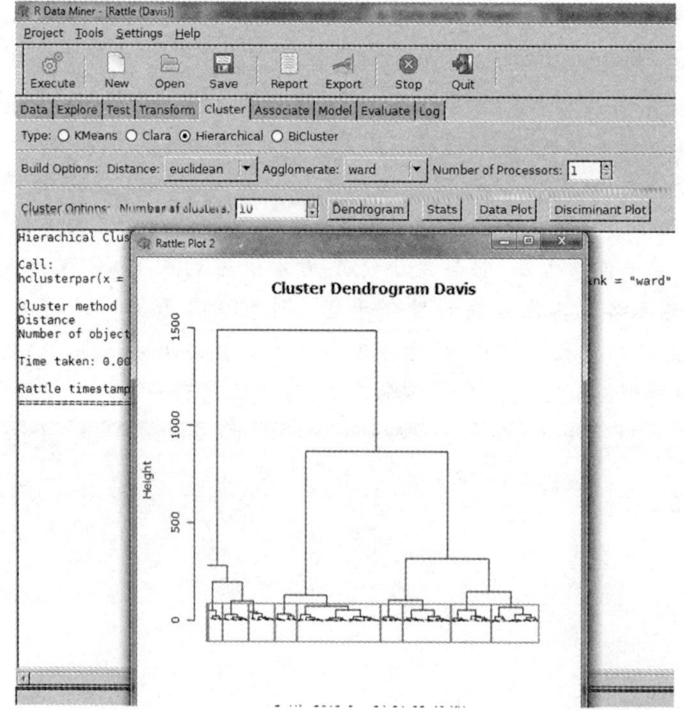

9. Stats 图标显示与层次聚类相关联的统计量：

P.236

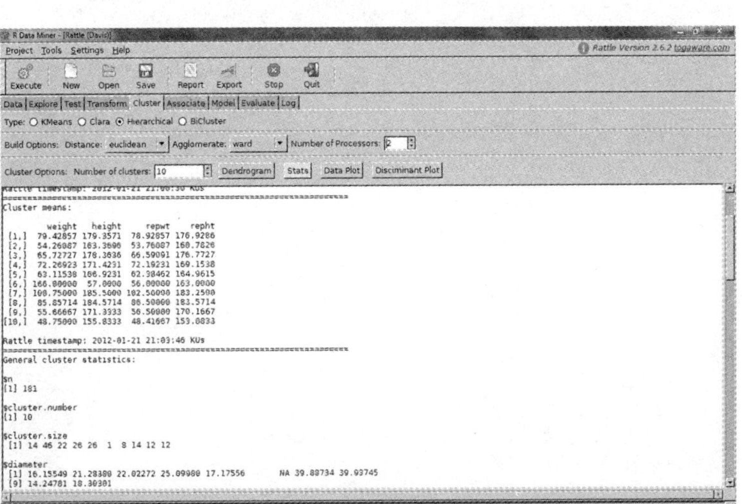

10. 转到 bicluster 方法。该方法的一个解释在前面的“基于 GUI 的聚类方法”一节中提到过。

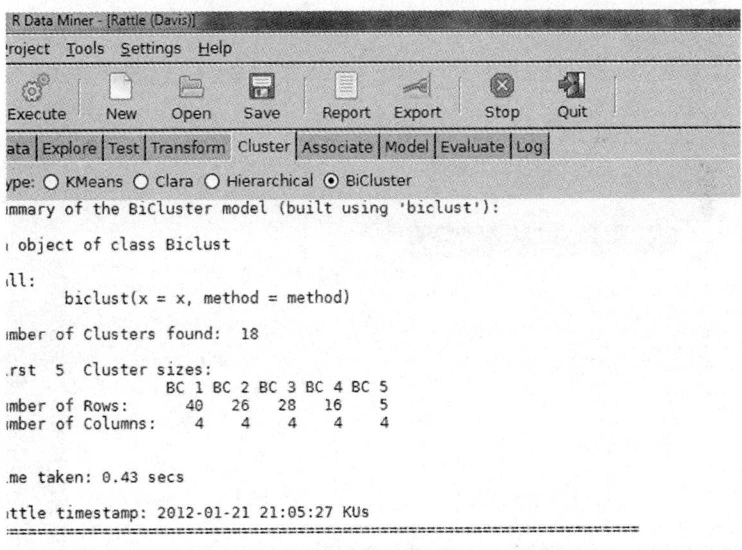

11. Rattle GUI 2.6.7 版本介绍了 Ewkm 聚类方法(注意,因为有时候 GTK2 会对 Rattle 在 Windows 中的安装带来问题,我在一个虚拟的 VMWare 分区中使用 Ubuntu Linux 作为操作系统)：

P.237

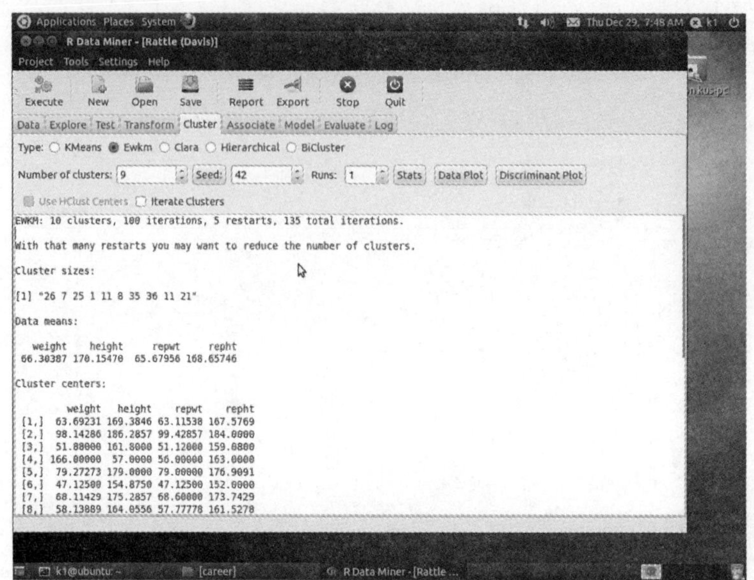

12. Rattle 的一个不错的功能是它允许你轻松地使用多个聚类分析方法，如创建分层聚类并将其用作对 k -均值聚类的输入：

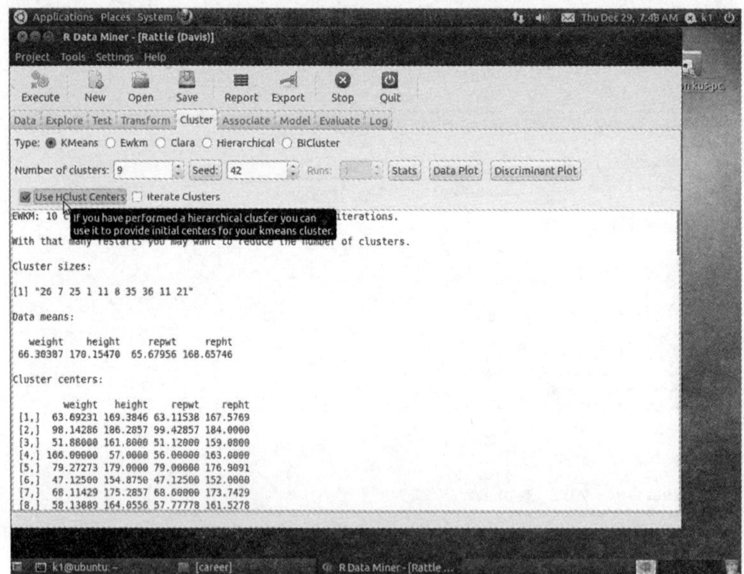

13. 我们再次使用迭代聚类法来调整类的数量：

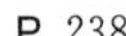

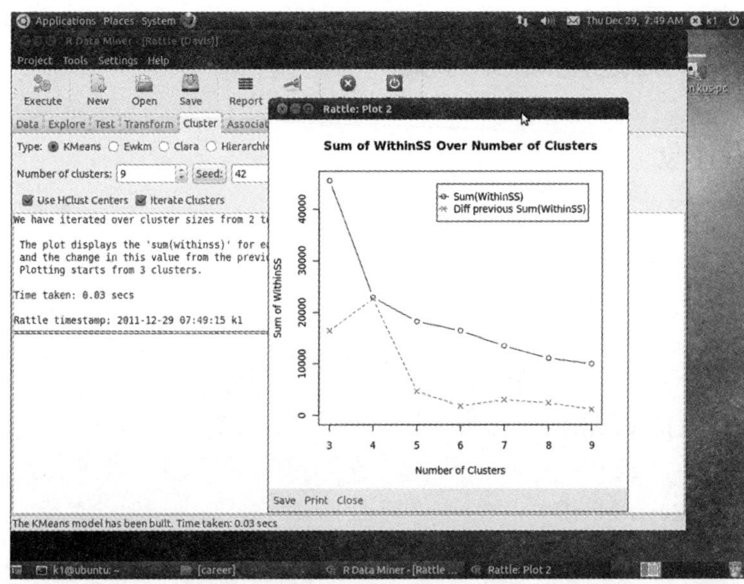

14. 注意可以用 Rattle 来改变处理器的数量以提高处理的速度：

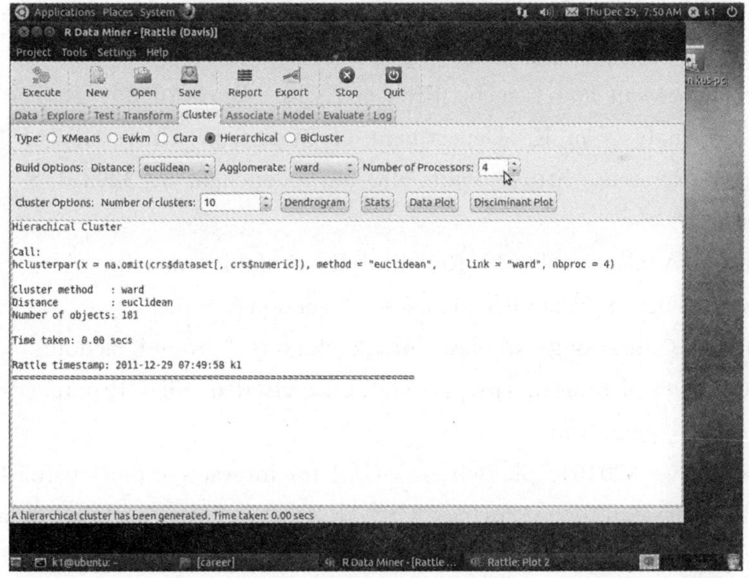

P.239

8.6 本章用过的命令小结

8.6.1 程序包

- Rattle
- playwith
- RevoScaleR

8.6.2 函数

- ClusterApp(playwith)
- rattle()
- rxKmeans(RevoScaleR)

引用和参考文献

- Graham Williams (2011). Data Mining with R and Rattle: The Art of Excavating Data for Knowledge Discovery, Springer.
- Kaiser, Sebastian and Leisch, Friedrich (16. April 2008): A Toolbox for Bicluster Analysis in R. Department of Statistics, University of Munich: Technical Reports. http://epub. ub. uni-muenchen. de/3293/1/S_Kaiser_biclust. pdf.
- Revolution Analytics (2011) RevoScaleR: Scalable, distributable, fast, and extensible data analysis in R. R package version 2. 0-0.
- Partitioning (clustering) of data into k clusters "around medoids", a more robustVersion of k-means: http://stat. ethz. ch/R-manual/R-patched/library/cluster/html/pam. html.
- Felix Andrews (2010). playwith: A GUI for interactive plots using GTK+. R package version 0. 9-53. http://CRAN. R-project. org/package=playwith.
- K-Means Documentation: http://stat. ethz. ch/R-manual/R-patched/library/stats/html/kmeans. html.
- Hierarchical Clustering Documentation: http://stat. ethz. ch/R-manual/R-devel/library/stats/html/hclust. html.
- Clara: Clustering Large Applications: http://stat. ethz. ch/R-manual/R-patched/library/cluster/html/clara. html.

- CRAN View on Clustering：http://cran. r-project. org/web/views/Cluster. html.
- Rattle Tutorial：http://eric. univ-lyon2. fr/～ ricco/tanagra/fichiers/en _ Tanagra_ Rattle_Package_for_R. pdf.
- Graham Williams，Togaware，Journal of Statistical Software，Rattle Article：http://journal. r-project. org/archive/2009-2/RJournal_2009-2_Williams. pdf.
- David Smith，Revolution Analytics Case Study on Using rxKmeans：http:// P.240
blog. revolutionanalytics. com/2011/06/kmeans-big-data. html.
- Robert A. Hanneman，Department of Sociology，University of California，River-side：http://faculty. ucr. edu/～ hanneman/soc203b/examples/cluster. htm.
- Wikipedia：http://en. wikipedia. org/wiki/Category：Data _ clustering _ algorithms andhttp://en. wikipeclia. org/wiki/Cluster_analysis.
- Wikipedia：http://en. wikipedia. org/wiki/Hierarchical_clustering.
- R Online Documentation HClust：http://stat. ethz. ch/R-manual/R-devel/library/stats/html/hclust. html.
- James L. Schmidhammer，University of Tennessee：http://bus. utk. edu/stat/stat579/Hierarchical%20Clustering%20Methcds. pdf.
- Cosma Shalizi，Carnegie Mellon University：http://www. stat. cmu. edu/～cshalizi/350/lectures/08/lecture-08. pdf.

第 9 章 预测和时间序列模型

P.241 9.1 时间序列简介

时间序列是一个序列，其中，一些数量或变量随时间间隔而变化(以月、周、日、小时等形式)。这基本上意味着一个特定变量的未来值以某种形式和当前值相关，也与时间间隔的长短有关系。

朴素预测假定未来值是当前值的一个函数。如果时间序列稳定，那么朴素预测将与当前值一样。另一种朴素预测是假定未来值是当前值的百分比的增或减。

季节性的朴素预测假定未来值是同一个季节前一个值的函数。漂移朴素预测假定未来值是当前值加上每个时间段内的平均变化的函数。你可以使用 rwf()函数来创建朴素的带漂移预测。

对于商务分析用户，我们推荐自动预测方法，主要是预测程序包中的 ets 和 auto. arima 预测函数以及一个 GUI 解决方案的 Commander E Pack 插件。

9.2 时间序列和预测方法

时间序列分析的第一步是对时间序列画图并进行观察。参见 http://people. bath. ac. uk/masgs/time%20series/TimeSeriesR2004. pdf 中 Shaddick (2004)的教程。

使用 plot 命令(或 plot. ts 命令)查看数据。

在每种情况下，都回答下列问题：

(a) 数据中存在任何趋势的迹象吗(即一个趋势值上升或下降)？

(b) 数据中存在任何周期性行为的迹象吗？

P.242 (c) 数据中有任何方向上的变化吗？

(d) 数据中有任何不规则值吗?

http://www.statistik.uni-dortmund.de/useR-2008/slides/Barbosa.pdf

1. 使用 R 中的 lubricate 程序包或 strptime 函数创建适当的时间序列周期。
2. 绘制时间序列图(plot.ts)及 freq 选项。

    (a) 使用 forecast 程序包中的 tsdisplay()函数,对数据、自协方差和偏自相关绘图。
    (b) 使用 forecast 程序包中的 seasonplot()函数对季节变化绘图。
    (c) 时间序列分解:假定一个时间序列有三到四个组成部分:长期趋势、季节性、周期性和不规则性(剩余)。forecast 程序包中的 stl()函数提供了比 decompose()函数更好的可视化。

3. 检查平稳性。

    (a) 一个平稳时间序列意味着在一个合理的时间范围内当时间范围的端点取不同值时,其均值不改变。所以,如果我们有一个时间序列,包含 100 个时段,我们从中抽取样本时段 1～20,30～50,70～100,其均值应该大体相等。
    (b) 可选:求差分并采取对数变换,直到你通过时间序列图看到一个平稳的时间序列。
    (c) 看 acf 和 pacf。如果 acf 图呈下降趋势,那么序列平稳。同时,峰状的 acf 显示时间序列的周期性。

4. 使用 ets,auto arima 或者 bulk fit 生成初始模型。
5. 使用 accuracy 函数来比较模型。
6. 使用 forecast 和 predict 构建模型。
7. 对预测结果画图。

在 R 中,time series 或"ts"是等间隔时间序列的基本类型。

让我们看一个例子。

```
library(forecast)
data(AirPassengers)
str(AirPassengers)
tsdisplay(AirPassengers)
```

P.243

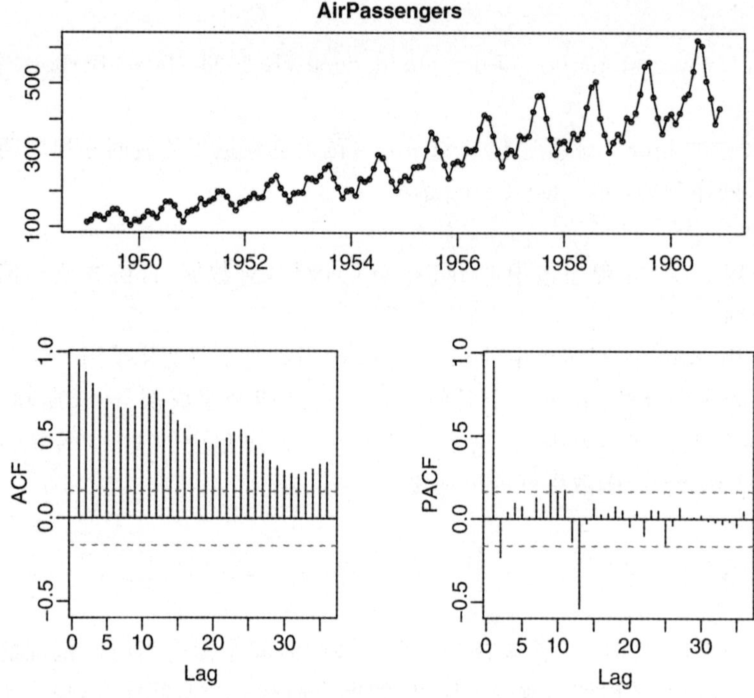

Seasonplot(AirPassengers)

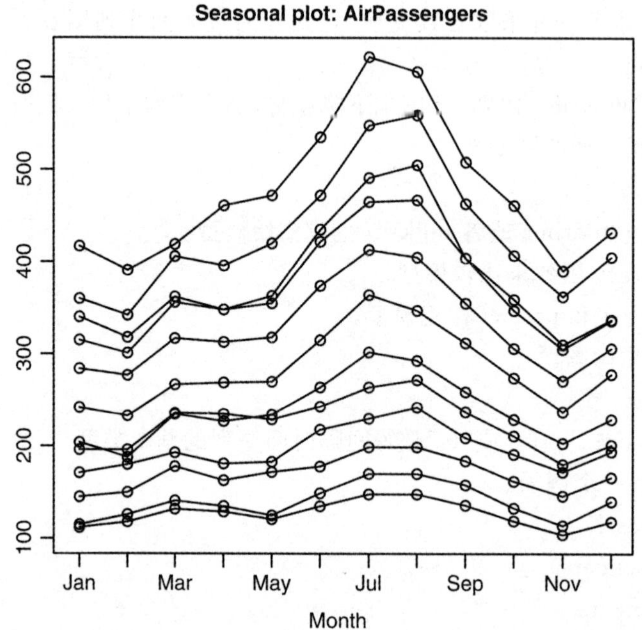

Stl(AirPassengers,"predict") P.244

plot(stl(AirPassengers,"periodic"),main="STL Function")

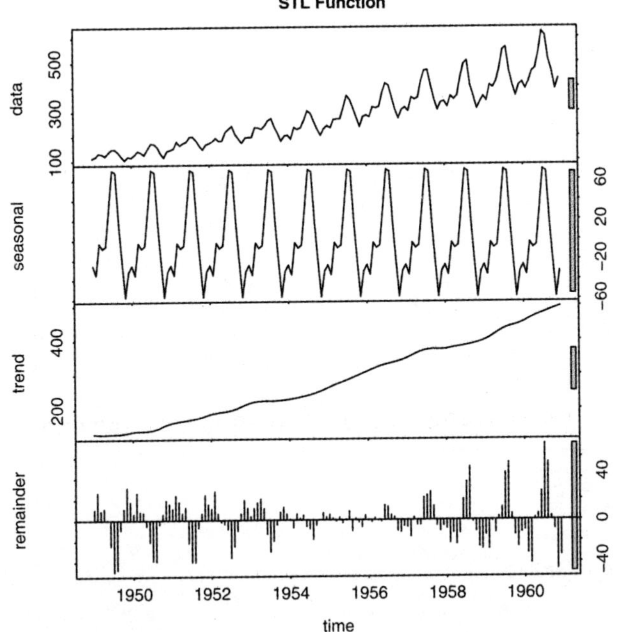

Model 1 = ets(AirPassengers)

plot(model 1)

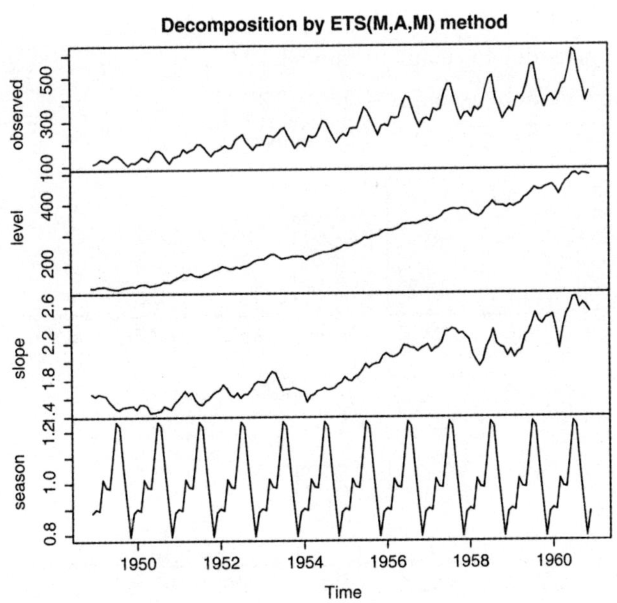

```
P.245 model 2 = auto.arima(AirPassengers)
par(mfrow= c(2,1))
forecast(model 1 , 10)
plot(forecast(model 1,10))
forecast(model 2,10)
plot(forecast(model2,10))
```

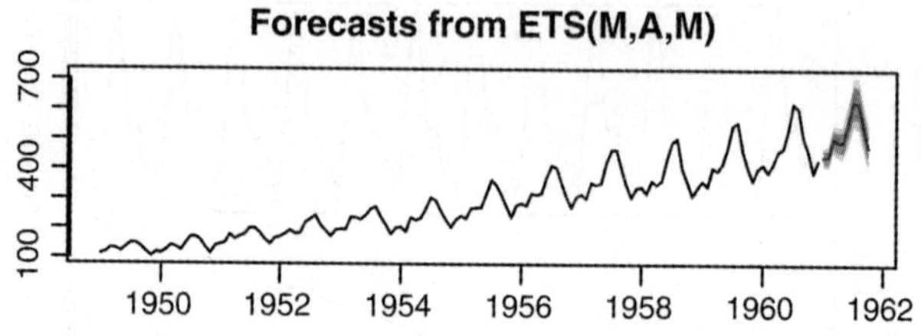

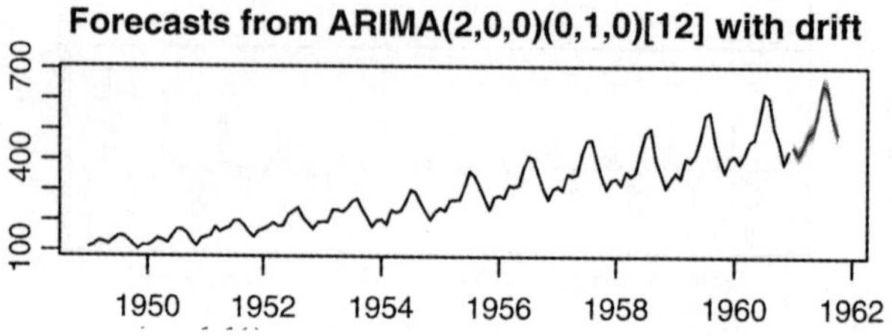


```
accuracy(model 1)
accuracy(model 2)
par(mfrow = c(2,1))
barplot(accuracy(model 1),main ="model 1")
barplot(accuracy(model 2),main ="model 2")
```

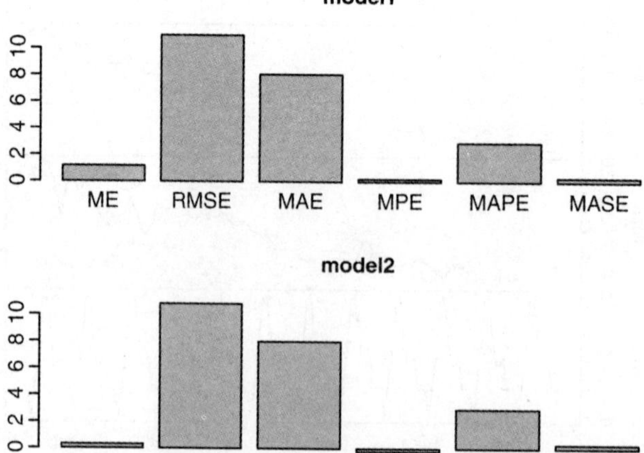

P.246

9.3 时间序列模型的种类

以下是时间序列预测的主要模型类型。其理论上差异的讨论已经超出了本书的范围。

- ARCH：条件自回归异方差模型。
- GARCH：广义条件自回归异方差模型。GARCH(p,q)，时间序列模型；可在 tseries 程序包中找到。
- Spectrum：对谱密度要使用 spectrum()函数。
- Exponential：在 forecast 程序包的 ets 方法中使用。
  —Winters
  —Holt
- ARIMA：自回归协整移动平均模型。
- ARIMAX：带回归变量(X)的 ARIMA 模型。
- **时间序列模型误差指标。**
  误差＝预测值－实际值
  如果预测值＞实际值，那么误差是正的(或过高的预测)；
  如果预测值＜实际值，那么误差是负的(或偏低的预测)；
  平方误差 ＝ 误差^2；
  误差绝对值 ＝(误差的)绝对值；
  绝对平均误差，即 Mean Absolute Error，MAE ＝所有误差绝对值的均值。
- 平均误差
  —MAE：平均绝对误差。
  —MSE：均方误差。
  —RMSE：均方根误差。
- MAPE：平均绝对百分比误差。
- MASE：平均绝对平方误差。

信息值指标

- AIC

R 时间序列视图

R 中关于时间序列的一个非常全面的文档可以使用视图：http://cran.cnr.berkeley.edu/web/views/TimeSeries.html。引用一个总结：

分析和建立时间序列模型的方法包括 arima()中的 ARIMA 模型、ar()中的 AR(p)和 VAR (p)、StructTS()中的结构模型、通过 plot()实现的可视化、acf()和 pacf()中的(偏)自相关函数、decompose()中的古典分解、stl()中的 STL 分解、

filter()中的移动均值和自回归线性过滤和 HoltWinters 中基本的 Holt-Winters 预测。

指数平滑法:stats 中的 HoltWinters() 用局部优化方法提供了一些基本的统计模型,forecast 程序包中的 ets()提供了更多的模型并支持全局优化。

P.247 ARIMA 模型:stats 中的 arima()是 ARIMA、SARIMA、ARIMAX 和子集的 ARIMA 模型的基本函数。它和 auto. arima()一起在 forecast 程序包中在自动定阶方面得到了加强。

9.4 处理日期-时间数据

使用 strptime(数据集,格式)函数可以将字符变量转换成字符串。

例如,如果变量 dob 是(“*01/04/1977*”),那么如下的内容都会转换成日期对象:

z = strptime(dob, “%d%m%Y”)

如果相同的日期是(“*01 Aprl 1977*”),那么

z = strptime(dob,“%d %b%Y”)

有同样的结果。

关于处理日期和时间方面问题的帮助,记得附上格式% *d*、% *b*、% *m* 和%*Y*,一定要和原始字符串的顺序严格一致,如果有任何分隔符如“-”或“/”,那么这些分隔符进入 *strptime* 中 format 语句的次序要完全相同。

Sys. time()给你当前日期-时间,而函数 *difftime*(*time1* , *time2*)给你时间间隔(如果你有两列作为日期-时间变量)。下面给出输入日期-时间的各种格式。这些将帮助我们将字符变量转换成日期-时间变量。

%a 当前语言环境中一个工作日名称的缩写(也与全名称输入相匹配)。

%A 当前语言环境中一个工作日名称的全称(也与名称缩写输入相匹配)。

%b 当前语言环境中月份名称的缩写(也与全名称输入相匹配)。

%B 当前语言环境中月份名称的全称(也与名称缩写输入相匹配)。

%c 日期和时间;当前语言环境中特定的输出,输入“% a % b % e % H:% M:% S % Y”。

%d 十进制数的月中各天(01～31)。

%H 十进制数的小时(00～23)。

%I 十进制数的小时(01～12)。

%j 十进制数的年中各日(001～366)。

%m 十进制数的月份(01～12)。

%M 十进制数的分钟(00～59)。

%p　当前语言环境中上午/下午指示器；与%I 结合使用，而不是与%H；在某些语言环境中为空字符串。

%S　十进制数的秒(00～61)，允许最多两个闰秒(但 posix-compliant 的实现将忽略闰秒)。

%U　十进制数的年中的星期(00～53)，使用星期日作为一个星期的第一天。

%w　十进制数的工作日(0～6，星期天是 0)。 P.248

%W　十进制数的一年中的星期(00～53)，使用星期一作为该星期的第一天(一般用当年第一个星期一作为第一个星期的第一天)。

%x　日期；当前语言环境中特定的输出、输入"%y/%m/%d"。

%X　时间；当前语言环境中特定的输出、输入"%H:%M:%S"。

%y　没有世纪的年份(00～99)；00～68 的前缀为 20，而 69～99 年的前缀是 19—，即 2004 POSIX 标准规定的行为，但它也说"预计在未来版本中从两位数年份推得的默认世纪前缀将会改变"。

%Y　带世纪的年份。

%z　UTC 签署的小时和分钟的抵消，所以－0800 是 UTC 后面的 8h。

% Z　(仅对输出)时区为字符串(没有则为空)。

我们还可以使用"lubridate"程序包很容易地转换日期-时间数据。

9.5　使用 R commander GUI 的 epack 插件

我们在此介绍一个方法使用 GUI R Commander 与 epack 插件来进行时间序列分析。

在加载 epack 时，我们可以看到两个额外的菜单已经被添加到 R Commander 中。其中一个是 TS-Data，另一个是 TS-Models。TS-Data 是被用来把输入的数据转换成适当的格式。

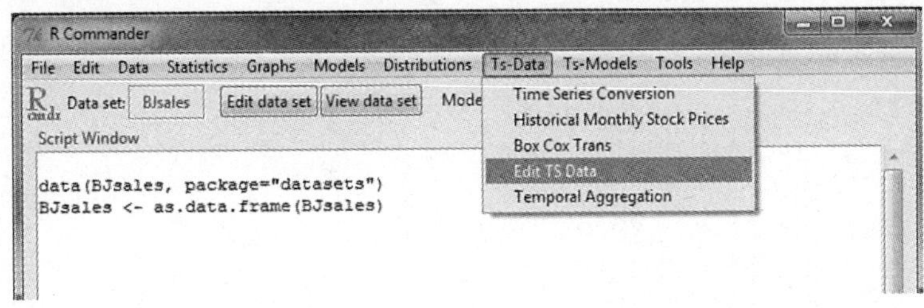

TS-Models 菜单用于创建和运行 ARIMA、GARCH、Holt-Winters 和指数平滑模型。它还用于依据某一特定模型生成预测以及用于对时间序列的分解。

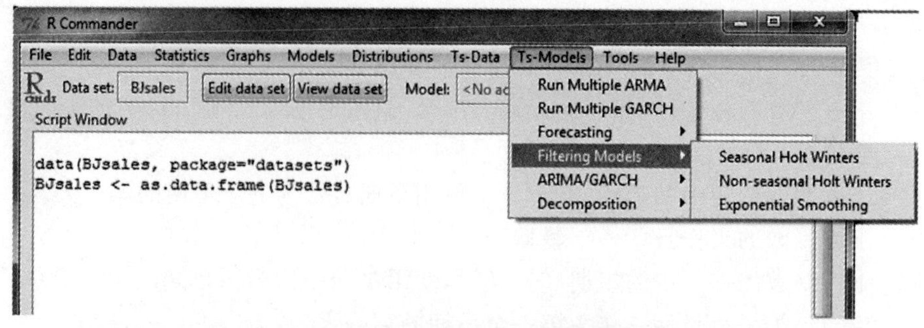

P.249 分解选项卡有乘法和加法分解两种，也可以两种都选。

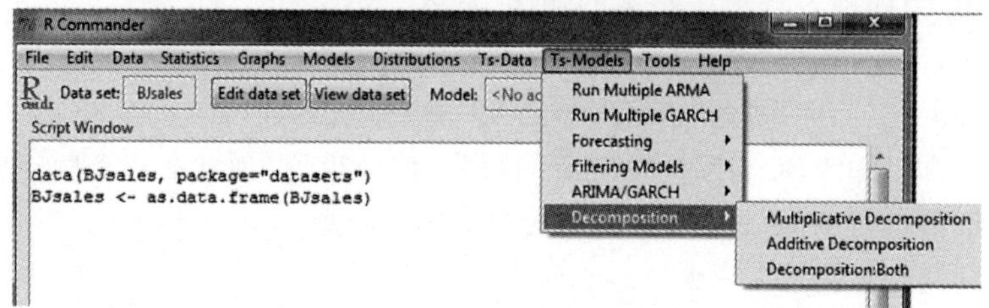

在运行多个ARMA模型时，这就是我们得到的输出。注意，调用的函数为bulkfit，而R Commander会自动生成语法。

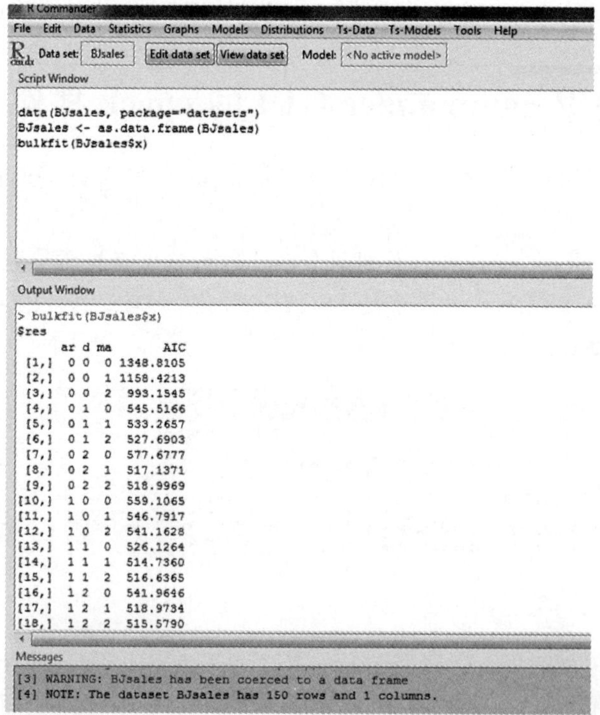

P.250 这个bulkfit函数基本上运行多个ARMA模型并选择AIC值最低的模型。

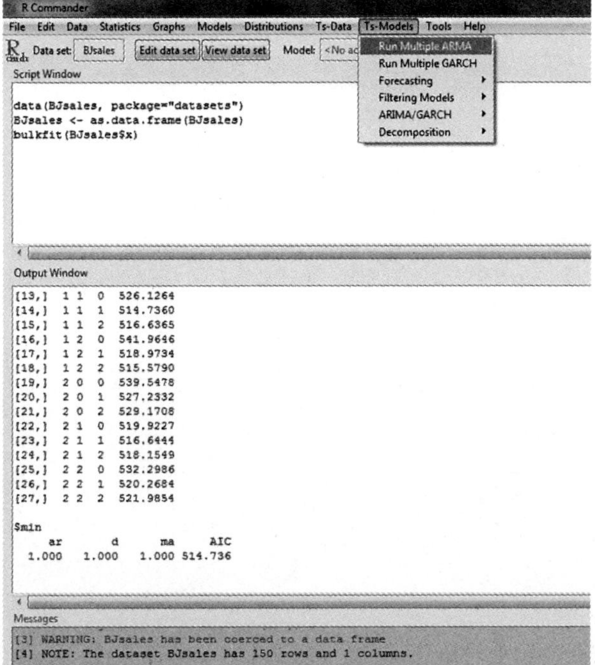

TS-Models 菜单选项的第二个是多项 GARCH 模型。

使用的命令是 bulkfitg()。

P.251

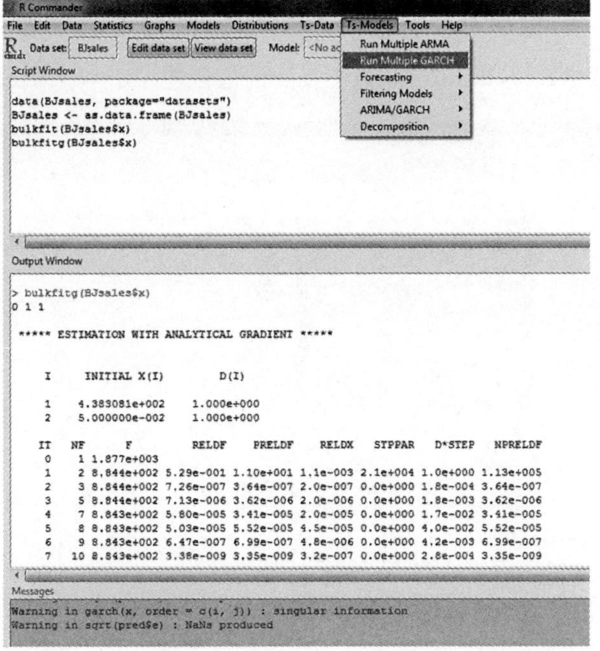

P.252 运行多个 GARCH 模型的输出结果也显示在这里。

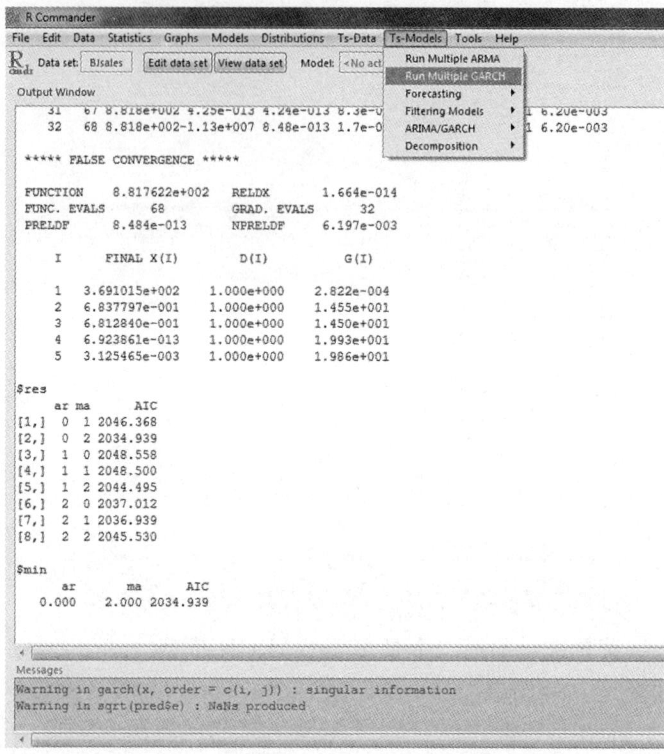

现在我们依据在 bulkfitg()函数中找到的值创建一个 GARCH 模型。

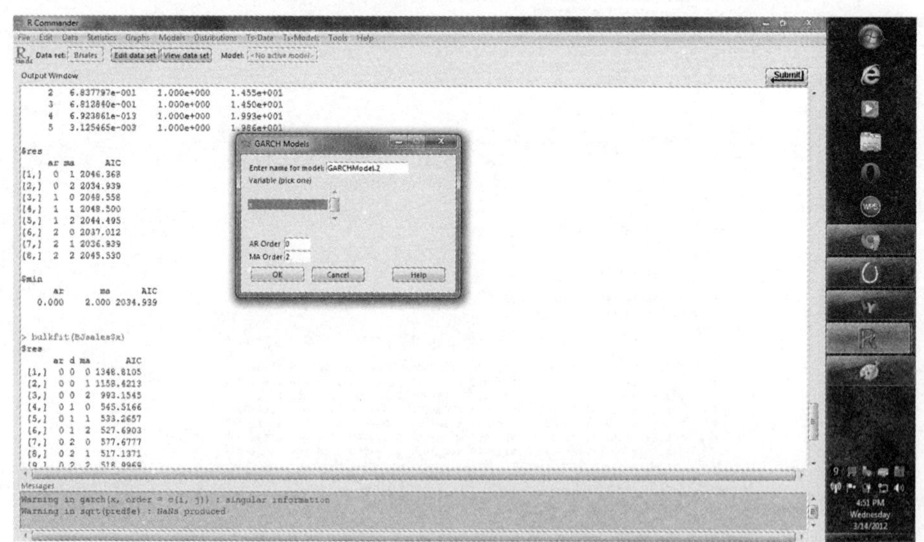

注意，R Commander 菜单显示了加载的活动模型。 P.253

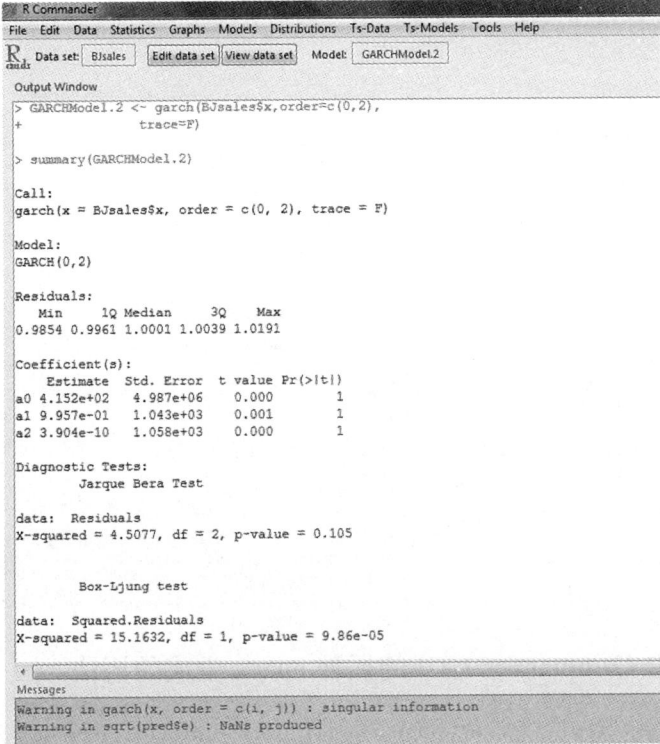

```
R Commander
File  Edit  Data  Statistics  Graphs  Models  Distributions  Ts-Data  Ts-Models  Tools  Help
Data set: BJsales   Edit data set  View data set   Model: GARCHModel.2
Output Window
> GARCHModel.2 <- garch(BJsales$x,order=c(0,2),
+               trace=F)

> summary(GARCHModel.2)

Call:
garch(x = BJsales$x, order = c(0, 2), trace = F)

Model:
GARCH(0,2)

Residuals:
   Min      1Q Median     3Q    Max
0.9854 0.9961 1.0001 1.0039 1.0191

Coefficient(s):
    Estimate  Std. Error  t value Pr(>|t|)
a0 4.152e+02   4.987e+06    0.000        1
a1 9.957e-01   1.043e+03    0.001        1
a2 3.904e-10   1.058e+03    0.000        1

Diagnostic Tests:
        Jarque Bera Test

data:  Residuals
X-squared = 4.5077, df = 2, p-value = 0.105


        Box-Ljung test

data:  Squared.Residuals
X-squared = 15.1632, df = 1, p-value = 9.86e-05

Messages
Warning in garch(x, order = c(i, j)) : singular information
Warning in sqrt(pred$e) : NaNs produced
```

同样，我们依据前面 bulkfit() 步骤获得的值创建 ARIMA 模型。 P.254

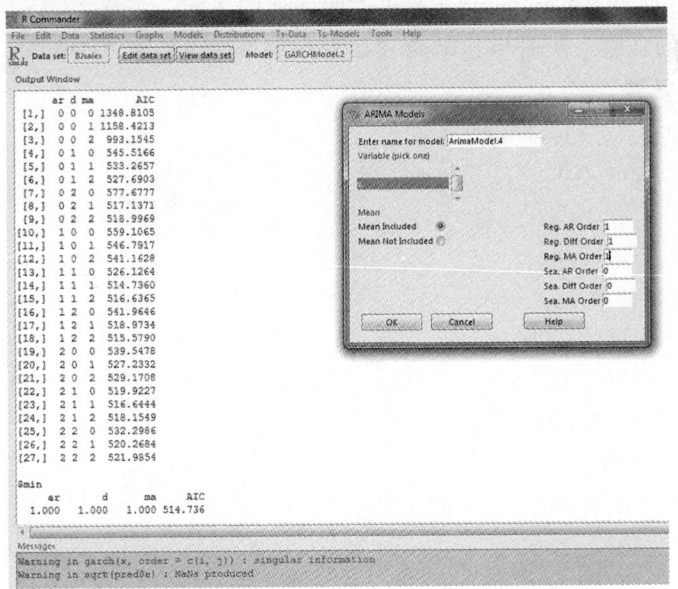

我们使用预测选项卡并将预测值绘图，如下面的屏幕截取所示。我们可以定制预测期数并且选择要呈示的模型。图中彩色值代表了置信区间未来预测值的可能范围。

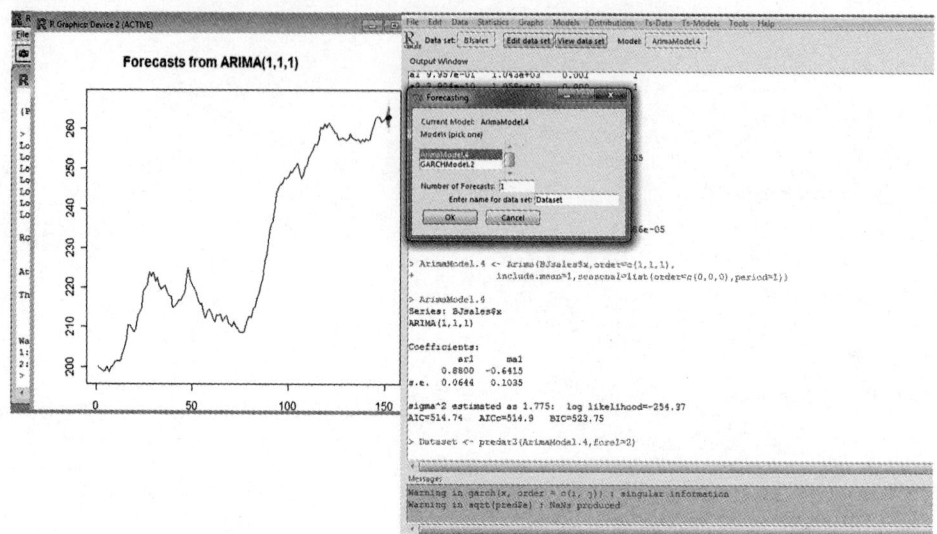

P.255 9.5.1 用 R Commander GUI 的插件 epack 生成的语法

资料来源：http://www.statistik.uni-dortmund.de/useR-2008/abstracts/Hodgess+Vobach.pdf。

epack 插件对 R Commander 提供时间序列的功能。注意 GUI 有助于探索不同时间序列的功能。使用 bulkfit 你可以对数据集拟合各种 ARMA 模型并基于最低 AIC 进行选择。

```
> bulkfit(Air Passengers $ x)
$ res ar d ma AIC
[1,]0 0 01790.368
[2,] 0 0 1 1618.863
[3,]0 0 2 1522.122
[4,] 0 1 0 1413.909
[5,]0 1 1 1397.258
[6,]0 1 2 1397.093
[7,]0 2 0 1450.596
[8,]0 2 1 1411.368
[9,]0 2 2 1394.373
[10,] 1 00 1428.179
```

```
[11,] 10 1 1409.748
[12,] 10 2 1411.050
[13,] 1 10 1401.853
[14,] 1 1 1 1394.683
[15,] 1 1 2 1385.497
[16,] 1 2 0 1447.028
[17,] 1 2 1 1398.929
[18,] 1 2 2 1391.910
[19,] 20 0 1413.639
[20,] 20 1 1408.249
[21,] 20 2 1408.343
[22,] 2 10 1396.588
[23,] 2 1 1 1378.338
[24,] 2 1 2 1387.409
[25,] 2 2 0 1440.078
[26,] 2 2 1 1393.882
[27,] 2 2 2 1392.659
$min ar d ma AIC
2.000 1.000 1.000 1378.338
>ArimaModel.5 <-Arima(AirPassengers$x,order=c(0,1,1),
+ include.mean=1,
+ seasonal=list(order=c(0,1,1),period= 12))
>ArimaModel.5
序列:AirPassengers$x ARIMA (0,1,1)(0,1,1)[12]    P.256
Call:Arima(x = AirPassengers$x,order = c(0, 1, 1),seasonal = list
(order = c(0, 1,1), period = 12), include.mean =1)
系数:
ma1 sma1
-0.3087 -0.1074
s.e. 0.0890 0.0828
sigma^2 estimated as 135.4: log likelihood =-507.5
AIC = 1021 AICc = 1021.19 BIC = 1029.63
> summary(ArimaModel.5, cor=FALSE)
序列: AirPassengers$x ARIMA(0,1,1)(0,1,1)[1 2]
Call: Arima(x = AirPassengers$x, order = c(0, 1, 1), seasonal = list
```

```
(order = c(0,1,1), period = 12), include.mean = 1)
    系数:
    ma1 sma1
    -0.3087 -0.1074
    s.e. 0.0890 0.0828
    sigma^2 estimated as 135.4: log likelihood =-507.5
    AIC = 1021 AICc = 1021.19 BIC = 1029.63
    In-sample error measures:
    ME RMSE MAE MPE MAPE MASE
    0.32355285 11.09952005 8.16242469 0.04409006 2.89713514 0.31563730
    Dataset79<-predar3(ArimaModel.5,fore1=5)
```

9.6 本章用过的命令小结

9.6.1 程序包

- forecast
- lubridate
- R Commander with Plugin Epack

9.6.2 函数

- strptime()
- difftime()
- plot()
- auto.arima(forecast)
- ets(forecast)
- accuracy()
- P.257 decompose()
- acf()
- forecast()
- pacf()
- stl(forecast)
- ts.plot
- tsdisplay(forecast)
- seasonplot(forecast)

引用和参考文献

- Using R (with aopplications in Time Series Analysis) Dr. Gavin Shaddick January 2004：http://people. bath. ac. uk/masgs/time%20series/TimeSeries R2004. pdf.
- Garrett Grolemund，Hadley Wickham (2011) Dates and Times Made Easy with lubridate. Journal of Statistical Software，40(3)，1-25. http://www. jstatsoft. org/v40/i03/.
- Rob J. Hyndman with contributions from Slava Razbash and Drew Schmidt (2012) forecast：Forecasting functions for time series and linear models. R package version 3. 19. http://CRAN. R-project. org/package=forecast.
- Fox，J. (2005). The R Commander：A Basic Statistics Graphical User Interface to R. Journal of Statistical Software，14(9)：1-42. http://www. jstatsoft. org/v14/i09.
- Erin Hodgess (2012) Rcmdr Plugin. epack：Rcmdr plugin for time series. R package version 1. 2. 5. http://CRAN. R-project. org/package=RcmdrPlugin. epack.
- Time Series Analysis with R-PartI. Walter Zucchini，Oleg Nenadi-http://www. statoek. wiso. uni-goettingen. de/veranstaltungen/zeitreihen/sommer03/ts _ r _ intro. pdf.
- Econometrics in R Grant V Farnsworth2008. http://cran. r-project. org/doc/contrib/Farnsworth-EconometricsInR. pdf.
- Hyndman，R. J. (n. d.) Time Series Data Library，http://robjhyndman. com/TSDL. Accessed on 21 March 2012.
- A Reference Card for Time Series functions in R：http://cran. r-project. org/doc/contrib/Ricci-refcard-ts. pdf.
- A slightly more exhaustive time series reference sheet：http://www. statistische-woche-nuernberg-2010. org/lehre/bachelor/datenanalyse/Refcard3. pdf.
- Issues in Time Series Analysis in R：http://www. stat. pitt. edu/stoffer/tsa2/Rissues. htm.
- Using GUI R Commander with Plugin Econometrics：http://user2010. org/slides/Rosadi. pdf.

关于时间-时期变量的文件(尤其是时区层面的、闰年秒数及差值计算)。

- http://stat.ethz.ch/R-manual/R-patched/library/base/html/difftime.html.
- http://stat.ethz.ch/R-manual/R-patched/library/base/html/strptime.html.
- http://stat.ethz.ch/R-manual/R-patched/library/base/html/Ops.Date.
P.258 html.
- http://stat.ethz.ch/R-manual/R-patched/library/base/html/Dates.html.
- Using TimeSeries, http://www.r-project.org/conferences/useR-2009/slides/Chalabi+Wuertz.pdf.

第 10 章

数据导出和输出

导出数据，并保存结果、图形和代码对于帮助完成最后的文件以及分析项目的演示都很重要。R 中有哪些可用的导出图形的格式？可以使用 capabilities()函数获得可用来导出图形的格式列表。 P.259

```
> capabilities()
jpeg png tiff tcltk X11 aqua http/ftp sockets libxml fifo cledit iconv NLS
profmemcairo
TRUE TRUE TRUE TRUEFALSE FALSE TRUE TRUE TRUE FALSE
TRUE TRUE TRUE TRUE TRUE
getwd()
```

这会获得当前工作目录。

```
setwd("C:/New Folder")
```

这会将新文件夹设置为工作目录。

1. 导出数据

```
write.table(df, quote = FALSE, sep =",")
###或者
write.csv(x, file ="foo.csv")
read.csv("foo.csv", row.names = 1)
##或没有行名称
write.csv(x, file ="foo.csv", row.names = FALSE)
read.csv("foo.csv")
```

MASS 程序包中的 write. matrix 提供了一个导出矩阵的特殊接口。

Foreign 程序包中的 write. foreign 函数使用 write. table 生成一个文本文件，同时导出一个编码文件，将这个文本文件读入另一个统计软件包中。

2. 导出图形和动画

- 你可以将图导出为 pdf、png、jpeg 或 bmp 格式，只需在做图之前添加 pdf("文件名.pdf")、png("文件名.png")、jpeg("文件名.jpg")或 bmp("文件名.bmp")，并在做图之后添加 dev.off()。

P.260 • 使用 png。

png("symbol.png", width = 20, height = 20, bg ="transparent")

• 使用 Dev.off。

在这里，图形不出现在 R 的图形窗口中。相反，它只是直接保存到指定的文件中。通过使用 dev.off 功能关闭图形设备。通过使用 dev.off 函数关闭绘图设备。

```
postscript(file ="D:/temp/graph2.eps", onefile=FALSE, horizontal=FALSE)
plot(read, write)
Dev.off()
```

此例中，我们将图保存为 *.png* 文件。

```
png("D:/temp/graph3.png")
hist(read)
```

此例中，我们将图保存为.pdf 文件。

```
pdf("D:/temp/graph4.pdf")
boxplot(write)
```

资源位置：http://www.ats.ucla.edu/stat/r/library/lecture_graphing_r.htm#out

• 使用 GUI。

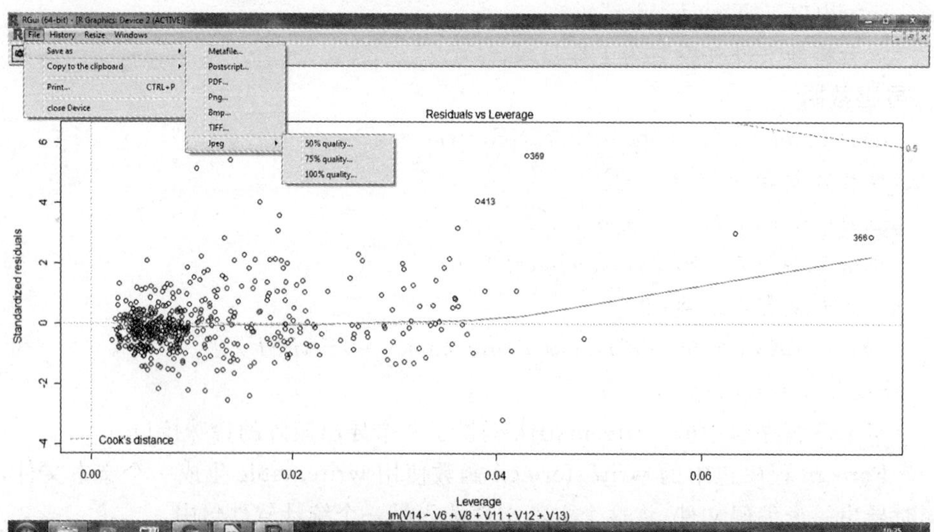

3. 导出和保存模型 P.261

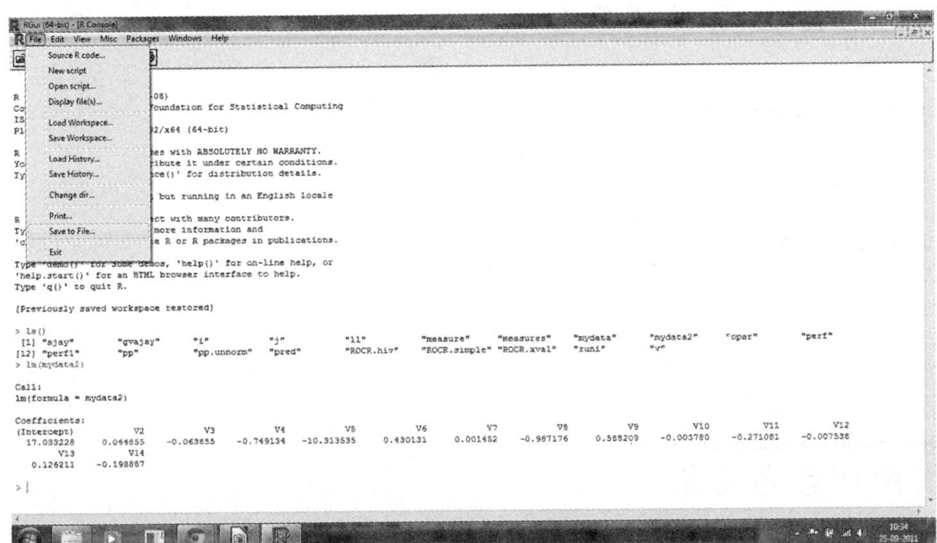

save. image() 只是“保存我当前工作空间”的一个快捷方式，

save(list = ls(all=TRUE), file =". RData")

用下面的函数也有同样结果：

q("yes")

- 使用 GUI。

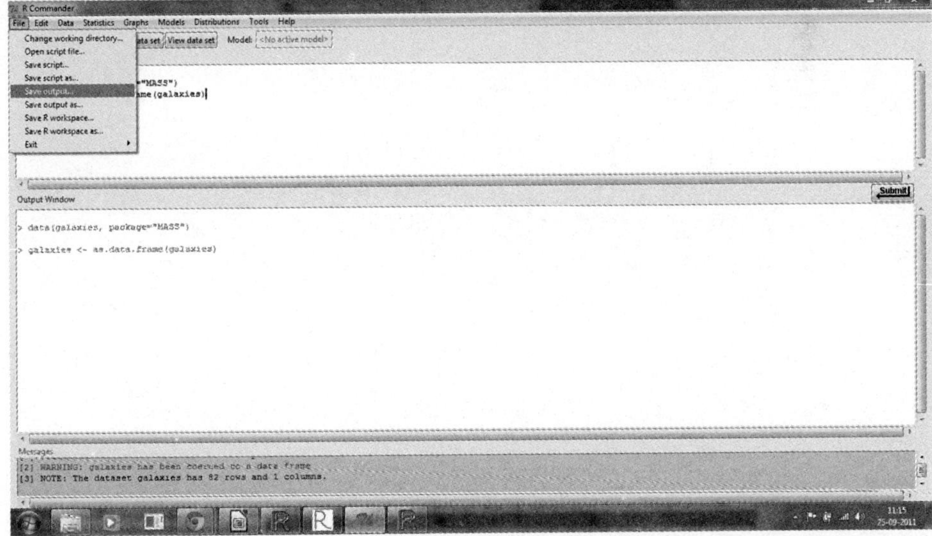

P.262

10.1 本章用过的命令小结

10.1.1 程序包

- graphics

10.1.2 函数

- png
- pdf
- dev. off()

引用和参考文献

“graphics”程序包是 R 的一部分。在出版时引用 R 可使用：

R Development Core Team（2012）. R：A language and environment for statistical computing. R Foundation for Statistical Computing，Vienna，Austria. ISBN 3-900051-07-0，URLhttp://www. R-project. org/.

第 11 章

优化 R 代码

前面的章节表明,R 中有多种技术供强大的数据驱动用作洞察和分析使用。 P.263
对于普通的商务分析人员来说,设计精良的 GUI 工具可供稳定的使用,提取数据和模型,并进行报告,这些都是基本的功能,而所有这些都包含在各种 R 语言的组件和程序包中。

本章针对的是那些希望通过衡量 R 的性能并且使用一些知名的、新引进的实用工具改善他们 R 语言的整体体验的分析人员。

11.1 有效编码的例子

本节讨论更好的编码实践来优化你的分析速度和在 R 语言方面的体验。

• 涉及部分 data. frame 而不是整个数据集。

使用方括号来引用变量的列和行。

符号数据集[i,j]是指第 i 行第 j 列的元素。

符号数据集[i,]是指 i 行中的所有元素或 data. frame 中的一条记录。

符号数据集[,j]是指 j 列中的所有元素或 data. frame 中的一个变量。

对于一个 data. frame 数据集

> *nrow(dataset)* # 输出行数

> *ncol(dataset)* # 输出列数

下面是在 data. frame 中各种变量之间的相关性的例子:

> *cor(dalaset1[,4:6])* P.264

ga. visitors ga. visits ga. pageviews

ga. visitors 1. 0000000 0. 9936381 0. 8577164

ga. visits 0. 9936381 1. 0000000 0. 8591524

ga. pageviews 0. 8577164 0. 8591524 1. 0000000

> *cor(dataset1[,4: 7])*

```
<ga. visitors ga. visits ga. pageviews ga. time On Site
ga. visitors 1. 0000000 0. 9936381 0. 8577164 0. 2691355
ga. visits 0. 9936381 1. 0000000 0. 8591524 0. 2701968
ga. pageviews 0. 8577164 0. 8591524 1. 0000000 0. 3453492
ga. time OnSite 0. 2691355 0. 2701968 0. 3453492 1. 0000000
```

将一个数据集分割成实验组和对照组：

```
ts. test=dataset2[1:200] #前 200 行
ts. control=dataset2[201:275] #后面的 75 行
```

- 抽样

随机抽样使我们能够在小型数据集上作业。

使用一个样本来创建一个随机向量 **x** 的排列。

sample(**x**)将和 *length* (**x**)(在向量 **x** 中的元素数量)大小相同。

样本参数大小限制样本的大小。

```
>sample(x, size = 5)
```

假设我们想要一个列表 *x* 的 5%的样本，那么其大小将是 0.01(*length* (**x**))。

```
> sample(x, size =0.0l * length(x))
```

如果你想替换曾经被取出过作为样本的每一个项目，可使用替换函数。

```
>table(sample(x, size = 100, replace = TRUE))
```

假设我们想要一个数据框的 5%的样本而且不进行替换。

P.265 让我们创建一个随机数数据集“*ajay*”。

```
> ajay=matrix(round(rnorm(200. 5,15)), ncol= 10)
```

我们使用四舍五入函数将数值四舍五入。

```
> ajay=as. data. frame(ajay)
> ajay
> nrow(ajay)
[1] 20
> ncol(ajay)
[1] 10
```

这是一个典型的商务数据场景，其中我们只想选择一些记录来进行分析(或测试我们的代码)，但保留那些记录所有的列。

那么新对象的行数将是 *0.05 * nrow(ajay)*。这就是样本容量。

新的对象可以通过使用样本容量参数只选择原始对象中的一个样本进行引用。

我们也使用 replace = FALSE 或 F，避免一次又一次地选择相同的行。

新行因此是现有的行的 5%的样本。

接着我们使用方括号和 ajay[new_rows,]来获取

*b = ajay[sample(nrow(ajay),replace= F,size= 0.05 * nrow(ajay)),]*

你可以改变百分比，从 5%到任何你想要的相应的值。

11.2 定制 R 软件启动

定制你的 R 软件启动可以帮助你实现以下功能。

它会自动加载你经常使用的程序包(像 R GUI—Deducer、Rattle 或 R Commander)，设置一个你最常用的 CRAN 镜像或者用来下载新的软件包的最近的镜像，并设置一些可选的参数。不这样做的话——你就每次加载相同的 R 程序包、设置 CRAN 镜像、设置一些新的函数——用户通过定制 R 网站文件档案只需要这样做一次。

这通过为了设定全局默认的文件而编辑 $R_HOME/etc/Renviron 或在你的主目录为共享系统创建的. Renviron 文件而完成。

在这些文件中有两个特殊的函数你可以自定义。

. First()将在 R 会话开始时运行，. Last()将在 R 会话关闭时运行。

当 R 启动时，它加载你的主目录中的. Rprofile 文件并执行. First()函数。

11.2.1 R 的用户参数文件在哪里?

它位于你的 R 文件夹中(你安装 R 的文件夹)的\etc 文件夹。

在 Windows 中文件夹的格式是"C:\Program Files\R\R-x. ab. c\etc"，其中 P.266 x. ab. c 是 R 软件的版本号(比如 2. 14. 1)。

例如：*. First <-junction(){library(rattle) rattle()cat("\nHello World", date(), "\n")}*会自动运行 Rattle GUI 数据挖掘并且在你的会话中显示"Hello World"和日期。

11.2.2 修改设置

如果你想要一些特别的设置，还可以在同一\etc 文件夹中修改 Rcmd_environ 文件。

##默认的浏览器 R_BROWSER= ${R_BROWSER:'C:\Documents and Settings\ abc\Local Settings\ Application Data\Google\Chrome\Application\chrome. exe}'

##默认的编辑器 EDITOR= ${EDITOR-${notepad++}}将把默认的网页浏览器设定为 Chrome，并将默认的编辑器设定为 Notepad++，它是一个加强的代码编辑器。

在下面一节我们将讨论代码编辑器，看我们能从它们多得到些什么功能。

11.3 代码编辑器

代码编辑器是帮助需要灵活性和易编写环境的代码开发人员的特殊软件。下面是一个关于重要的代码编辑器或者是R语言集成开发环境(IDE)的列表。

- Notepad++:增强的代码编辑器,可以从 http://notepad-plus-plus.org 下载。它支持R,还包含一个R的插件 NPP,在 http://sourceforge.net/projects/npptor/。Notepad++还适用于各种其他语言环境,它还拥有上面提到的所有特征。有一个自动实现的 XML /插件,可以从 http://yihui.name/en/wp-content/uploads/2010/08/R.xml 下载,不同程序包的安装指令的的多个文件在 http://yihui.name/en/2010/08/auto-completion-in-notepad-for-r-script/。简单的安装只需将 XML 文件放置在 Notepad++目录下的"plugins/APIs"目录(在 Windows 环境中可能是 C:\Program Files\Notepad++\plugins\APIs),在 Notepad++中可以实现自动运行(Settings->Preferences->Backup/Auto-completion)。

P.267

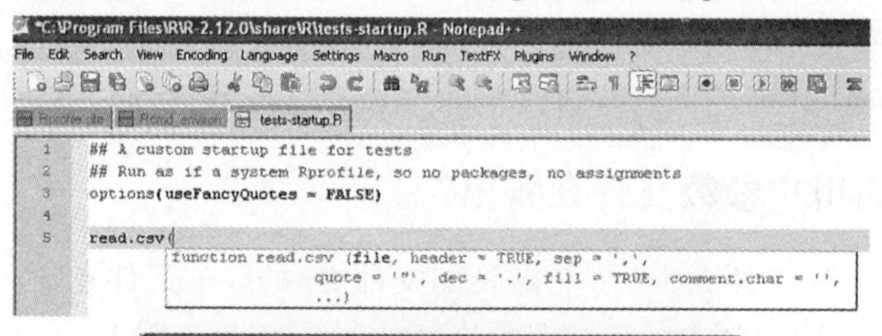

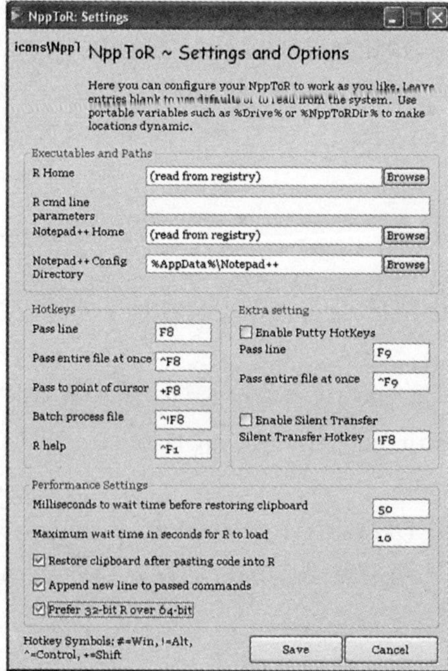

- Rstudio：最新 R 语言集成开发环境。是比单纯的代码编辑器更强大的集成开发环境，功能和单独的 GUI 差不多。RStudio 的集成开发环境是一个比默认指令行更有吸引力的工具包。然而，它包括代码实现、允许提交多行代码，还支持语句着色突出显示。RStudio 旨在便于其他统计软件用户能够轻松使用，因为它把屏幕分为大家熟悉的控制台、历史和工作区。可以预计下一个版本的 RStudio 将进一步增强 R 作为一种分析工具使用的简易度。RStudio 与其他语言环境如 Eclipse 相比，其优势在于较小的基于 QT 的 RStudio 安装程序及其 P.268
在所有操作系统中的兼容性。RStudio 的另外一个优点是支持 TEX 和 Sweave（可用于排版，但不是典型的分析工具）。通过网络浏览器使用 Rstudio 的设施（通过运行一个 Web 服务器）使它成为这个软件的一个关键创新。它现在是开发人员中最流行的一种环境。
- 由于它的商业支持以及被 R 社区快速接受，本书推荐 RStudio 作为商业分析开发人员的首选代码编辑器。

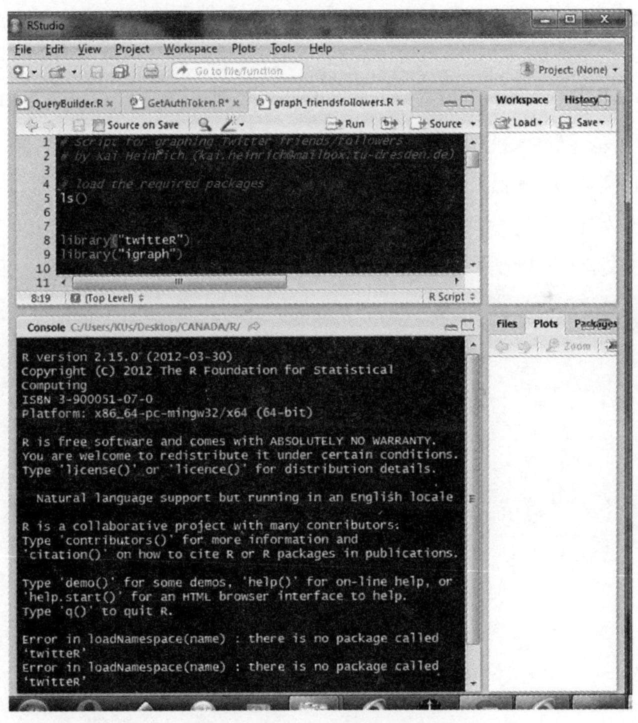
RStudio
File Edit View Project Workspace Plots Tools Help
Go to file/function
Project: (None)
QueryBuilder.R
GetAuthToken.R*
graph_friendsfollowers.R
Source on Save
Run
Source
Workspace
History
Load
Save
ls()
library("twitteR")
library("igraph")
(Top Level)
R Script
Console C:/Users/KUs/Desktop/CANADA/R/
Files
Plots
Packages
Zoom
R version 2.15.0 (2012-03-30)
Copyright (C) 2012 The R Foundation for Statistical Computing
ISBN 3-900051-07-0
Platform: x86_64-pc-mingw32/x64 (64-bit)
R is free software and comes with ABSOLUTELY NO WARRANTY.
You are welcome to redistribute it under certain conditions.
Type 'license()' or 'licence()' for distribution details.
Natural language support but running in an English locale
R is a collaborative project with many contributors.
Type 'contributors()' for more information and
'citation()' on how to cite R or R packages in publications.
Type 'demo()' for some demos, 'help()' for on-line help, or
'help.start()' for an HTML browser interface to help.
Type 'q()' to quit R.
Error in loadNamespace(name) : there is no package called 'twitteR'
Error in loadNamespace(name) : there is no package called 'twitteR'

- TinnR 是一个基本的、易于使用的代码编辑器。在 http://www.sciviews.org/Tinn-R/可以下载到。它的缺点是只支持 Windows 操作系统。它通过语句突出显示可以比较代码并且可以给 R 发指令。

P.269

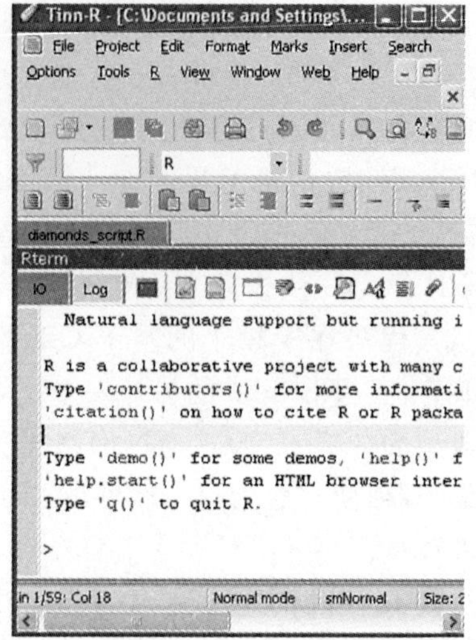

- 带 R 插件的 Eclipse：Eclipse 可以从 http://www.eclipse.org/downloads/packages/eclipse-classic-361/heliossrl 下载，且插件可以从 Eclipse 内部配置，参见 http://www.walware.de/goto/statet。安装需要 Java Runtime 环境（来自 http://www.oracle.com/technetwork/java/javase/downloads/index-jdk5-jsp-142662.html）。这个插件特别向使用 Eclipse 的人员和开发者推荐。它使你能够做到在其他文本编辑器中使绝大部分的生产率提高，包括向 R 会话提交代码。此外，它有非常便捷的使用帮助（称为设置 R 的备忘录，以及 Latex/R 的 Sweave）。附加的帮助文档见 http://www.splusbook.com/RIntro/R_Eclipse_ StatET.pdf。

P.270

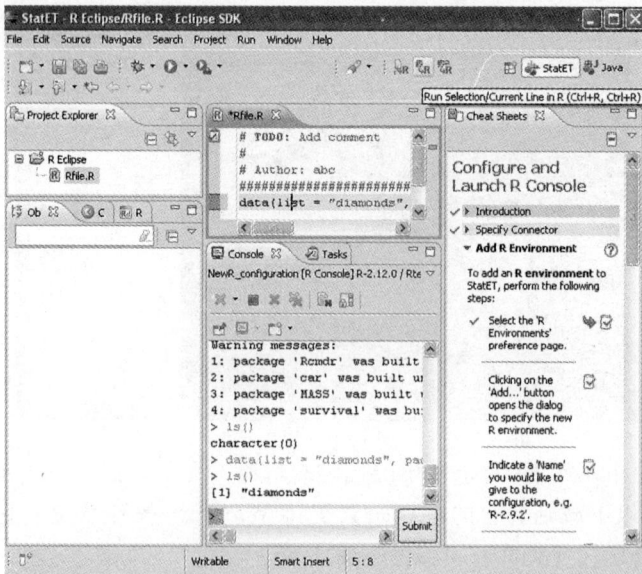

- Gvim 是一个流行的代码编辑器，见 http://www.vim.org/download.php，连同 Vim-R-plugin2 一起：http://www.vim.org/scripts/script.php? script_id =2628。最近 Vim-R-plugin 的开发人员为倾向跨平台的软件包添加 Windows 支持，运行得很好。

P.271

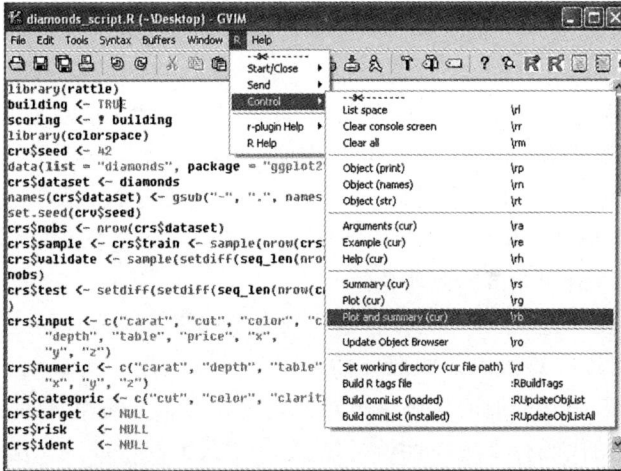

- Highlight：这个代码编辑器利用着色突出语句把源代码转换成很多格式并且对许多语言都可以定制。它适合展示 R 代码。可以从 http://www.andre-simon.de/zip/download.html 下载。

P.272

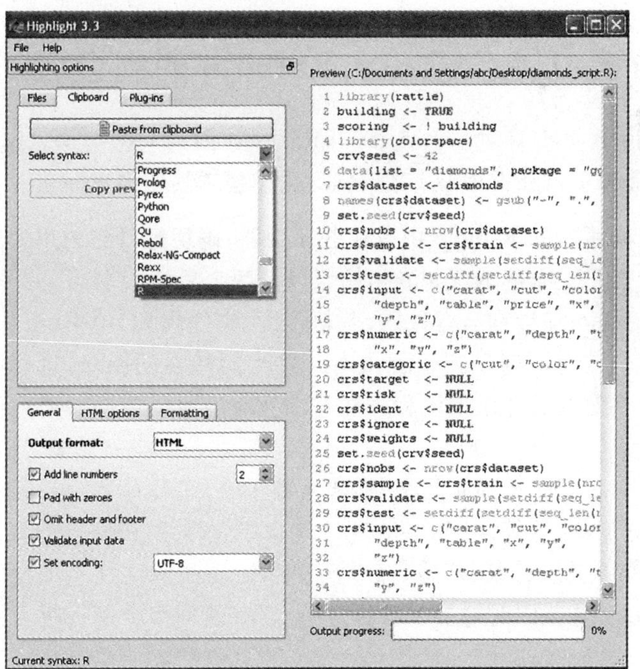

11.4 增强的代码编辑器的优点

使用增强的代码编辑器的优点如下：

1. **可读性**：语句着色等功能使对于文件编制及调试和改进的代码更具可读性。示例函数可能是蓝色，输入参数是绿色，简单的默认代码的语句是黑色的。尤其是对冗长的程序或调整由 GUI 自动生成的代码，这种可读性能派上用场。
2. **自动语句错误检查**：如果某些语句错误(如括号缺失，逗号错位)发生，增强型编辑器可以给你提示，并且错误会着色突出显示(主要是红色的)。这对纠正代码 P.273 大有帮助，特别是如果你是 R 语言编程初学者或者你主要关注的是商业洞察力而不是编码。语句调试因此简化。
3. **写代码的速度**：大多数程序员报告当用增强型编辑器时写代码的速度提高了。
4. **间断点**：你可以在编码的某些部分插入间断点以便把一些编码一起运行，或者调试程序。考虑到普通的代码编辑器把代码弄得非常繁琐，你必须一次又一次地复制和粘贴代码行来选择性运行，这是一个很大的帮助。在增强型编辑器中你可以提交多行代码也可以成段提交。
5. **自动完成**：自动完成能够帮助你或提示你把语句变得完善，即使你才打出函数名称的一小部分。

11.5 访谈：J. J. Allaire，RStudio 的创造者

下面是 2012 年 1 月对 J. J. Allaire，RStudio 创始人的访谈。RStudio 是一个集成开发环境(IDE)，在 R 社区广受欢迎，已经超越其他 IDE。

Ajay： **在最新版本的 Rstudio 中有哪些新功能，确切地讲它的用处到底怎样？**

JJ： 我们去年发布的 RStudio 初始版以及两个后续版本都主要关注使用 R 的核心元素：编辑和运行代码、获得帮助、文件管理、历史、工作区、制图和程序包。与此同时用户也提出对一些大的特性的要求，这些将会改进用 R 作分析时的总体工作流程。在这次发布的版本中(v0.95)，我们致力于三个特点：

Projects： R 开发者倾向于拥有几个(常常是数十个)工作内容，包括不同的客户、分析、数据集，等等。RStudio 项目使这些内容很好地分隔开(各自有独立的 R 会话、工作目录、环境、命令历史和活动的源文件)，项目内容之间可快速切换，甚至同时对多个项目进行操作(使用多个运行版本的 Rstudio)。

Version control：使用 Version control 对于协作的好处是众所周知的，但是我们相信通过使用 Version control，对于单独的数据分析也可以获得显著的效率。（这个关于堆栈溢出的讨论说明了原因：http://stackoverflow.com/questions/2712421/r-and-version-control-for-the-solo-data-analyst ）。在这次发布中，我们介绍了对两个最流行的开源版本控制系统的完整支持：Git 和 Subversion。这包括变更列表管理、文件区分和项目历史浏览，都在 RStudio 内部。

Code navigation：当你看到程序员如何工作时，会发现惊人的大量时间是花在了仅仅从一个内容转入另一个内容上。现代的通用语言像 C＋＋和 Java 的编程环境，使用各种形式的代码导航来解决这个问题。在这次推出的版本中
我们已经把这些功能引入到 R 语言中。两个主要的特点是在你的项目中 P.274
输入任何文件或函数的名称即可立即转到它，能通过按键敲击（F2）或鼠标动作使用光标导航到任何函数（包括程序包内的函数定义）的定义。

Ajay： **RStudio 的发展趋势是什么？我们什么时候可以期待 IDE 转变成一个成熟的 GUI？**

JJ： Linus Torvalds 说过"Linux 是进化，而不是聪明的设计。"Rstudio 尝试在一个类似的原则上运作——统计计算的世界对于任何一个人或供应商来说太深奥、多样、千变万化，其无法提前指出什么最重要。所以，我们的内部程序是每几个月就发布新的版本，了解人们正在用我们的产品软件做什么（和希望用它做什么），然后经过深思熟虑从头开始进行改进是最重要的。现在用户最主要的想法是对程序编写和重复研究的支持的改进，各种增强的编辑器包括代码折叠和调试工具。你会在我们即将发布的新版本中看到我们在对频繁提出要求的特性上、组合上所做的工作，对可用性、工作流程、错误修正以及最后在结构上的变动所做的小小改进，以支持现在或未来特性上的要求。虽然我们的确在努力以使用者的直接反馈为基础来研发产品，但是也坚持一些有关整体产品理念和方向的核心原则。所以，例如关于 IDE 变成一个成熟的 GUI 的问题的答案是：不可能，绝不会。我们还相信文本表达的计算在透明度、可再生性、协作性和复用性方面都提供了基础优势。我们还相信写代码是从事复杂技术工作的正确方法，所以我们会一直寻找方法使编码更好、更快、更容易，而不是尝试完全消除编码。

11.6 Revolution R——一个高效的环境

现有 Revolution R 的增强包括一个代码编辑器称为 RPE。语句着色突出显示已经包含在内。最具创新的特性是 Code Snippets。

Code Snippets 在一个相当简单的方式下运作。右键单击 Insert Code

Snippets。你可以得到一个下拉的任务菜单(比如 Analysis)。选择 Analysis 我们得到另一个子任务的列表(比如 Clustering)。点击 Clustering,你会得到各种选项。点击 clara 会自动插入 clara 聚类代码。现在即使你不愿使用没有你特定的分析的 GUI 或 GUI 生成器,你也可以用极快的速度大致地键入代码。即使是有经验的人也不用键入完整的代码,这一点很有用,但它对初学者简直就是一个恩惠,因为 Code Snippets 插入的函数的参数是用多种颜色自动挑选出的。而且它可以用更快的速度帮助你修改 R GUI 自动生成的代码。

P.275

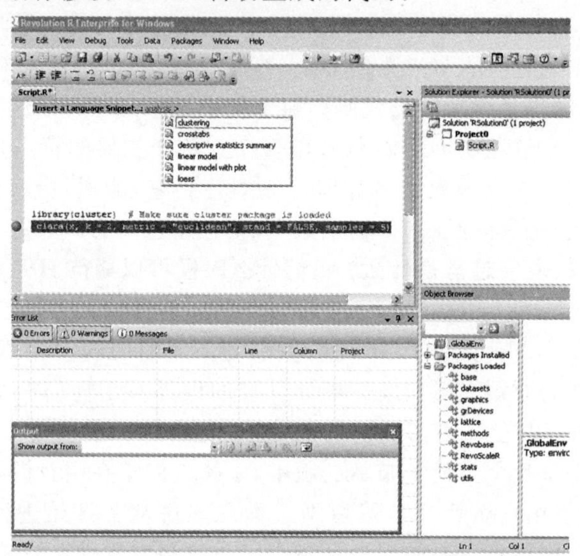

11.7 评估代码效率

对于高级用户,跟踪内存使用和测量运行代码时每个小步骤所花费的时间是有意义的。当代码占用超过计算机能够提供的内存或当内存分配和对象的复制导致代码执行缓慢时,测量 R 代码的内存使用不无裨益。

更多详细信息,参见 http://cran.r-project.org/doc/manuals/R-exts.html#Tidying-and-profiling-R-code。

程序性能分析首先以固定的时间间隔记录 R 函数使用时间(默认情况是每 20 毫秒),然后将结果记录在一个文件(默认为工作目录中的 Rprof.out)中。然后可以使用 summaryRprof 函数进行总结。

测量编码效率包含三个主要步骤:

- 用 system.time 函数进行简单的测量。
- 用 Rprof 函数分析 R 代码效率。

• 用 Rprofmem 函数分析 R 对内存的使用。

```
options(memory.profiling=TRUE) 
Rprof("profile.out")
#Rprofmem("profmem.out")
x=rnorm(1e7,10,5)
par(mfrow=c(3,3))
plot(iris$Sepal.Length,main="Scatter Plot with Rug")
rug(iris$Sepal.Length,side =2)
barplot(table(iris$Sepal.Length),main="Bar Plot")
plot(iris$Sepal.Length,type="l",main="Line Plot")
plot(iris$Sepal.Length,main="Scatter Plot")
boxplot(iris$Sepal.Length,main="Box Plot")
stripchart(iris$Sepal.Length,main="Strip Chart")
sunflowerplot(iris $Sepal.Length,main="Sun flower Plot")
hist(iris$Sepal.Length,main="Histogram")
plot(density(iris$Sepal.Length),main="Density Plot")
Rprof(NULL)
#Rprofmem(NULL)
summaryRprof("profile.out")
#summaryRprof"profmem.out")
```

P.276

#现在你可以看到运行代码的各个部分需要多长时间。

你也可以看到由 Rprof 生成的性能分析信息的视觉呈现的程序包。

Rprof http://cran.r-project.org/web/packages/profr/index.html

```
> summaryRprof("profile.out")
$by.self
            self.time self.pct total.time total.pct
rnorm            1.08    93.10       1.08     93.10
<Anonymous>      0.04     3.45       0.04      3.45
axis             0.02     1.72       0.02      1.72
plot.xy          0.02     1.72       0.02      1.72

$by.total
                   total.time total.pct self.time self.pct
rnorm                    1.08     93.10      1.08    93.10
<Anonymous>              0.04      3.45      0.04     3.45
axis                     0.02      1.72      0.02     1.72
plot.xy                  0.02      1.72      0.02     1.72
Axis                     0.02      1.72      0.00     0.00
Axis.default             0.02      1.72      0.00     0.00
boxplot                  0.02      1.72      0.00     0.00
boxplot.default          0.02      1.72      0.00     0.00
boxplot.stats            0.02      1.72      0.00     0.00
par                      0.02      1.72      0.00     0.00
points                   0.02      1.72      0.00     0.00
points.default           0.02      1.72      0.00     0.00
rug                      0.02      1.72      0.00     0.00
stripchart               0.02      1.72      0.00     0.00
stripchart.default       0.02      1.72      0.00     0.00

$sample.interval
[1] 0.02

$sampling.time
[1] 1.16
```

P.277 练习:检查 ggplot 及其各个步骤执行耗时并把它与一个正常的图比较。

解答:

```
options(memory.profiling=TRUE)
Rprof("profileD.out")
x=rnorm(1e5,10,10)
y=rnorm(1e5,10,10)
library(ggplot2)
x1=as.data.frame(x)
ggplot(x1,aes(x,y))+geom_point()
qplot(x,y)
plot(x,y)
hist(x)
Rprof(NULL)
summaryRprof("prolileD.out")
```

此外,CRAN 的 profr 和 proftools 程序包可以用来将 Rprof 数据可视化。也可以看到无用数据的收集。

调用 gc 引发无用数据收集。这不需用户介入就会自动发生,调用 gc 最主要的目的是为了报告内存的使用情况。然而,在一个大型对象被删除之后调用 gc 是很有益处的,因为这会促使 R 将内存退还给操作系统。

http://stat.ethz.ch/R-manual/R-devel/library/base/html/gc.html.

```
> gc()
          used (Mb) gc trigger (Mb) max used (Mb)
Ncells  405925 21.7     818163 43.7   599648 32.1
Vcells 1757420 13.5    7503606 57.0  9379227 71.6
> gcinfo(TRUE)
[1] FALSE
> gc(TRUE)
Garbage collection 172 = 76+41+55 (level 2) ...
21.7 Mbytes of cons cells used (50%)
13.4 Mbytes of vectors used (29%)
          used (Mb) gc trigger (Mb) max used (Mb)
Ncells  405907 21.7     818163 43.7   599648 32.1
Vcells 1755781 13.4    6002884 45.8  9379227 71.6
>
```

进行商务分析的 R 语言初学者或中级用户应该坚持检查 system.time 以确定你的代码运行了多久。

11.8 使用 system.time 来评估编码效率

你可以使用 system.time 函数来评估特定函数完成一个任务用了多少时间。在此基础上,你可以调整你的定制函数或使用并行处理来运行循环和缩短时间。
P.278 它同样可以帮助你去除在你的 R 代码中任何效率低下或冗余的任务。system.

time 的基本语句是

system.time(expr, gcFirst = TRUE)

expr 是计时的有效的 R 表达式。

gcFirst Logical:计时之前是否应该立即执行无用数据的收集?系统默认值是 TRUE。

system.time 调用 proc.time 函数,评估 expr,然后再一次调用 proc.time 函数,返回两次调用 proc.time 函数的差别。

proc.time 确定了当前运行的 R 进程已经消耗的真实时间和 CPU 时间(秒)。

使用 system.time 后的结果将会输出如下:

```
user system elapsed
0.28 0.00 0.28
system.time(rnorm(1e8,10,10))
user system elapsed
9.86 0.17 10.13
```

11.9 使用 GUIs 学习并更快编写 R 代码

使用正确的 GUI 可以大大提高学习 R 语言和 R 语言编码的速度。

更多关于 R GUIs 的信息,见第 3 章。

11.10 并行编程

R 2.14 版本通过使用一个叫做 parallel 的程序包来支持并行编程。

```
> library(parallel)
> detectCores() # logical cores
[1] 4 >
detectCores(logical=FALSE) # physical cores
[1] 2
```

在 R 软件中使用多处理器系统编写并行代码非常简单。有跨操作系统的多重程序包,像 doMC 和 doSNOW,还有迭代循环的 foreach 程序包。使用 system.time 的一个例子如下。

P.279

```
require(do SNOW)
cl<-make Cluster(2)
#我的处理器是双核的
registerDoSNOW(cl) #connects SNOW
#创建一个函数,在每个循环的迭代中运行
```

```
check <-function(n) {
+ for(i in 1:1000)
+{
+ sme <-matrix(rnorm(100), 10,10)
+ solve(sme)
+}
+} times <-100 #运行循环#使用并行处理
system.time(x <-foreach(j=1:times) %dopar% check(j))
user system elapsed
0.16 0.02 19.17
#使用串行编码(默认的)system.time(for(j in 1:times)
x <-check(j))
user system elapsed
39.66 0.00 40.46
stopCluster(cl)
```

这个例子表明，通过在两个处理器上运行一个循环的并行程序，速度提高到 2 倍。这在你对大数据集进行复杂运算时尤其有用，并且在 Amazon EC2 的帮助下你可以租用一个多达八核的高端计算机。

其他参考：http://blog.revolutionanalytics.com/2009/08/blockprocessing-a-data-frame-with-isplit.html。

11.11 使用硬件解决方案

运用刀锋服务器、基于 GPU 的电脑、多处理器系统和云计算可以使你的分析任务执行得更快更好。请注意，尽管生成一个给定的硬件解决方案是最好的，但是明智的选择是运行基准测试，以便最后为你的分析输出选定一个混合、优化的定制硬件解决方案。

11.12 本章用过的命令小结

11.12.1 程序包

- parallel
- doSNOW
- profr

P.280 - proftools

- foreach

11.12.2 函数

- system. time():显示运行一个特定的运算花费的时间
- gc()
- sample()
- %dopar

引用和参考文献

- http://www. decisionstats. com/interview-jj-allaire-founder-rstudio/.
- "parallel"程序包是 R 的一部分。要在出版物上引用 R 请使用：
  R Development Core Team (2012). R: A language and environment for statistical computing. R Foundation for Statistical Computing, Vienna, Austria. ISBN 3-900051-07-0, URL http://www. R-project. org/.
- Notepad++John Ho and http://notepad-plus-plus. org/contributors/.
- RStudio is a trademark of RStudio, Inc. : http://www. rstudio. org/docs/about.
- Tinn R copyright Philippe Grosjean: http://www. sciviews. org/Tinn-R/.
- Revolution Analytics (2012) foreach: Foreach looping construct for R. R package version 1. 3. 5. http://CRAN. R-project. org/package=foreach.
- Revolution Analytics (2011) doSNOW: Foreach parallel adaptor for the snow package. R package version 1. 0. 5. http://CRAN. R-project. org/package=doSNOW.

第 12 章

更多的培训文献

P.281 博客、电子邮件互助组和网站是重要的培训文献以及教程的来源。在书籍、期刊文章、博客帖子和在线内容中选择通常是一个个人选择问题，读者应根据自己的业务或分析的需要来选择。

12.1 Cran Views

关于一个特定类型分析的帮助（如图形、金融、时间序列或聚类分析），在 CRAN 上的 views 是最好的资源整合，参见 http://cran.r-project.org/web/views/。Views 将会给你一个关于那个特定分类所有程序包的简要列表及阐述。

Views 的完整列表为

Bayesian 贝叶斯推断

ChemPhys 化学计量学和计算物理学

ClinicalTrials 临床试验设计、监控和分析

Cluster 聚类分析和有限混合模型

Distributions 概率分布

Econometrics 计量经济学

Environmetrics 生态和环境数据分析

ExperimentalDesign 实验设计（DoE）和实验数据分析

Finance 实证金融

Genetics 统计遗传学

Graphics 图示、动态图示、图示设备和可视化

gR R 语言中的 gRaphical 模型

HighPerformanceComputing 运用 R 语言进行高性能和并行计算

MachineLearning 机器学习和统计学习

P.282 MedicalImaging 医学图像分析

Multivariate　多元统计
NaturalLanguageProcessing　自然语言处理
OfficialStatistics　官方统计和调查方法
Optimization　最优化和数学编程
Pharmacokinetics　药代动力学数据分析
Phylogenetics　系统发生学，尤其是比较方法、心理测量学和心理测量的模型和方法
ReproducibleResearch　可再生性研究
Robust　稳健统计方法
SocialSciences　社会科学统计
Spatial　空间数据分析
Survival　生存分析
TimeSeries　时间序列分析

要自动安装 Views(注意这将安装特定的 views 中的所有程序包)，须安装 ctv 程序包：

install. packacges("ctv")

library("ctv")

然后就可以安装 views 了。例如，

install. views("TimeSeries") 或 *update. views("TimeSeries")*。

12.2　阅读材料

- 期刊：
  —Journal of Statistical Software，http://www.jstatsoft.org/
  —R Journal (R 语言期刊官方网站)：http://journal.r-project.org/
- 博客：
  —R Bloggers：一个网站整合了超过 300 个博客的清单，http://www.r-bloggers.com/
- 教程：
  —Quick R：http://www.statmethods.net/
  —R for Stats：http://r4stats.com/
- 制图教程：
  —Producing Simple Graphs with R：https://www.harding.edu/fmccown/r/
  —R Graph Gallery：list of Graphs：http://addictedtor.free.fr/graphiques/allgraph.php

—Graphics by examples，UCLA：Academic Technology Services，Statistical Consulting Group：https://www. ats. ucla. edu/stat/R/gbe/default. htm (accessed 10 February 2011)

P.283 • 视频文件:R也有一些很好的视频教程。你可以从以下网址看到有关的视频教程列表 http://rmc. ncr. vt. edu/forum/index. php? topic=40. 0

• 书籍:

—R for SAS and SPSS Users：http://www. springer. com/statistics/computanional+statistics/book/978-0-387-09417-5

12.3 R中使用的其他GUIs

这里列出了一些其他可用在R语言中的GUIs。如果读者或分析人员的商务分析的需求没有被R Commander,GrapheR,Deducer/JGR,或者Rattle满足,看看这些关于R语言在商务分析中应用的选项。

12.3.1 Red-R:一个R语言数据流用户界面

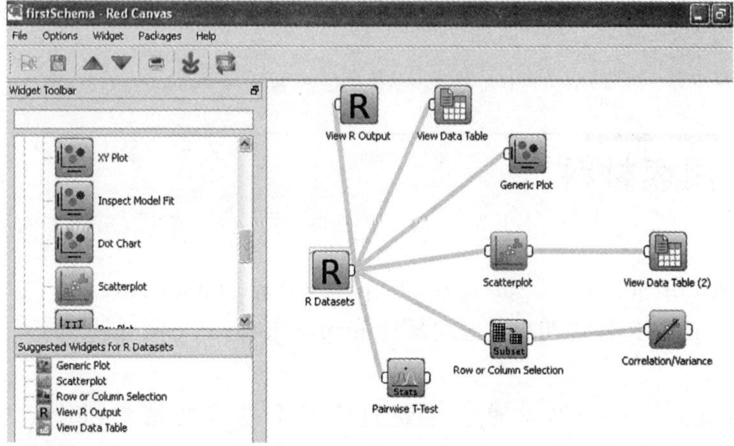

Red-R使用数据流的概念作为用户界面,而不是菜单和选项卡。因此它更类似于Enterprise Miner和RapidMiner的设计。对于重复的分析一些分析人员首选数据流编程。Red-R是用Python编写的。

12.3.1.1 Red-R的优点

1. 数据流的形式使得它非常方便使用。它是只针对R语言的数据流图形用户的界面。

P.284 2. 你可以在同一个文件中保存数据并分析数据。

3. 用户界面使生成的 R 语言代码容易阅读、容易执行。
4. 对于像报告或创建模型这样的重复分析非常有用,因为你可以仅仅替换一小部分代码,而其他部分操作保持不变。
5. 它很容易通过双击图表来放大数据点以及改变图表中的颜色和其他选项。
6. 它的一个次要的特性是,只要求你设置一次 CRAN 的位置便会将它保存,甚至保存到接下来的会话。
7. 它会自动提交错误报告。

12.3.1.2 Red-R 的缺点

1. 当前的版本是 1.8,它需要在增加模型类型以及纠错方面做相当大的改进。
2. 它的功能有限。
3. 它缺少 MacOS 安装程序包,对 Linux 系统的安装帮助有限。

12.3.2 RKWard

RKWard 基本上是 R 语言的图形用户界面的桌面环境,所以它可以用在 Ubuntu Linux。Windows 版本也有。

P.285

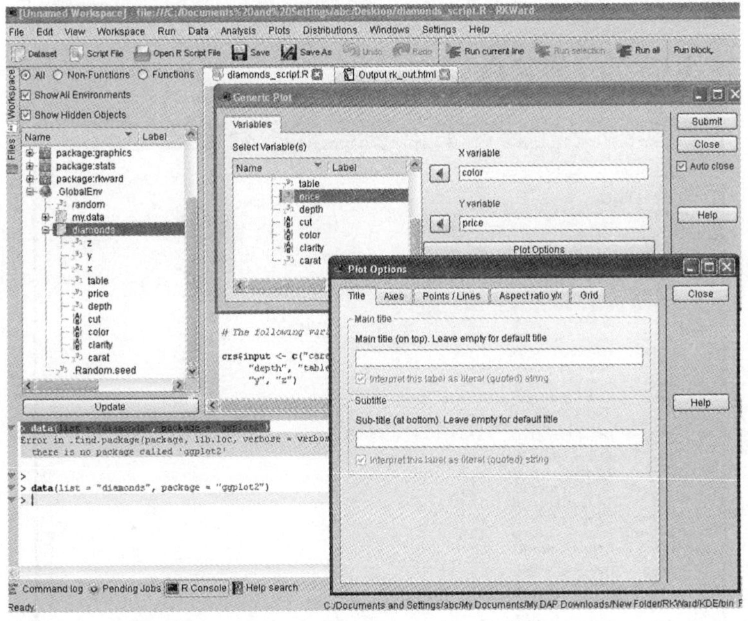

12.3.2.1 RKWard 的优点

1. 它似乎是唯一的明确针对项目反应理论(包括信贷响应模型、逻辑斯蒂模型)的 R 语言图形用户界面,并且它包含帕累托图。
2. 它提供了大量的分析细节,特别是图表(13 种类型的图表)、分析和分布分析(8

个正态检验，14 种连续分布和 6 种离散分布）。这个细节使它更适合于相比商业分析用户来说更高级的统计学家。

3. 输出结果可以很容易地复制到微软 Office 文档。

P.286

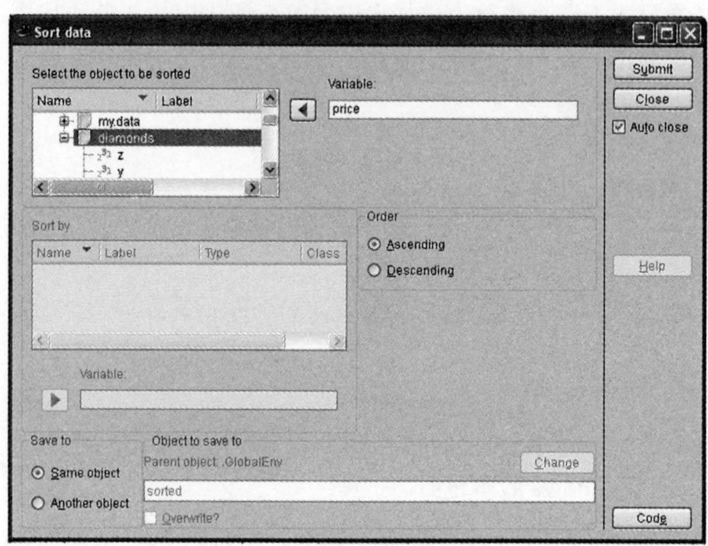

P.287 12.3.2.2 RKWard 的缺点

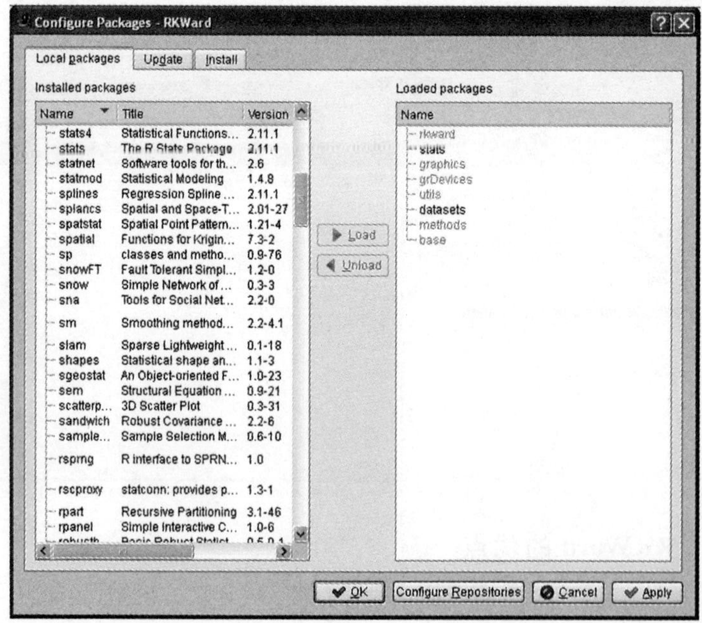

- 它有很多依赖性，因此安装在 Windows 系统中可能会有一些问题。
- 考虑到其他选项卡是文件、编辑、查看、工作区、运行设置、窗口和帮助，其关于分析、图示和分布的设计分类似乎有点不平衡。一些其他的选项卡可以收缩，同时三个主要的选项卡——分析、图表和分布可以更好地分类（尤其是分成建模和非建模分析）。
- GUI 中只有很少几个数据处理选项（如子集或转置）。

组件：只有分析、图示和分布是主要的组件，而且他们非常广泛，可能最大限度地包含了图示、分析和分布分析。因此，当进行高级统计分析时，RKWard 最好结合一些其他的 GUI。

12.3.3　Komodo Sciviews-K P.288

这里结合了 Komodo Edit 和 Sciviews。要安装、配置这个软件，除了要下载 Komodo Edit，还要在 Sciviews-R 中下载大量的程序包。

12.3.3.1　Komodo Sciviews-K 的优点

与默认的 GUI 相比，它有众多的程序控制，包括自动完成语句、着色突出显示，并逐行传递代码。

12.3.3.2　Komodo Sciviews-K 的缺点

对于一个初学者来说它比其他的 GUI 更复杂，安装步骤也更繁杂。

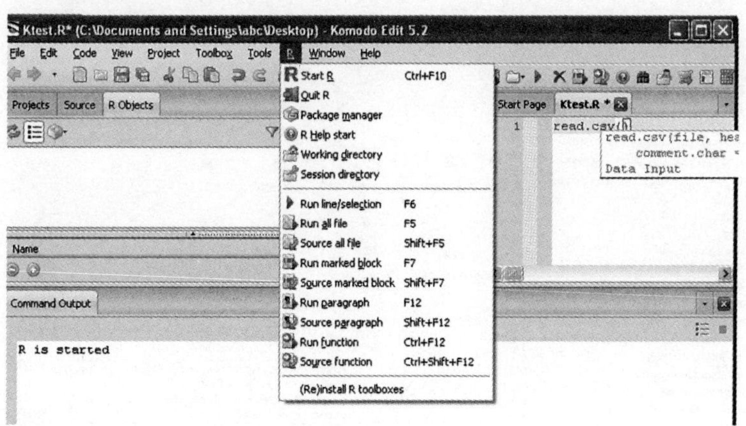

P.289 **12.3.4 PMG(或者穷人的 GUI)**

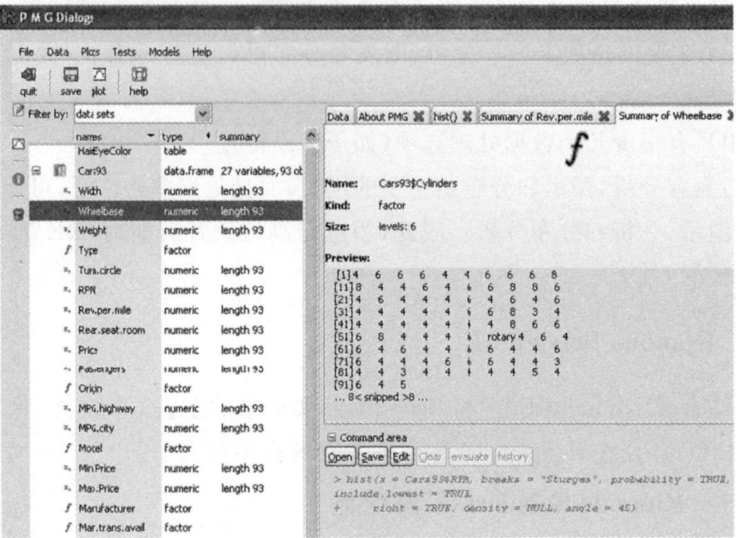

P.290 **12.3.5 R 分析流**

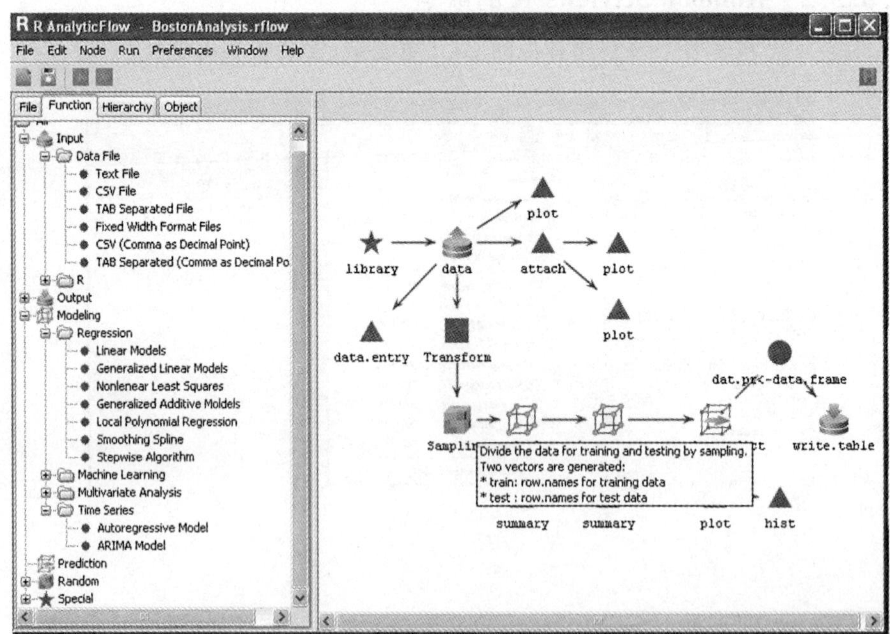

12.4　本章用过的命令小结

12.4.1　程序包

- ctv
- R Analytic Flow
- Red-R
- PMG
- RKWard
- Komodo
- Sciviews-K

12.4.2　函数

- install. views
- update. views

引用和参考文献 P.291

- Achim Zeileis (2005). CRAN Task Views. R News 5(1), 39-40. URL, http://CRAN. R-project. org/doc/Rnews/.
- John Verzani with contributions by Yvonnick Noel (2010). pmg: Poor Man's GUI. R package version 0. 9-42. http://CRAN. R-project. org/package =pmg.
- Anup Parikh with Kyle Covington Red-R *visual programming for* R. http://www. red-r. org/contacts.
- Thomas Friedrichsmeier, Pierre Ecochard and others RKWard. http://sourceforge. net/apps/mediawiki/rkward/index. php? title=About.
- Ef-prime, Inc. R Analytic Flow. http://www. ef-prime. com/products/ranalyticflow_en/.
- Philippe Grosjean. http://www. sciviews. org/SciViews-K/.

第 13 章

R 应用案例研究

13.1 使用 R 进行网络分析

P.293 Google Analytics 是互联网上应用最为广泛的网页分析软件，使用 R 软件我们能做一些高级分析或者应用它来构建一个自定义的网页分析解决方案。

13.1.1 使用 R 分析 Google Analytics 数据

Google Analytics 的 R 程序包集中在 http://code.google.com/p/r-google-analytics/。

这个项目提供了从 R 统计计算编程语言内部对 Google Analytics data 的访问。你可以使用这个库通过 Google Analytics data 检索一个 R data.frame 文件。并执行高级的统计分析，例如时间序列分析和回归分析。

它支持的功能有：

1. 访问 Google Analytics Data Export API Data Feed 的 v2 版本。
2. 查询构建器分类简化了创建 API 查询的过程。
3. API 的回应将直接转换成一个 R data.frame 文件。
4. 如果指标有汇总值和置信区间，库能够动态地予以返回。
5. 通过与多重数据请求相结合（上限为一百万行），可以自动分页返回超过 10 000 行的信息。
6. 通过 Client Login 程序授权。
7. 授权用户可以访问所有的概要文件。
8. 拥有完整的文档和单元测试。

你可以使用下面的代码来读取和划分你的 Google Analytics data，并且可以建立一个关于网址查看的时间序列预测。

P.294 我写这个代码是为了使我的博客 Decisionstats.com 获得网站视图。你可以修改 Google Analytics 账户的源文件程序包中的用户名和密码，运行代码以便得到你的 Google Analytics 数据。

```
library(XML)
library(RCurl)
装载要求的程序包:bitops
#将下面的路径名改成你下载的文件夹路径名称:
#来自 http://code.google.com/p/r-google-analytics/的 Google Analytics 程序包
source("C:/Users/R/RGoogleAnalytics/R/RGoogleAnalytics.R")
source("C:/Users/R/RGoogleAnalytics/R/QueryBuilder.R")
#下载身份验证文件
download.file(url = "http://curl.haxx.se/ca/cacert.pem", destfile = "cacert.pem")
#设置 curl 选项
curl <-getCurlHandle()
options(RCurlOptions = list(capath = system.file("CurlSSL","cacert.pem",package ="RCurl"), ssl.verifypeer = FALSE))
Cur1SetOpt(.opts = list(proxy = 'proxyserver:port'),curl = curl)
# 1.创建一个新的 Google Analytics API 对象
ga <-RGoogleAnalytics()
# 2.用 Google Analytics 帐户证书为对象授权
ga $ SetCredentials("USERNAME","PASSWORD")
# 3.获得不同的概要文件的列表,帮助构建查询
profiles <-ga $ GetProfileData()
profiles #检查我们是否得到正确的网站
# 4.构建数据导出 API 查询
#基于数据需求修改 start.date 和 end.date 参数
#在 table.id=paste(profiles $ profile[X,3])中修改 table.id 来获取你配置文件中的第 X 个网址
# 5.构建数据导出 API 查询
query <-QueryBuilder()
query $ Init(start.date="2012-01-09",
+end.date ="2012-03-20",
+dimensions ="ga:date",
+ metrics ="ga:visitors",
```

```
+ sort="ga:date",
+ table.id=paste(profiles$profile[3,3]))
#6.请求从 API 获取数据
ga.data <-ga$GetReportData(query)
#7.查看返回的数据
str(ga.data)
head(ga.data$data)
```

P.295

```
#8. 绘制客户流量图
plot(ga.data$data[,2],type="1")
```

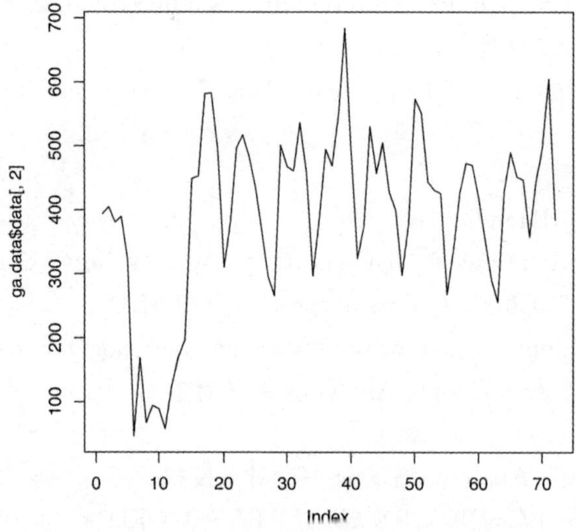

你可以从 Google Analytics 得到更多的维度和指标。一个修改后的查询如下：

```
query <-QueryBuilder() query$Init(start.date ="2011-08-20", end.date ="2012-08-25",
Dimensions=c("ga:date","ga:hour","ga:dayOfWeek"),
metrics =c("ga:visitors","ga:visits","ga:pageviews","ga:timeOnSite"),
Sort=c("ga:date","ga:hour","ga:dayOfWeek"),
table.id=paste(profiles$profile[3,3]))
#5.请求获取数据的 API
ga.data <-ga$GetReportData(query)
#6.查看返回的数据
str(ga.data)
head(ga.data$data)
```

注意我们甚至可以使用时间序列分析预测未来的访问。

13.2　使用 R 进行社交媒体分析

13.2.1　用 R 分析 Facebook 数据

这里是一个使用 R 绘制 Facebook 网络图的例子：

```
#访问凭证来自 https://developers.facebook.com/tools/explorer,请生成你 P.296
自己的访问凭证
access_token ="AAuFgaOcVaUZAss. your own access to kenh OlDcJgSS
ahd67LgZDZD"
require(RCurl)
require(rjson)
#下载文件所需的认证
http://www.brocktibert.com/blog/2012/01/19/358/
download.file(url="http://curl.haxx.se/ca/cacert.pem",
destfile="cacert.pem")
#创建 Facebook 函数
# http://romainfrancois.blog.free.fr/index.php? post/2012/01/15/
Crawling-facebook-with-R
facebook <-function(path ="me",access_token = token, options){if(
! missing(options)){options <-sprintf ("?%s", paste(names(options),
"=",unlist(options), collapse ="&", sep=""))} else{options <-""} data
<-getURL(sprintf("https://graph.facebook.com/%s%s&access_token
=%s",path, options, access_token), cainfo="cacert.pem") fromJSON(data)}
# 见 http://applyr.blogspot.in/2012/01/mining-facebook-data-most-
liked-status.html
#提取好友列表
friends <-facebook(path="me/friends", access_token=access_token)
#提取 Facebook 账号
friends.id <-sapply(friends$data, function(x) x$id)
#提取名字
friends.name <-sapply(friends$data, function(x) iconv(x$name,
"UTF-8","ASCII//TRANSLIT"))
#短名字的首字母
```

```
initials <-function(x) paste(substr(x, 1,1), collapse="")
friends.initial <-sapply(strsplit(friends.name, ""), initials)
#友谊关系矩阵
#N <-length(friends.id)我们用 N=500 来限制问题的大小和时间
N <-500
friendship.matrix <-matrix(0,N,N) for (i in 1:N) {tmp <-
facebook(path=paste("me/mutualfriends", friends.id[i], sep="/"),
access_token=access_token)
mutualfriends <-sapply(tmp$data, function(x) x$id) friend-
ship.matrix[i,friends.id %in % mutualfriend]<-1}
require(network)
net1 <-as.network(friendship.matrix)
plot(net1, label=friends.initial, arrowhead.cex=0)
```

P.297

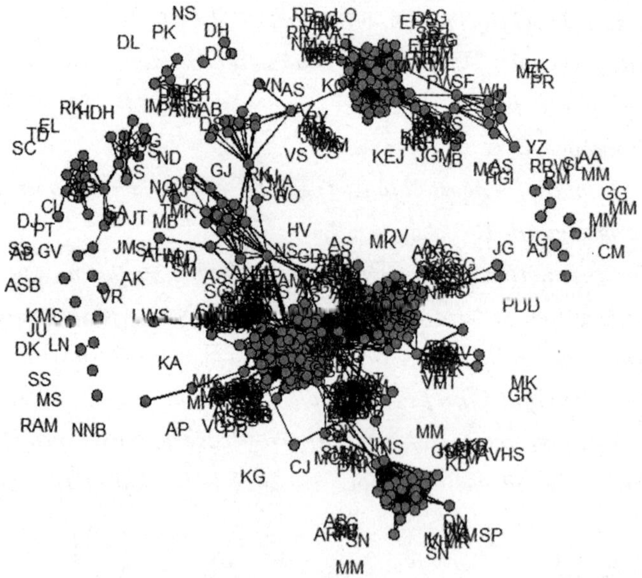

13.2.2 使用 R 分析 Twitter 数据

TwitteR R 程序包：http://cran.r-project.org/web/packages/twitteR/vignettes/twitteR.pdf。

13.2.2.1 使用 Twitter 进行情绪分析

http://www.slideshare.net/jeffreybreen/r-by-example-mining-twitter-for

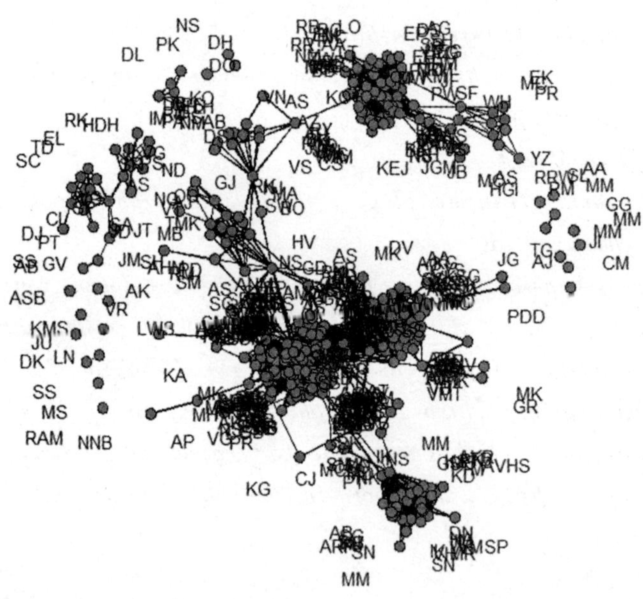

>#loadthepackage

>library(twitteR)>

#获取最新的 500 个提及"# rstats"的 twitter 用户

>rstats.tweets=searchTwitter("#rstats", n=500)

13.2.2.2 绘制 Twitter 社交网络图

#绘制 Twitter 好友/连带的其他人图示的脚本

#来自 Kai Heinrich (kai.heinrich @ mailbox.tu-dresden.de)

#加载所需的数据包

library("twitteR")

library("igraph")

#提示:为了使 tkplot()函数在 Mac 上运行你需要安装 P.298

#TCL/TK build for X11

#(从这里下载:http://cran.us.r-project.org/bin/macosx/tools/)

#使用 twitteR 函数 getUSer()获得用户信息

#不用你的名字,你可以使用任何其他用户名来实现

start<-getUser("YOUR_USERNAME")

#首先通过账户得到朋友和追随者的名字 (getFollowerIDs(),getFriendIDs()),然后查找名字(lookupUsers())

friends.object<-lookupUsers(start $ getFriendIDs())

follower.object<-lookupUsers(start $ getFollowerIDs())

#从 friend #和 follower 项目中检索你的朋友或者追随者的名字。你可以通过调整所选择的[1:n]数据的# size 限制朋友和追随者的数量,其中 n 是你想可视化的朋友/追随者的数量。

#你可以想象,如果你不在表达式中插入朋友和/或者追随者的最大数量。

n<-20

friends <-sapply(friends.object[1:n],name)

followers <-sapply(followers.object[1:n],name)

#创建一个数据框用图来表达朋友和追随者的相关关系

relations <-merge (data.frame (User = 'YOUR _ NAME', Follower = friends),data.frame(User=followers, Follower='YOUR_NAME'), all=T)

#创建关系图

g <-graph.data.frame(relations, directed =T)

#指定图的分类(=人的名字)

V(g) $ label <-V(g) $ name

#使用 Plot()或 tkplot()绘图。当你使用 MAC OS/X 时,记住#开始处

的 HINT

```
tkplot(g)
```

来源:http://blog.ynada.com/864

挖掘 Twitter 进行情感分析

```
> library(twitteR)
> library(tm)
#我们只下载 100 个 twitter 用户信息
#我的 twitter 用户名是 0_h_r_l 你可以用下面的命令取代用户名
> rdmTweets <-userTimeline("0_h_r_1", n= 100)
#数据转换
> df <-do.call("rbind", lapply(rdmTweets, as.data.frame))
#注意在这里我们使用矢量源作为原始数据参数
> b=Corpus(VectorSource(df$text))
#对文本挖掘进行清理
>b<-tm_map(b, stripWhitespace) #空格
>b<-tm_map(b, tolower) #将文字变为小写
>b<-tm_map(b, removeWords,stopwords("english")) #删除停止词
P.299 > b <-tm_map(b, removePunctuation) #删除标点
#创建单词频数文档或术语文档矩阵
> tdm <-TermDocumentMatrix(b)
#数据转换
> m1 <-as.matrix(tdm)
> v1<-sort(rowSums(m1),decreasing=TRUE)
> d1<-data.frame(word = names(v1),freq=v1)
```

13.3 使用 R 进行 RFM 分析

近因、频数、货币化(RFM)是一项用于将客户分类的技术,尤其是对于零售客户,用 R 进行 RFM 分析非常容易。

##创建 CustomerId(对每个客户来说是唯一的)、Sales.Date、Purchase.Value 格式的随机销售数据

```
sales=data.frame(sample(1000:1999,replace=T,
size= 10 000),abs(round(rnorm(10 000,28,13))))
names(sales)=c("CustomerId","Sales Value")
sales.dates <-as.Date("2010/1/1") + 700 * sort(stats::runif(10 000))
```

```
#生成随机日期
sales=cbind(sales,sales.dates)
str(sales)
sales$recency=round(as.numeric(difftime(Sys.Date(),sales[,3],units="days")))
library(gregmisc)
##如果你有现成的销售数据,只需要按这个格式整理即可
rename.vars(sales, from="Sales Value", to="Purchase.Value")#重命名变量名
##为每个客户创建总销售额(盈利)、频数、最后购买日期
salesM=aggregate(sales[,2],list(sales$CustomerId),sum)
names(salesM)=c("CustomerId","Monetization")
salesF=aggregate(sales[,2],list(sales$CustomerId),length)
names(salesF) =c("CustomerId","Frequency")
salesR=aggregate(sales[,4],list(sales$CustomerId),min)
names(salesR)=c("CustomerId","Recency")
##合并 R、F、M
testl =merge(salesF,salesR,"CustomerId")
salesRFM=merge(salesM,testl,"CustomerId")
##创建 R、F、M
salesRFM$rankR=cut(salesRFM$Recency, 5,labels=F)
#rankR 1 代表最近时期的,rankR 5 很长时间以前
salesRFM$rankF=cut(salesRFM$Frequency, 5,labels=F)
#rankF 1 表示频数最低的,rankF 5 表示频数最高的
salcsRFM$rankM=cut(salcsRFM$Monetization, 5,labels=F)
#rankM1 表示销售量最低的,rankM 5 表示销售量最高的
##查看 RFM 表
table(salesRFM[,5:7])
```

P.300

13.4 使用 R 建立倾向模型

通过使用 lm()函数、Rattle 和 R Commander GUIs 很容易在 R 中建立倾向模型。

13.5 使用R建立金融风险模型

要在金融业中使用R，最具综合性的程序包是quantmod（可以参考http://www.quantmod.com/和ttr程序包）。R的quantmod程序包是设计来协助定量交易者基于统计的交易模型的开发、测试和部署。对于高级的建模（如赔款准备金模型组合，请参考适当的程序包，例如：http://cran.r-project.org/web/packages/actuar/vignettes/lossdist.pdf。

一个专业银行使用R语言的优秀研究案例展示请参见：http://files.meetup.com/1 685538/R%20ans%20SAS%20in%20Banking.ppt。

13.6 使用R进行药物分析

- 在制药行业中使用R的一个研究案例可参见：http://www.r-project.org/conferences/useR-2007/program/presentations/rossini.pdf。
- 制药行业分析中基于R的一个名为Decimaker的软件参见：http://www.clinbay.com/software/decimaker/。
- 使用R进行临床试验的演示文稿见：http://biostat.mc.vanderbilt.edu/Rreport.rreport，它是在LaTeX中进行临床试验产生统计报表的一个R软件包。它特别适合为数据监督委员会输出中期报告（DMCs）。
- 使用R：FDA Statistical RevieweR的方方面面：http://user2007.org/program/presentations/soukup.pdf。
- R：法规遵从性和有效性问题：在规范临床试验环境下使用R的指导文档：http://www.r-project.org/doc/R-FDA.pdf。

P.301

13.7 分析方面的阅读文选

13.7.1 什么是分析？

数据库挖掘和分析被定义为使用锁定在数据库中隐藏的信息的力量，为未来的战术和经营战略揭示关于消费者和产品的见解、趋势和模式。分析和市场研究的一个关键区别在于，分析依赖于在数据库中已经存在的数据，然而市场研究一般包括对数据的收集、审核与制表。商业智能被定义为贯穿整个组织的信息的无缝传播，它是一个广义的术语，涉及并包含了分析和报告系统。

数据分析领域范围广阔，包含以下类型：

- 报告或描述性分析——每个组织依赖于一系列的管理信息系统(通常称为MIS)以收集当前的业务状态以及任何呈现出的趋势。这通常涉及到销售、财务、客户和竞争对手的数据,用电子表格和演示文档来展示。报告既有定期的(如月度和季度)也有一次性的(专门的调查分析)。它被称为描述性分析仅仅是因为它只是描述了数据。报告或描述性分析通常是分析工作的起点,但是训练在处理大量的数据时对细节的关注以及练习在报告中对数据洞察的技能是很有必要的。
- 建模或预测分析——预测分析指的是艺术和科学地使用统计检验、假设和方法构建预测性的建议。这些建议的范围涵盖从哪种类型的客户可以通过打电话来推销信用卡或保险,到通过短信(SMS)向一个移动电话用户推荐哪种类型的移动计划,什么样的客户可能会或已经拖欠贷款。预测分析包括像分割和回归建模的技术。它通常被认为具有很高的价值,而统计背景对于预测分析职业生涯很有助益。
- 数据驱动策略——这也被称为实验-控制或冠军挑战者实验。这是通过将数据总体分成实验组(在这一组要检验一个新策略,或称为挑战者策略)和控制组(使用一个现有的策略,称为冠军策略)。制定关联规则,描述产品的哪些部件或客户数据分在一组或互相关联,这也是分析的一部分。

13.7.2　在分析中哪些是基本的商务领域? P.302

按照定义,数据驱动分析在那些有大量的数据和大量交易、需要通过系统、科学的分析来降低成本和增加销售的行业中茁壮成长。以下领域为新手以及经验丰富的分析专业人士提供就业机会。这些包括国内的公司、外包公司或第三方的业务流程外包公司。

- **零售分析**处理大量的销售点数据、库存数据、交易数据、促销数据来帮助增加零售商店的销售,特别是针对有组织的零售。RFIDs 的使用、电子支付和条形码扫描有助于更好地捕获数据,并把它们存储在海量数据库中。这方面的一个著名的例子是星期四婴儿尿布-啤酒销售现象。一个大零售商发现,周四晚上啤酒和婴儿尿布的销售状况存在高度的相关。后来发现该现象是由于年轻夫妇购买准备周末需要的尿布和啤酒。因此把啤酒和尿布放得很接近以促进尿布和啤酒的销售。这是购物篮分析的一个例子,其中审视了大量的数据以了解哪些产品捆绑在一起能够促进销量。美国零售巨头沃尔玛,通过主动地使用数据驱动的分析来降低成本建立竞争优势,从而提供比其他竞争对手更便宜的商品。另一个大型零售商的例子是印度的 Target,它也有自有的后台分析。在印度,自从 Reliance Retail、Future Group 以及 Walmart-Bharti 开业以来,这些部门是注定要发展的,即便在国内部门中也如此,因为这些大规模的零售商需要数据驱动的决策以便从他们的零售商店榨出最大的利润。

- **金融服务分析**应用非常广泛。这是因为金融服务是一个竞争非常激烈的领域，而公司都拥有上百万的客户和许多的交易。对于他们来说，出于业务的目的以及保护借出的贷款和汇集的存款的目的，存储这些数据是非常重要的。收益的几个基点（1%的百分之一为一个基点）的增量可能带来数百万美元的总利润。金融服务分析的主要子分类是风险和信用分析；风险和信用功能衡量的是客户偿还贷款或他们所欠债务的能力。拖欠的客户是那些未按约定时间偿还债务的客户。债务可以按固定的分期付款方式偿还，像个人贷款的EMIs，它也可以采取变动的循环，通过对未偿付的信用卡余额给出的最低还款额来偿还。债务也可以担保，比如通过一处房产、耐用消费品或机动车辆作抵押，它也可以是无担保的，作为个人贷款或信用卡贷款，无抵押品业务财务担保。风险分析使记分卡得到发展，用来帮助测度新客户和现有客户的信用价值。由于金融服务工
P.303 具针对风险进行定价，风险较高的客户会被收取更高的利息率。但这必须通过客户的总还款能力进行平衡，它反映在收入来源和当前的负债。此外，客户的收入，特别是在印度，正发生着迅速的变化，也还存在未申报的黑色收入。对数以百万计的客户进行分析的能力，是使风险和信用分析在所有银行、外包和金融公司中成为最炙手可热的领域之一的真正原因。印度工业信贷投资银行(ICICI)有一个很大的分析部门（称为商务智能部），花旗集团既有国内分析中心（在金奈）也有国际分析中心（在班加罗尔）。
- **营销分析**帮助赢得和保留客户。它是通过识别更积极响应的客户并通过各种销售渠道，如呼叫中心、直接邮寄、手机短信和电子邮件进行销售。正是市场分析帮助企业通过向营销团队投入并将反馈传达给销售和分销渠道带来新的用户。
- **收集分析**侧重于对拖欠债务的客户通过优化的工作像电话、直接邮寄、电子邮件或私下拜访来恢复客户。它的目标是以最低损失实现最大限度的回收。
- **欺诈分析**是当客户在消费中存在任何不寻常趋势或行为时，尤其是当涉及信用卡时，试图构建触发器或者自动警报器。
- **定价分析**力图确定最优价格，充分弥补风险以及竞争的损失。定价分析是一个广阔的领域，也是金融服务分析的一部分，在保险产品中尤其如此。
- **远程通信或电信分析**领域包含了上面定义的营销分析，但其中的一个重要组成部分是损耗建模或流失分析。它还分析各种各样的定价方案、选项以及客户对其的回应。它也包括逾期债款分析。
- **制药或临床分析**与临床试验紧密相关，这取决于成千上万的病人在新药物测试中的实验和控制。临床试验分析侧重于大量可能会也可能不会影响人对药物的反应的变量。

- **供应链分析**包括库存优化、跟踪周转时间、多重报告和减少分销成本。
- **交通分析**在运筹学中覆盖更广泛的领域，试图最小化路线长度、燃料成本和票价。
- **在线或网站分析**重点分析从给定的源头到一个网站的流量分析以及使顾客在网站上停留更长时间以购买更多的商品。它还包括一些搜索引擎的优化，以确保网站能够在检索中和搜索引擎相连。这种分析现在有一个小分支，称为社交媒体分析，处理社会媒体的顾客之间交流的数量。

13.8　商务分析师为什么应该学习 R 语言 P.304

使用 SAS 和 SPSS 语言产品工作了十多年，使用 R 语言也四年多了，现在我坚信要在商务分析领域站稳脚跟，必须要掌握至少两个平台。你可以称之为风险最小化的多种专业技能组合。这些就是为什么每个商务分析师，无论年轻或有点资历，都应该学会使用 R 语言的一些主要原因。

- R **是出色工作的保障**：R 软件为开源代码并且免费。它节约了软件资本成本，从而释放金融资源，用来聘用更多拥有高级学位的分析师。通过云计算的模式，可做到硬件成本最小化，从而减少统计计算的总体成本，并使那些还不习惯每年投资几千美元购买软件许可证的公司或者有分析需求但没有多少软件预算的公司也负担得起、接触得到。R 使分析的关注点重新回到分析师而非软件。拥有 R 语言技能也使分析师成为他们部门中受敬仰的人，因为 R 语言可以帮助他们削减部门的年度预算。在一个不确定的经济环境和公司裁员普遍的环境下，学习一种可以免费使用的语言很有意义；如果你的组织面临危机，可以转而使用 R 软件而不必解雇经验丰富的分析师。
  —使用开源代码的 R 软件，你可以构建定制应用程序，特别是当你想建立专有的算法或软件时。尤其是在银行和金融服务领域中更是这样。
- R 具有更好的商业可接受性：
  —企业正在迅速向 R 语言靠拢。根据 Rexer Analytics（数据挖掘工具中居于首位），R 语言在 2010 年成为占主导地位的平台，参见：http://www.rexeranalytics.com/Data-Miner-Survey-Results-2010.html。
  —许多公司像 Google、Pfizer、Merck、Bank of America、Microsoft (Bing)、the InterContinental Hotels Group、Shell、Facebook、Llyod's Insurance、ANZ Bank、New York Times 和 Thomas Cook 都在使用 R 语言执行他们的分析任务。
- 软件供应商对 R 的支持或计划支持：
  —在统计计算和分析领域内使用 R 语言平台已经达成了广泛的共识。支持 R

语言的公司包括:SAS软件研究所,它使得通过SAS/IML和JMP软件使用R语言成为可能;Oracle,正在为自己的企业编写自己的R语言版本;Microsoft,它既对革命计算(分析)公司投资,也在为使用R()进行高性能计算寻找解决方案;IBM,它通过所收购的公司(Netezza和SPSS)使用R;SAP提议将HANA与R语言整合,支持R语言。

P.305 • **学习R不再困难:**R曾被认为难学。现在R语言中的GUIs逐步形成,使得R变得更容易使用。这些包括Rattle(专门用于数据挖掘),Deducer(专门用于数据可视化),R Commander(它允许其他统计软件包通过e-plugins扩展)等程序包,和像RStudio、RExcel等的界面,使R语言的新用户和学习者能够非常容易适应和使用。
• **R的制图功能更强大:**通过创建图形R是一个学习数据可视化和数据探索的很好的平台。这是因为R语言的图形支持比任何类别的分析软件更强大,包括互动、3D和大量的准备出版的定制图形输出模板。因为分析结果大多用图形表示,使用R语言可以阐明一个统计的解决方案,尤其是对一个商业用户来讲。
• **对学生和未来的分析师来说R存在快速上升的空间:**面向对象编程和统计思维正变得越来越普遍,因此R语言实际上已经成为在大学校园里和统计部门都要学习的语言。因此在未来R语言无疑代表着拥有最大潜在分析者的平台。
• **现在R语言可以处理大数据集:**由于R语言中程序包的发展,像Rcpp、开放源代码的R语言中的大数据程序包、Revolution Analytics下的RevoScaleR程序包,对于一个训练有素的分析师来说分析大数据集就像使用其他分析平台一样容易。

13.9 分析生涯

当我刚开始我的职业生涯时,在我学习了一些分析软件、学会了一些该领域的专业知识、熟悉了分析师职业成长的途径之前,我认为那只不过是个时间的问题。沿着这条道路走了10年之后,我恐怕我对分析不了解的部分仍然超过所了解的部分。为防止自己的无知过多外露,并且仍然能够对客户、伙伴和自己贡献一些价值,我一直在沿着下列十项活动所指出的广阔的道路追求着自我目标:

1. **不断学习。**提高现有的技能。分析是一个处于不断变化的领域。分析软件及平台甚至年年升级。多亏了互联网,继续学习的成本非常低,分析人员只需要一直关注在他们的领域随时发生着什么就可以了。
2. **永无止境的网络。**这不是你懂得什么的问题,而是你要知道从谁那里可以获得新的项目。你懂得的只能让你重复之前的项目或提高你的信誉。从参与其中的从业人数来说,分析领域相对较小,你的行动和举止会招来正面或负面的关注。再一次,多亏了互联网,今日的网络比十年前好用得多,你可以通过网络在社交网上无缝地与你领域内的专业人士以及现在的、过去的和未来的雇主,以 P.306
及与你的潜在的、过去以及未来的客户建立联系,比如社交网站 LinkedIn 或 Twitter。

3. **推销你自己。**没有人会看到默默无闻的人。推销你自己,认识到营销绝不比学习新的编程技能逊色。事实上,你学的越多,你应该运用的知识越多,营销只是去运用和学习知识的另一种方式。
4. **编码。**学习如何编码是在你分析的职业生涯中应该尽早获得的一种技巧。在那之后,你所做的越多,你将做得越好。没有比通过执行项目来学习编码更好的方法了。面对棘手的数据质量和更严格的期限要求,你需要有耐心的、有创造性的编码能力。
5. **困境时,寻找更好的选择。**事业就像是潮汐一样,潮起潮落。觉得困难的时候,尽量减少你的损失比陷入缺乏激情的死胡同要好一些。同样,编写代码时,寻找替代的方法来做同样的事情。工作需要灵活,而不只是努力,你要在分析生涯中做到灵活和敏捷。
6. **避免技术陈旧的风险。**学习跨平台技能并积极追踪技术转型。计算范式每 15 年转变一次,分析范式随之转变得更快。学习更多的技能而不仅仅是一个单一的平台,超越单一技术需求的崩盘的阻遏,拓宽你的职业发展道路。同样,学习至少两个商务领域,脚踩两只船,既掌握开源软件也掌握企业软件,学习一点网络分析、数据挖掘、数据可视化和文本挖掘作为你的第二和第三种技能。
7. **软技能问题。**让自己通过周期性的软技能培训和课程学习。出色的人会给他人留下持久的印象。领导力是一门大有学问的科学,而不是拜神所赐的一门艺术。我的个人格言是:我在与人午餐时比在一系列无聊的会议中得到更多的生意。有时候最好的软技能是做一个善解人意、举止得当的倾听者。
8. **证明你自己。**如果你认为你是一个专家,就去花时间取得证书。如果你有一个证书,再花点时间去获得更多证书。你有越多的证书,便可以让你的技能得到越多的统计公信力。谨防昂贵且粗浅的认证,因为他们只是在浪费你的资源。最好是以寻求就业能力的增强(基于在求职网站上关键词的词频)为基准来确定正确的证书来投资你的时间、金钱和精力。
9. **经常阅读。**分析是一个学习的领域。你看的博客、论文、网站和教程越多,你被新的进展蒙蔽的机会就会越少。我个人发现半个小时的日常阅读是最好的脑力运动与锻炼,并且达到了努力与时间成本的最佳平衡。
10. **热爱你的工作。**那些对于工作并不热爱也没有激情的人,要达到一流水平是
非常困难的。当然,你也可以热爱丰厚的工资、津贴和常常伴随的对成功的分 P.307
析职业生涯的赞誉。但在任何专业环境下要做到最好,你必须热爱学习、解决

问题、清理数据、编写代码、构建模型并发表商业见解。当时光缓慢并且能够区分一个高于平均水平的和一个真正一流的分析职业生涯时，对工作的激情经常能为你的工作提供额外的动力。

这些都是从我的经历中获得的一些见解。还有什么可以帮助你打造成功的分析职业生涯呢？

13.10 本章用过的命令小结

13.10.1 数据包

- gregmisc
- tm
- twitteR

13.10.2 函数

- cut
- aggregate
- rename. vars

引用和参考文献

Ingo Feinerer (2012). tm: Text MiningPackage. R package version 0. 5-7. 1.

- Ingo Feinerer, Kurt Hornik, and David Meyer (2008). Text Mining Infrastructure in R. Journal of Statistical Software 25/5. URL: http://www. jstatsoft. org/v25/i05/.
- Gregory R. Warnes. (2011). gregmisc: Greg's Miscellaneous Functions. R package version 2. 1. 2. http://CRAN. R-project. org/package=gregmisc.
- Jeff Gentry (2012). twitteR: R based Twitter client. R package version 0. 99. 19. http://CRAN. R-project. org/package=twitteR.
- Google Analytics R Package Google Inc http://code. google. com/p/r-google-analytics/.

索 引

E

F

G

H

I

J

K

L

M

N